Bernd Rüthers
Die Wende-Experten

Die Wende-Experten

– Zur Ideologieanfälligkeit geistiger Berufe
am Beispiel der Juristen –

2., völlig neubearbeitete und erweiterte Auflage des Buches
«Ideologie und Recht im Systemwechsel»

von

Dr. iur. Bernd Rüthers
o. Professor der Rechte
vormals Richter am Oberlandesgericht

Verlag C. H. Beck München

Die Deutsche Bibliothek – CIP-Einheitsaufnahme

Rüthers, Bernd:
Die Wende-Experten : zur Ideologieanfälligkeit geistiger Berufe am Beispiel der Juristen / Bernd Rüthers. – 2., völlig neubearb. und erw. Aufl. – München : Beck, 1995
  1. Aufl. u. d. T.: Rüthers, Bernd: Ideologie und Recht im Systemwechsel
ISBN 3 406 39309 8

ISBN 3 406 39309 8

© C. H. Beck'sche Verlagsbuchhandlung (Oscar Beck) München 1995
Umschlagentwurf: Bruno Schachtner, Dachau
Satz und Druck: Appl, Wemding
Printed in Germany

Hans Brox
gewidmet

Vorwort

Die Frage nach der Rolle von Angehörigen geistiger Berufe im Wechsel politischer Systeme bewegt die Gemüter der Deutschen heftig. Der sog. Historikerstreit (Habermas ./. Nolte) und der Literaturstreit (Christa Wolf, St. Heym, M. Reich-Ranicki), die NS-Verstrickung von Künstlern, Juristen und Politikern ebenso wie die Stasiaktivitäten von Schriftstellern, SED/PDS-Funktionären, bestimmter «Blockflöten» und Kirchenmännern werden unvermindert lebhaft und kontrovers diskutiert. Das lenkt die Aufmerksamkeit auf die Frage, wie die besondere Nähe dieser Berufsgruppen zum jeweiligen Zeitgeist zu erklären ist, ob für sie eine besondere politische und weltanschauliche Abhängigkeit oder Anfälligkeit besteht.

Meine Schrift «Ideologie und Recht im Systemwechsel – Ein Beitrag zur Ideologieanfälligkeit geistiger Berufe» (München 1992) war sehr schnell vergriffen. Sie hat ein lebhaftes, kontroverses, teilweise leidenschaftliches Echo ausgelöst.[1] Das war bei einem Thema, welches für weite Krei-

---

[1] Vgl. etwa Simon, Rechtshistorisches Journal 12 (1993), 642–645; Stolleis, Auf den Ideologiebegriff verzichten, DUZ vom 17.2. 1993, S. 27; Kübler, Juristisches Vorverständnis zwischen Ideologieverdacht und universaler Diskursverpflichtung, Liber Amicorum Josef Esser, 1995, S. 91 ff.; Krüger, Wie ideologieanfällig sind intellektuelle Berufe, Arbeitgeber, 1993, 218f.; Landau, ZNR 1994, 373 (389f.). Müller-Dietz, JZ 1993, 831; Redeker, Über Ideologie – Zeitgeist – Recht, NJW 1993, 2853; Sendler, Die öffentliche Verwaltung, 1993, 1019;

se in West- und Ostdeutschland peinliche Fragen aufrührt, nicht anders zu erwarten. Wer wird schon gern mit seinen politischen und weltanschaulichen Irrtümern und Fehleinschätzungen von gestern konfrontiert? Auch viele Westdeutsche, die an der Verbreitung des Neomarxismus in den Hochschulen, Gewerkschaften und Medien nach 1968 eifrig und damals teilweise karrierefördernd mitgewirkt hatten, standen 1990 plötzlich vor den Trümmern ihrer Zukunftsträume.

Bei der Einarbeitung der Stellungnahmen und der zwischenzeitlich gewonnenen neuen Einsichten zum Thema haben sich manche Sichtweisen geklärt, andere verschärft. Der neue Titel der Schrift drückt das aus: Die Wende-Experten – Zur Ideologieanfälligkeit geistiger Berufe am Beispiel der Juristen. Auch der neue Text wird – sicherlich teilweise berechtigten – Widerspruch finden. Für Kritik bin ich unvermindert dankbar.

Falera/GR, im August 1995   Bernd Rüthers

Witte-Petit, Mit Scheuklappen, Die Rheinpfalz 186/1993; H. Günther, Staatsanzeiger für das Land Hessen, 1993, 823; alles Rezensionen.

Inhaltsverzeichnis

Vorwort 7

A. Einführung 13

   I. Schlechte Nachrichten aus der Geschichte . . . 13
   II. Ziele und Beweggründe 26
      1. Vergeht die Vergangenheit?
        – Anlässe und Hemmnisse der Erinnerung – . 27
      2. Gefährdete Identität? 28
      3. Die alltägliche Ideologie 31
      4. Ideologie und Jurisprudenz 32
   III. Die Aktualität des Ideologieproblems
      – Zeitgeisterfahrungen – 34
   IV. Ideologieverschränkungen als zeitloses Problem
      der Wissenschaften 40

B. Zum Ideologie-Begriff 42

   I. Die polemische «Knüppelfunktion» 45
   II. Vorzüge eines unpolemischen, unwertfreien Begriffs 49
   III. Ideologie als gesuchte Geborgenheit in der rauhen Wirklichkeit 56
   IV. Exkurs: Ideologie und Ideologisierung als Medienprodukte 58
   V. Wissenschaften als Ideologie-Produzenten und
      Zeitgeistverstärker 74

C. Ideologie und Staatsmacht 78

   I. Systemwechsel als Ideologiewechsel –
      Der Reigen deutscher Staatsideologien im
      20. Jahrhundert 78
   II. Systemwechsel als «Raumrevolution»
      – Zerfall der «Großraum»-Ideologien? 80
   III. Systemwechsel als Personalwechsel in den Führungseliten 87
      1. Erfahrungen 88
         a) Die NS-«Säuberungen» 89
         b) «Entnazifizierung» und die politische
            Funktion des «Antifaschismus» 89
         c) Die Wiedervereinigung als ideologisches
            Scheidewasser 94
      2. Kriterien zur Übernahme von Führungseliten 99
   IV. Systemwechsel als «Heldenwechsel» und als
      Austausch der Geschichtsbilder 109
   V. Die Rolle der Intellektuellen 112
      1. Zum Begriff 112
      2. Intellektuelle als Schöpfer und Vollstrecker
         von Ideologien 116
      3. Das Zeitgeist-Risiko der «Wort-Berufe» . . . 121
      4. Die Selbstzerstörung der Intelligenz 123
      5. Der Gleichschritt «führender Köpfe» 124

D. Zur Ideologieanfälligkeit der Rechtswissenschaft
   – Die Rolle der Juristen in Unrechtssystemen – . . 127

   I. Drängende Fragen nach zwei Systemzusammenbrüchen 127
      1. Die Babelsberger Konferenz vom 2./3. April
         1958 als Beispiel 133

Inhaltsverzeichnis

    2. Die abgebrochene Totalitarismus-Diskussion 135
    3. Deutsche Intellektuelle im mainstream des Anti-Antikommunismus
       – Der ausgebliebene Widerstand – 136
II. Recht als normativ verfestigte Ideologie 143
III. Die systembedingten ideologischen Divergenzen der Grundbegriffe des Rechts 144
IV. Der Ideologiebezug juristischer Berufe 147
    1. Die unentrinnbare Nähe zur Staatsmacht
       – Gesetzesbindung als programmierte Systemloyalität 147
    2. Juristenausbildung als «Ideologie-Training» am Beispiel der DDR 149
    3. Zur Übernahme von DDR-Juristen in den Staatsdienst der Bundesrepublik Deutschland 158
V. Instrumente und Methoden politisch-ideologisch motivierter umfassender «Rechtserneuerungen» 162
    1. Die Arbeitsteilung zwischen Gesetzgebung, Rechtswissenschaft und Justiz 162
    2. Die Proklamation einer neuen Rechtsidee . . 166
    3. Die Konstruktion einer neuen Rechtsquellenlehre 167
    4. Die Konstruktion neuer Grundbegriffe und systemfreundlicher Auslegungsmethoden . . . 173
    5. Kontinuitäten – Zur Zählebigkeit von Staatsleitbildern 175
VI. Systemwechsel als Rechts- und Juristenkrisen . 188
    1. Zeitgeistabhängigkeit von Recht und Juristen 188
    2. Konsequenzen für die Juristenausbildung
       – Die Bedeutung der juristischen Methoden . 189

3. Schuldfrage und Systemzwänge im Vergleich 198
   a) Die Fragwürdigkeit von Pauschalurteilen 198
   b) Der totalitäre Kollektivismus des NS-Staates und des SED-Staates 200
   c) Die begrenzten Handlungs- und Entscheidungsräume 206
   d) Juristischer Widerstand? 208
   e) Zur Rolle der Anwaltsberufe 210
   f) Folgerungen 216

E. Zu den Vor- und Nachwirkungen von Ideologien . 217

   I. Ende der Geschichte, der Ideologien und Utopien? 217
   II. Heimatlosigkeit der enttäuschten Intellektuellen 224
   III. Überlebensstrategien 227
   IV. Zu Begriff und Funktion der «Vergangenheitsbewältigung» 236
   V. Rückblick und Ausblick 240

Namensverzeichnis 257

A. Einführung

I. Schlechte Nachrichten aus der Geschichte

Die Deutschen haben in diesem Jahrhundert eine Serie politischer Ausnahmelagen erlebt: 1918/19, 1933, 1945/49, 1989. An jedem dieser Wendepunkte brachen alte Herrschaftsordnungen mit den sie stützenden Glaubensgrundlagen, Theorien und Weltanschauungen zusammen, wurden neue politische Systeme errichtet und gerechtfertigt. Besonders betroffen von den mehrfachen Systemwechseln waren die Angehörigen geistiger, öffentlich ausgeübter Berufe. Von ihnen wurde – mit oder ohne Amtseid – Loyalität beim Aufbau und bei der Rechtfertigung der jeweils neuen Herrschaftsordnung erwartet. Mehrere Generationen deutscher Intellektueller machten und lieferten dabei ihre Erfahrungen für die Nachwelt.

Sei es in Anpassung, im Widerstand oder durch innere wie äußere Emigration – Deutschland wurde zu einem Sammelbecken von Experten im Betreiben, im Erleiden und im Überleben von politischen und weltanschaulichen Zeitwenden. Das ist bisher in der Regel nur im Hinblick auf jeweils einen einzelnen der genannten Systemwechsel Gegenstand der historischen Wahrnehmung und Analyse gewesen. Die Schrift geht von der Vermutung aus, die *Zusammenschau* der deutschen Systemwechsel sei ein lohnendes Untersuchungsthema mit weiterreichenden Erkenntnischancen, als sie die isolierte Betrachtung der einzelnen Umbrüche bietet.

Das Büchlein hatte einen Vorläufer: «Ideologie und Recht im Systemwechsel – Ein Beitrag zur Ideologieanfälligkeit geistiger Berufe», Beck-Verlag, München 1992. Das erwähnte lebhafte Echo (vgl. Vorwort) hat den Autor veranlaßt, eine Reihe der behandelten Themen auszubauen und einige Aussagen zu verdeutlichen, zu erweitern und – versuchsweise – zu vertiefen. Der Prozeß der Wiedervereinigung – von nicht kleinen politischen und intellektuellen Gruppen in West- und Ostdeutschland innerlich und (teilweise) öffentlich heftig abgelehnt – hat eine tiefe geistige Verwirrung deutlich werden lassen und zusätzlich gefördert. Dieser Tatbestand ist zukunftsträchtig, wird aber gleichwohl kaum öffentlich beachtet.

Ausgangspunkt der Betrachtung ist die Erfahrung von und mit Juristen in und nach den Systemwechseln von 1933, 1945 und 1989. Die Sentenz Rolf Hochhuts 1978 von den «furchtbaren Juristen», von Ingo Müller 1987 zu einem wirksamen Buchtitel verarbeitet, verdichtete sich in der deutschen Öffentlichkeit schnell zum pauschalen Kollektivurteil über die Generation der juristischen Funktionsträger zwischen 1933 und 1945. Zu dieser Zeit (nach 1970) waren undifferenzierte moralische «Abrechnungen» so risikolos wie karrierefördernd. Es war die fortdauernde Hochblüte des nachgeholten Widerstand der Söhne und Enkel im Frust über den fehlenden Widerstand der Väter und Großväter. Nicht selten schuf dabei die Unkenntnis der historischen Fakten und Rahmenbedingungen die Grundlage für ein Gemisch aus Arroganz, Selbstüberschätzung und Besserwisserei ohne persönliches Risiko, das pauschale Diffamierungen ganzer Berufsgruppen bei naivem guten Gewissen ermöglichte. (Diese Haltung ist nicht auf das Urteil über die NS-Zeit beschränkt.) Soweit damit treffend die

I. Schlechte Nachrichten aus der Geschichte

verbreitete Anpassungsbereitschaft der Juristen an den etablierten NS-Staat gekennzeichnet werden sollte, erfüllten die Juristen vielleicht zugleich eine Sündenbockfunktion für alle öffentlich tätigen Berufe. Es lohnt sich, der Frage nachzugehen, welche Rolle Wissenschaften und Wissenschaftler in solchen besonderen Lagen spielen, wenn eine Staats-, Gesellschafts- und Wirtschaftsordnung durch eine andere abgelöst wird.

Haben solche Vorgänge wissenschaftsgeschichtliche, methodentheoretische und ideologische (oder weltanschauliche) Aspekte, die für die Funktionsweisen wissenschaftlicher Erkenntnisprozesse, für Lehr- und Forschungsmethoden bedeutsam sind? Gibt es ein noch weitgehend unentdecktes oder doch unbearbeitetes, vielleicht bisher bewußt oder unbewußt gemiedenes Feld der Forschung, das etwa lauten könnte «Ideologie und Wissenschaften – Funktionsanalysen in Systemwechseln»?

Bereits die Beschäftigung mit diesem Thema kann nicht auf ungeteilte Zustimmung rechnen. Da es m.E. um eine Grundsatzproblematik des Wissenschaftsverständnisses wie auch der politischen Orientierung von Führungseliten geht, habe ich versucht, die Kritik an der ersten Auflage dieses Büchleins aufzunehmen und neue Erfahrungen und Sichtweisen einzubeziehen. Es geht, orientiert an konkreten historischen Vorgängen, um die alte Frage: Wie «ideologisch» ist die «objektive» Wissenschaft? Welche unauflöslichen Verknüpfungen bestehen zwischen Wissenschaft und «Weltanschauung» oder «Ideologie»? Was ist wissenschaftstheoretisch zu lernen aus den Funktionsweisen und Verstrickungen von Wissenschaftlern in und nach Systemwechseln? Welche Leistungen haben sie erbracht bei der Legitimierung und Stabilisierung immer neuer politischer Systeme auf deutschem Boden in diesem Jahrhundert? Ist es eine funktionale Tatsachenfeststellung oder eine polemische Verzerrung, von den Wissenschaftlern bestimmter Disziplinen, vor allem aus den sog. Human-, Geistes-, Kultur- oder Sozialwissenschaften, als von Wende-Experten zu sprechen?

Erörtert wird dies – nur als Aufriß und Entwurf des Themas, nicht als gesichertes Ergebnis umfassend erbrachter Materialanalyse – am Beispiel der Jurisprudenz und der Juristen. Sie sind von ihrer Aufgabe her in besonderer Weise themennah, weil sie in aller Regel bedeutende Teile des jeweiligen staatlichen Herrschaftsapparates besetzen. Gleichwohl ist es wichtig zu bedenken, daß sie nur als Beispiel für viele andere wissenschaftliche, künstlerische und kulturelle Berufe stehen.

Schauen wir also, ob und was wir aus den Erfahrungen von Juristen und mit Juristen über den Zusammenhang von Ideologie und Wissenschaften in Systemwechseln lernen können und ob sich daraus eine Expertenqualität für politische und ideologische Wendestrategien ergibt.

Wechsel politischer Systeme sind Zeiten individueller und kollektiver Erschütterungen. Die betroffenen Systemzugehörigen verlieren – je nach der Intensität ihrer Einbindung in das abgelebte Herrschaftsgefüge – in größerer Zahl ihre weltanschaulichen Fundamente, oft auch ihre materiellen Lebensgrundlagen. Die Geschichte Deutschlands ist insoweit ungewöhnlich reich an wechselvollen Erfahrungen. Das Land hat in 90 Jahren sechs verschiedene Staatsordnungen durchlebt, darunter zwei Unrechtsstaaten – Räuberbanden im Sinne der «Civitas Dei» des Augustinus. Wer nach einer so turbulenten Entwicklung über diese Systemwechsel, insbesondere über die Funktionsweisen von Eliten und Wissenschaften, über Zusammenbrüche und Folgelasten von totalitären Staaten schreibt, hat wenig Erfreuliches, Hoffnungsvolles zu berichten. Er bringt schlechte Nachrichten aus der Geschichte, und die sind in der Regel wenig beliebt. Nicht selten besteht bei den Betroffenen die Neigung, den Boten für unwillkommene Botschaften haftbar zu machen.

Die Beschreibung der Vorgänge in totalitären Systemen, insbesondere der Umsetzung ihrer Ideologien, berührt nicht nur diejenigen schmerzlich, die dabei selbst aktiv beteiligt waren. Auch solche, die das Unrecht «unbeteiligt» und schweigend, in der Zuschauerpose, vielleicht auch verharmlosend oder negierend und durch Wegsehen begleitet haben, erst recht die Sympathisanten und Mitläufer sind an einer historischen Bestandsaufnahme selten interessiert, versuchen oft – nicht zuletzt aus Solidarität mit den aktiv verstrickten Angehörigen, Freunden und Kollegen – die peinlichen Realitäten zu verdrängen.

Dabei kommt es in den verschiedenen Epochen der historischen Beschäftigung mit zwei sehr verschiedenen deutschen Diktaturen und ihrer Hinterlassenschaften in diesem Jahrhundert zu seltsamen Widersprüchlichkeiten und Verwerfungen. Nach der militärischen Niederwerfung des Nationalsozialismus durch die Armeen der Alliierten ist später heftig und ganz zu Recht bemängelt worden, daß die geschichtliche Aufbereitung und die juristische Behandlung der grausigen Verbrechen, die der NS-Staat im In- und Ausland beging, viel zu spät, zu zaghaft, zu partiell und mit zuviel juristischer Nachsicht erfolgt sei. Das gilt vor allem für die versuchte juristische Ahndung des Holocaust.

Dieselben Kritiker dieser in der Tat skandalösen Versäumnisse sind jedoch ihrerseits heute bisweilen seltsam zögerlich, voller Hemmungen und Vorbehalte, wenn es um die historische Analyse und die juristische Aufarbeitung des andersartigen, aber ebenfalls massenhaft begangenen und schweren Unrechts geht, das der SED-Staat, sein Unterdrückungsapparat, seine Funktionäre wie seine intellektuellen Fellow-Traveller 40 Jahre lang an der großen Mehrheit der DDR-Bevölkerung begangen haben.

Das große und vielfältige Leid, das mit der SED-Diktatur unter dem Schutz der Besatzungsmacht über das Land kam, wird heute häufig vergessen. Es verdient, erinnert zu werden. Als 1990 ein nichtprivilegiertes DDR-Ehepaar, beide SED-Mitglieder und bis zur Öffnung der Grenze kritischloyale Anhänger ihres Staates, erstmals durch die gestaffelten Absperrungsanlagen an der ehemaligen «Staatsgrenze» fahren durften, mußten beide weinen. Sie hatten nicht gewußt, wie sehr die Elektrozäune und Grenzbefestigungen der DDR – ausschließlich gegen die eigene Bevölkerung gerichtet – der totalen Isolation eines Hochsicherheitsgefängnisses oder eines Konzentrationslagers glichen. Ihr Bild von der friedliebenden DDR, getragen vom Glauben an den unablässig verkündeten Antifaschismus und Sozialismus, brach jäh zusammen.

Unvergessen bleibt auch jener Arbeiter aus Magdeburg, 54 Jahre, Frühinvalide, der in einer öffentlichen Diskussion im Dezember 1989 seinen SED-Funktionären sagte: «Ich habe nur ein Leben, und vierzig Jahre davon habt Ihr mir gestohlen!»

Nicht nur das Leid von Millionen, auch die sehr konkreten, schwerwiegenden Verbrechen, Unrechtsmaßnahmen und Gesetzesverstöße des SED-Regimes und seiner Funktionäre in der DDR und an ihrer «Staatsgrenze» sollten nach dem Votum nicht weniger westdeutscher Politiker im

Zuge der «Entspannungspolitik» nicht einmal mehr wahrgenommen und erfaßt werden. Der «Wandel durch Annäherung» erschien ihnen gefährdet, jene verführerische These, die den, der sich darauf einläßt, geistig wehrlos machen kann. Schon bei Marc Aurel («Sich selbst») hätte man lernen können: «Die beste Art sich zu verteidigen ist es, sich nicht anzugleichen».

Noch heute, nach dem Zerfall des realen Sozialismus, kommt es manchmal zu seltsam gereizten Reaktionen, wenn Publikationen erscheinen, die strukturelle und ideologisch bedingte Ähnlichkeiten und Unterschiede der beiden deutschen Diktaturen, ihrer Funktionsweisen und ihrer Folgeprobleme, untersuchen wollen. Daß die Führungselite der PDS/SED darauf empört antwortet, ist plausibel. Weniger verständlich sind die Abwehrreflexe solcher Zeitgenossen und Medien, die sich sonst als Gewissen des Rechtsstaates und der Demokratie verstehen.

Ganz neu ist diese Erfahrung allerdings nicht. Wer bereits zu einem unpopulär frühen Zeitpunkt über die Rolle von Rechtswissenschaft und Justiz im Nationalsozialismus gearbeitet hat, wird nicht überrascht. Die Beschreibung und Analyse von totalitären Staats- und Gesellschaftsordnungen löst, wenn die Akteure der Unrechtssysteme noch leben, ja im alten Beruf ehrgeizig aktiv sind, heftige Aggressionen und bemerkenswerte Solidaritäten aus. Da wird mit treuherziger Naivität der innere Frieden beschworen, der durch die historische und juristische Aufbereitung des Geschehens nur gestört werden könne. Die Vergangenheit soll mit einem «Schlußstrich», einem «Schlußgesetz», einer Voraus-Amnestie entsorgt werden. Hätten solche Parolen Erfolg, so könnte das Ergebnis die Vernebelung und Tabuisierung begangener schwerer Unrechtstaten sein.

Vor diesem Hintergrund sollen im Folgenden einige Fakten und Funktionszusammenhänge in die Erinnerung gerufen und festgehalten werden. Ohne die Bereitschaft zur vorbehaltlosen Klärung der politischen «Herkunft» kann es keine auf die historische Wahrheit gegründete Zukunft dieses Landes geben.

Das Bemühen der deutschen Juristen, die eigentümlichen und beträchtlichen Beiträge ihrer Disziplin zu allen Systemwechseln dieses Jahrhunderts zu erkennen und rechtstheoretisch wie rechtsmethodisch zu verarbeiten, ist auch heute noch gebremst. Das kann verschiedene Ursachen haben, etwa die Fortwirkung rein idealistischer, praxisfremder Ausbildungskonzepte und die Verzögerung der historischen Erforschung der Rechtsperversion in der NS-Zeit um zwei Jahrzehnte nach 1945.

Daraus ergeben sich interessante Verwerfungen bei der Einordnung des Geschehenen, die dahin wirken, die Idealität des «wahren Rechts» von den realen Verirrungen im NS-Staat und SED-Staat unberührt zu lassen; das Idealbild des «reinen, gerechten Rechts» soll gerettet werden.

Dafür gibt es ein eindrucksvolles neueres Beispiel. In der «Zeitschrift für neuere Rechtsgeschichte»[2] hat Peter Landau den von dem «Bund Nationalsozialistischer Deutscher Juristen» organisierten «Deutschen Juristentag 1933» ausführlich und mit vielen einprägsamen Details beschrieben. Beachtenswert, ja durchaus merkwürdig ist der Umstand, daß dieser spektakuläre Aufmarsch von 11 000 (elftausend) Juristen im neuen Reich 61 Jahre nach dem Ereignis erstmals eine vertiefte rechtsgeschichtliche Bearbeitung findet. Das ist nicht ganz untypisch für die Versäumnisse und Ver-

---

[2] ZNR 1994, 373–390.

zögerungen bei der Ausleuchtung der Hintergründe und Folgen der NS-«Machtergreifung», besser wohl Machtübernahme, auch im Rechtsbereich. Die verdienstvoll aufbereitete, faktenreiche Darstellung Landaus liest sich in weiten Teilen wie ein symbolträchtiges Lehrstück zum Verhalten geistiger Berufe nach Systemwechseln sowie speziell zu dem Zusammenhang von Systemideologie, Recht, Justiz und Jurisprudenz.

Landau schildert plastisch die offenbar vorbehaltlose Anpassungsbereitschaft der großen Mehrheit der Juristen an die rechtspolitischen Wünsche und an die Weltanschauung der neuen Machthaber. Sie legt bereitwillige Bekenntnisse zu der nun staatlich etablierten NS-Weltanschauung ab. Rechtswahrer konnte künftig nur sein, wer bereit war, Nationalsozialist zu werden. Am 7. April 1933 war das lügenhaft betitelte «Gesetz zur Wiederherstellung des Berufsbeamtentums» erlassen worden, welches in Wahrheit der Beseitigung aller Beamtenrechte für rassische und politische «Feinde» der NS-Bewegung diente. Die Durchführungsvorschriften dehnten die Anwendung auf Honorarprofessoren, apl. Professoren, Privatdozenten und bald auch auf Rechtsanwälte aus. Die deutschen Rechtsfakultäten verloren ca. 40 % ihres Lehrkörpers – viel Platz für junge NS-Aufsteiger. Eine Minderheit von deutschen Juristen setzte demgegenüber ein mutiges Zeichen gegen den totalen Herrschaftsanspruch des NS-Staates. Am 29. April 1933 beschloß die «Ständige Deputation» (= der Vorstand) des 1860 gegründeten Vereins «Deutscher Juristentag» die Tätigkeit dieses angesehenen und einflußreichen Berufsverbandes deutscher Juristen unter dem Eindruck der Beseitigung rechtsstaatlicher Garantien durch die neuen Machthaber vorerst einzustellen. Die Devise dieser faktischen Selbstauflösung war:

«Lieber tot in Ehren als in Schande weiterbestehen». (So damals Graf zu Dohna.)

Aber solches Verhalten war die seltene (!) Ausnahme. Der Zulauf der deutschen Juristen zur NS-Bewegung nach 1933 ist eindrucksvoll: Der NS-Juristenbund hatte 1930 etwa 100 Mitglieder. An einer «Reichstagung» im November 1932 in Leipzig nahmen bereits 600 Juristen teil. Am 1. Januar 1933 hatte der BNSDJ 1374 Mitglieder, im Oktober 1933 waren es fast 30000! Wie die NSDAP war er zu einer Massenorganisation geworden. Sein «Reichsrechtsführer» Hans Frank, Rechtsanwalt aus München und später für seine Brutalität berüchtigter Kriegsverbrechen in Polen, organisierte die vierte «Reichstagung» seines Verbandes als «Deutschen Juristentag»; der Name war gestohlen.

Die Teilnehmerzahl übertraf mit 20000 die aller bisherigen Juristenkongresse in Deutschland bei weitem. Der «Reichsrechtsführer» marschierte auf dem Augustusplatz an 11000 (!) dort angetretene Juristen vorbei und wurde im Senatssaal der Universität Leipzig von den Dekanen *aller* (!) juristischen Fakultäten Deutschlands empfangen.[3] Danach folgte eine «Kundgebung» mit Frank vor dem Reichsgerichtsportal mit mehr als 20000 teils bereits in braunen Uniformen dort aufmarschierten Juristen, «die gewaltigste Juristenkundgebung aller Zeiten».[4] Auf der Schlußkundgebung schließlich, die in einer Messehalle stattfand und als «Juristenappell» bezeichnet wurde, hielt Hitler eine Rede, in welcher der *Rassegedanke* als Zentrum eines von Sittlich-

---

[3] Vgl. Danckelmann, DJZ 1933, Sp. 1313–1324. Die Redner des Juristentages waren übrigens der NS-Rassenideologe Helmut Nicolai sowie die Professoren Heinrich Lange und Carl Schmitt.

[4] Nachweise bei Landau, ZNR 1994, 373 ff.

keit und Gerechtigkeit getragenen völkischen Rechts bezeichnet wurde. Das «Dritte Reich» definierte der Redner als einen Staat mit «rassischer Mission». Die Zuhörer jubelten Hitler – wie nun schon üblich – mit Heil-Rufen zu. Frank versprach unter begeisterter Zustimmung der Zuhörer dem Führer: «Sie können sich auf Ihre deutschen Juristen verlassen!»[5]

Der Juristentag 1933 war die öffentliche Bekundung der geistigen Kapitulation eines großen, ja des ganz überwiegenden Teiles des deutschen Juristenstandes. Abzuziehen ist allerdings jene nicht ganz kleine Gruppe von Juristen, die mit dem sog. «Gesetz zur Wiederherstellung des Berufsbeamtentums» vom 7. April 1933 und den Folgeregelungen bereits aus ihren Ämtern verdrängt worden war.

Es ist also festzustellen, daß die deutschen Juristen nach der Machtübernahme, soweit sie in ihrem Beruf blieben, sich fast geschlossen so verhielten, wie dies aus dem Verlauf des Juristentages 1933 exemplarisch zu entnehmen ist: Sie stellten sich auf den «Boden der neuen Tatsachen», leisteten – soweit Beamte – den Eid auf den Führer und arbeiteten mit an der Legitimierung und Stabilisierung des «Dritten Reichs», und zwar auch dann, wenn schwere staatlich befohlene und gedeckte Verbrechen für jedermann sichtbar begangen wurden, etwa bei den von Hitler befohlenen Morden des 30. Juni 1934 und bei den Verwüstungen, Brandstiftungen und Tötungen am 9. November 1938.

Nach 1945/49 stellten sich dieselben Juristen, die nach 1933 das Naturrecht aus Rasse, Blut und Boden verkündet hatten, erneut auf den Boden der neuen Tatsachen und wirkten beim Aufbau des demokratischen Staates im We-

---

[5] Nach Landau, ZNR 1994, 373 ff. (375).

sten mit bis hin zu solchen Übersteigerungen, daß an die Stelle der NS-Rechtsideologie nun ein frisch erfundenes «Liebesrecht» gesetzt wurde.[6]

Etwas anders verlief der Wendevorgang in der SBZ/DDR. Die Richter und Staatsanwälte wurden fast ausnahmslos entlassen. Die verhafteten Mitglieder des Reichsgerichts kamen in dem von der sowjetischen Besatzungsmacht umfunktionierten ehemaligen KZ Buchenwald um. Einige bereits im «Dritten Reich» tätige Juristen stiegen allerdings in die höchsten Positionen der DDR-Justiz auf. Zu nennen sind etwa der ehemalige Kammergerichtsrat Melsheimer, von 1949 bis 1960 Generalstaatsanwalt der DDR, und der frühere Kriegsgerichtsrat Schumann, von 1950 bis 1960 Präsident des Obersten Gerichts der DDR.[7] Die Neubesetzung der Gerichte und Fakultäten sollte von Beginn an absoluten Systemgehorsam gegenüber den Machthabern, also ab 1949 gegenüber der SED, garantieren. Bereits die Voraussetzungen der Zulassung zum Jurastudium gewährleisteten, daß nur überzeugte Anhänger des SED-Staates oder geschickte Opportunisten eine Chance hatten.

Das führt zu der unbequemen Frage, ob die Gesetzesbindung der Juristen und ihre Bindung an die jeweilige Staatsideologie zu einer gleichsam zwangsläufigen Ideologieabhängigkeit jedenfalls der rechtsanwendenden Berufe führen muß. Ich neige im Hinblick auf die realen historischen Erfahrungen aus den vielen Systemwechseln in diesem Jahrhundert dazu, diese Frage zu bejahen, wenn und soweit der Anpassungsdruck eines etablierten neuen Systems groß ge-

---

[6] Vgl. etwa G. Küchenhoff, Naturrecht und Christentum, Düsseldorf 1948; ders., Naturrecht und Liebesrecht, Hildesheim 1962.

[7] Vgl. Werkentin, Kritische Justiz 1991, 333 ff. (347 m.w.N.).

nug ist. Gegenbeispiele in Deutschland sind in diesem Jahrhundert nur in Ansätzen erkennbar.

Bei meiner Analyse geht es nicht – wie offenbar im Ansatz von Landau, der prinzipiellen Trost für seine Disziplin zu suchen scheint – primär um moralische Fragen, es geht um Tatsachen. Und da gilt: Die Tatsachen richten sich nicht nach unseren Wünschen oder Hoffnungen. Juristen in etablierten Systemen sind – wie alle Angehörigen öffentlich tätiger Berufe – in erster Linie Funktionsträger. Zu fragen ist also, wie sie in Deutschland – nicht nur einmal, sondern immer wieder, oft in derselben Generation – funktioniert haben.

Wenn Landau folgert, man müsse jene Juristen, die auch Unrechtsstaaten dienen, nachträglich loben, so ist das nicht meine Position, sondern sein Mißverständnis. Betrübliche Fakten und Verhaltensweisen verdienen kein Lob. Aber sie verdienen Beachtung auch bei der Untersuchung, wie Justiz und Jurisprudenz nach Systemwechseln funktionieren. Hier zeigt in der Tat der historische Befund, daß jede Rechtsnorm ein Stück normativ verfestigter Politik und Weltanschauung darstellt. Weltanschauungsfreies Recht kann es nicht geben. Rechtsanwender, die gesetzesgebunden arbeiten, setzen die in der Norm verfestigte Wertung der Normgeber in politische und soziale Realität um.

Juristen müssen wissen, was sie tun. Die realistische Einsicht in ihre Funktionsweisen und Wirkungen ist unter den Juristen selbst noch steigerungsfähig. Rechtsgeschichte, Rechtssoziologie und juristische Methodenlehre haben dazu einiges beizutragen. Ihre Leistungsbilanz ist bisher in wichtigen Teilen defizitär.

Wenn festzustellen ist, daß deutsche Juristen nach allen Systemwechseln dieses Jahrhunderts, soweit sie übernommen wurden, in ihrer großen Mehrheit rollengerecht und loyal i.S. der jeweiligen neuen Systemideologie mitgespielt haben, dann ist zunächst dies die rechtstheoretisch, rechtsmethodisch und rechtspolitisch maßgebliche Tatsache.

Eine epochenübergreifende Rechtsgeschichte der deutschen Systemwechsel ist weitgehend ungeschrieben. Ihre Erforschung wird noch viele, wenig erhebende Tatsachen ans Licht fördern. Wer diese Vorgänge nüchtern analysiert, hat wenig Anlaß zu Lob und Jubel über dieses Kapitel der Geschichte der Rechtswissenschaft und Justiz. Er wird im Zweifel auch wenige Gründe finden, seine Hoffnung für die Zukunft auf den Widerstand seiner Kollegen zu setzen. Die Rechtsgeschichte nach 1933 bietet dazu wenig Ermunterung. Im Gegenteil!

> It is perfectly proper to regard
> and study the law simply as
> a great anthropological document.
>
> O. W. Holmes, Law in Science and Science in Law, Collected Legal Papers, 1920, 210 ff. (212).

> ... and it ought to be always
> remembered that historic continuity
> with the past is not a duty,
> it is only a necessity.
>
> Speeches by Oliver Wendell Holmes, Boston, Little, Brown & Co., 1913, pp. 67 ff.

II. Ziele und Beweggründe

Die Schrift versucht der Frage nachzugehen, ob es eine eigentümliche Ideologieabhängigkeit der Geistes- und Sozialwissenschaften sowie der intellektuellen Berufe gibt. Das soll in der Hauptsache am Beispiel der Jurisprudenz und der Juristen analysiert und dokumentiert werden.

1. *Vergeht die Vergangenheit?*
– Anlässe und Hemmnisse der Erinnerung –

Die historische Erfassung der Ideologieabhängigkeit von Intellektuellen ist ein schwieriges, zerklüftetes und gern gemiedenes Problemfeld. Die betroffenen Wissenschaftszweige und Berufe empfinden bereits die Vermutung eines Zusammenhanges ihrer Tätigkeitsfelder mit Ideologien als einen Angriff auf ihre professionelle und persönliche Integrität. Die Abwehrreflexe nehmen zu, wenn eine historische Betrachtung die Verquickung und Verstrickung der Geistes- und Sozialwissenschaften in die Entstehung, den Ablauf und das Unrecht totalitärer Ideologien und Systeme offenzulegen droht. Gerade das kann der Versuch einer historischen Bestandsaufnahme ideologiebedingter Schwankungen und Verirrungen bestimmter Wissenschaftszweige und Berufsgruppen im Umfeld der deutschen politischen Systemwechsel dieses Jahrhunderts bewirken.

Nach solchen Systemwechseln gibt es regelmäßig heftige Kontroversen über den Nutzen und den Schaden einer genauen und bewußten Erfassung des vergangenen Systems. Die einen fordern eine lückenlose «Vergangenheitsbewältigung» – meistens allerdings nicht für sich selbst, sondern für andere. Die anderen rufen dazu auf, die Vergangenheit – wie sie meinen – ruhen zu lassen, um alle verbliebene Kraft der Zukunft zuzuwenden.

Nun wird niemand «nur» für die und in der Vergangenheit leben wollen. Wir müssen jedoch mit unserer realen Geschichte leben, auch dort, wo wir uns lieber eine schönere Geschichte wünschen und ausdenken möchten; und an solchen Wünschen und Phantasiebildern ist kein Mangel, insbesondere bei denen, die an der realen, üblen Vergangenheit aktiv beteiligt waren, in Ost und West. Bei ihnen ist verständlich, warum sie jetzt der Vergangenheit der DDR ausweichen wollen. Das Urteil über das SED-Regime ist zugleich ein Urteil über sie und – im besten Fall – über ihre politische Blindheit, ihre Anbiederung, ihre geistige Komplizenschaft. Wenn es nach ihnen ginge, sollten sogar die Opfer der DDR zum Schweigen verpflichtet, die vorhandenen Dokumente verschlossen oder vernichtet werden.

Die Erfassung der zurückliegenden Wirklichkeiten darf auch nicht durch geschehene oder drohende Selbstmorde der Verstrickten blockiert werden. Die vielfachen Morde und Menschenrechtsverletzungen eines Unrechtsregimes lassen sich nicht verdrängen mit der Sorge, die daran Mitschuldigen könnten durch die Entdeckung ihrer Mitschuld in den Suizid getrieben werden. Hier wird die seltsame Theorie verkündet, die Geschichte sei wie ein Gift, das Wissen um sie sei gefährlich, vielleicht sogar tödlich.

2. Gefährdete Identität?

Nachwirkungen einer Ideologie und Fragen nach der Vergangenheit werden heute gern unter dem Stichwort von der vermeintlich gefährdeten «Identität» des östlichen Deutschland und der alten DDR abgehandelt. Da sammelt sich allerlei Verschiedenes an.

Es begann mit dem Manifest «Für unser Land» und jener Massenkundgebung vom 4. November 1989, auf der intellektuell versierte Altkommunisten und Reisekader versuch-

II. Ziele und Beweggründe

ten, die DDR und den «besseren» Sozialismus zu retten. Die Vereinigung sollte verhindert werden.

Der Wahrung der Identität sollte es dienen, als die Akademie der Künste (West) unter ihrem Präsidenten (Doppelmitglied seit 1984) Walter Jens die en-bloc-Übernahme aller verbliebenen Mitglieder der Ost-Akademie anstrebte.[8] Daß die beiderseitigen Rest-Mitglieder längst ihr Gesicht verloren hatten, soweit es je vorhanden war, wurde gern übersehen. Der Vorgang ist durchaus symptomatisch für viele Lebensbereiche, insbesondere für verfestigte Strukturen in den ehemaligen systemhörigen Paradeinstitutionen der DDR.

Unter dem Zauberwort «Identität» wuchert oft der SED-Filz. Die «Fälle» Fink, Klinkmann, Stolpe u.v.a. hatten bzw. haben mit der Tragikomödie um die Ostberliner Akademie der Künste eines gemeinsam: Die Solidaritäts- und Vertrauenserklärungen stützten und stützen sich auf die These: Strafrechtlich relevantes Unrecht sei nicht erwiesen. Dabei wird falsch und (bewußt?) irreführend vorausgesetzt, es ginge um Strafrecht. Genau darum geht es nicht. Es geht vielmehr um die Glaubwürdigkeit erneuerter demokratischer Institutionen. Wer im alten Regime ein enger Vertrauter der Schergen und Spitzel war, wer die herrschende Ideologie gläubig verkündete oder willig nachplapperte, wer mit dem Geheimdienst eines Unrechtsregimes über Jahre hin konspirative Gespräche führte, darf in einer Demokratie, die Vertrauen gewinnen soll, nicht erneut ganz oben sein wollen.

Ob es ein guter Rat ist, die Abrechnung mit den intellektuellen Mittätern und Lobrednern des Unrechtsregimes al-

---

[8] Zu beachten ist: Zuständig für die Ernennung von Mitgliedern der Ost-Akademie war der Ministerrat der DDR.

lein den jeweiligen Kollegen aus der alten DDR zuzuweisen, erscheint ebenfalls des Nachdenkens wert. Die Erfahrungen nach 1945 im Westen sprechen dagegen. In den seltensten Fällen sind Schriftsteller, Journalisten, Professoren, Politiker oder Kirchenvertreter untereinander bereit und fähig, die Unsäglichkeiten zur Sprache zu bringen, die in einem totalitären System geredet, geschrieben und getan wurden. Der Rat könnte leicht dazu führen, daß der gesamte strafrechtlich nicht faßbare Unrat des SED-Regimes zu Lasten von dessen Opfern unter den Teppich gekehrt würde. Er geht zudem augenscheinlich an den Realitäten vorbei. Zu zahlreich sind die westlichen Stimmen, die sich massiv in Fragen der Ämterfortführung in's Zwielicht geratener Funktionsträger der neuen Bundesländer einmischen, etwa wenn Helmut Schmidt und Johannes Rau Ehrenerklärungen für einen Parteigenossen abgaben, als wären sie bei seinen zugegebenen zahlreichen Stasi-Treffs dabeigewesen; oder wenn die Funkmedien aus dem Theologie-Professor von Gnaden der SED Heinrich Fink ein Opfer westlicher Kolonisationsgelüste machten; oder wenn die (unbestrittenen) fachlichen Qualitäten des Mediziners und damaligen Akademiepräsidenten Klinkmann im Westen beschworen wurden, wo es in Wirklichkeit um seine unsäglichen ideologischen Kniefälle noch 1989 ging. Bedenkt man die Unbedingtheit, mit der der Rücktritt Lothar de Maizières bei weniger starken Belastungsindizien einhellig gefordert, vollzogen und begrüßt wurde, so wird die Schizophrenie oder Doppelzüngigkeit der Macher öffentlicher Meinung in Deutschland augenfällig.

Die Diskussion um die «Identitätsfrage» im Hinblick auf die alte DDR betrifft das ganze vereinte Deutschland. Sie ist nicht geographisch teilbar. Lobredner, Schönfärber und

Systemstabilisierer hat es in Ost und West gegeben. Die volle Realität der jüngsten Vergangenheit ist gefragt und muß angenommen werden. Sie vergeht nicht. Wer danach noch glaubwürdig ist, wird bei der Herstellung und Vollendung der geistigen Einheit gegen die alten Ideologien willkommen sein. Es gibt aber eben auch solche, die – um es mit Frau Bohley zu sagen – jedenfalls in höchsten Führungspositionen besser eine Runde aussetzen und ihre alten Texte nachlesen, ihre alten Rollen überdenken sollten.

Der Versuch einer Trennung von Vergangenheit, Gegenwart und Zukunft ist im realen Wortsinn «un-menschlich», weil der Mensch ein geschichtliches Wesen ist. Die Meisterung der Gegenwart und der Zukunft setzt das Wissen um die Geschichte voraus, auch und gerade dort, wo sie dem Betrachter und Betroffenen als Last erscheint.

Immerhin wird vor dem Hintergrund dieser Kontroverse deutlich, warum der stets vorhandene und nachweisbare Ideologiebezug von Wissenschaftlern, Künstlern, Journalisten und Intellektuellen aller Sparten in Deutschland fast ein Tabuthema ist. Sie fühlen sich bedroht von einer Geschichte, die ihre «Objektivität», ihre Integrität und ihren intellektuellen Herrschaftsanspruch bedrohen könnte. Die Geschichte erscheint als Gefahr. Sie müßte verboten werden.

3. Die alltägliche Ideologie

Das führt zu einer ganz anderen Frage: Ist dieser Bezug zwischen Ideologie und Intellektualität wirklich prinzipiell anstößig? Oder ist er vielleicht in der Sache vorgegeben und deshalb ganz alltäglich? Sind wir nur Gefangene eines irregeleiteten Begriffsgebrauches und seiner Folgen? Wissen wir zu wenig von den unvermeidbaren ideologischen Grundlagen und Rahmenbedingungen unserer Wissenschaften und des geistigen Tuns in allen Berufsbereichen, ja schon von der Wahrnehmung dessen, was wir für die Wirklichkeit oder gar die Wahrheit halten?

Noch etwas anderes zeigen die deutschen Erfahrungen mit mehreren Ideologie- und Systemwechseln in kurzer Folge: Es ist außerordentlich schwierig und langwierig, eine einmal gesellschaftlich oder staatlich etablierte, in den Köpfen der geistigen Führungseliten, der Anpasser und der Nutznießer fest verwurzelte Ideologie nach dem Zusammenbruch des sie tragenden Systems kurzfristig abzubauen oder wirkungslos zu machen. Sie wirkt in vielfältigen Formen und Intensitäten nach, selbst dort, wo sie – anders als in der Eingangshalle der Humboldt-Universität zu Berlin mit einem markanten Marx-Zitat – sorgfältig verschwiegen oder verdrängt wird.

Diese Nachwirkungen sind selbst in denjenigen Teilen der Bevölkerung zu beobachten, die dem zusammengebrochenen Staatssystem skeptisch oder ablehnend gegenüberstanden, ja von ihm unterdrückt wurden. Auch sie erweisen sich in vieler Hinsicht als geprägt von der ihnen «feindlichen» Ideologie, je länger deren Herrschaft gedauert hat. Ihre Verletzungen durch eine unverstandene neue politische Realität können ernster sein als die der anpassungselastischen ehemaligen Führungskader.

4. Ideologie und Jurisprudenz

Besondere Bedeutung haben die Fragen nach der Ideologieanfälligkeit für die Rechtswissenschaft und die Justiz. Hier haben die Versuche des Verschweigens und Verdrängens nach dem Zusammenbruch von staatlichen Unrechtssystemen nicht erst seit 1945 eine beachtliche Tradition, die jetzt – nach dem Untergang des SED-Regimes – fröhlich Urständ feiert.

Die Erfahrungen mit dem Recht und seiner Anwendung in mehreren politischen Staatsgebilden und unter deren Weltanschauungen zwingen die Juristen heute zur Selbstbesinnung. Die nüchterne Wahrnehmung und Annahme der eigenen Vergangenheit haben sich allerdings bis heute als schwierig erwiesen.

Totalitäre Systeme haben vielfältige ideologische Neben- und Nachwirkungen. Sie beeinflussen nachhaltig das intellektuelle Klima in allen Lebensbereichen. Das Recht als Spiegel der Wertorientierungen der jeweiligen Epoche wird davon im Kern betroffen, sowohl in seinem Inhalt als auch in der personellen Zusammensetzung von Justiz, Jurisprudenz und Administration. Die Ideologieanfälligkeit des Rechts und seiner Personalstäbe ist ein Thema, das zu einer historischen Gesamtbetrachtung geradezu herausfordert. Diese Analyse schließt eine Tatbestandsaufnahme und einen Vergleich der ideologisch motivierten Rechtsperversionen im Nationalsozialismus und im «real existierenden Sozialismus» der DDR ein.

Die von Anfang an törichte These von der angeblichen «Unvergleichbarkeit» des Unrechts und der Verbrechen in nationalsozialistischen und stalinistischen Herrschaftsbereichen hat sich durch den historischen Prozeß und durch das Aufkommen der lange unterdrückten Fakten des staatlich organisierten Unrechts in den Staaten des realen Sozialismus selbst erledigt. Erstaunlich war sie von Anfang an wegen ihres Mangels an Logik und sprachlicher Sensibilität. Wenn etwas als «einzigartig» oder (fälschlich) als «unvergleichbar» qualifiziert wird, kann diese Feststellung logisch nur das Ergebnis eines vorausgehenden Vergleiches sein.

III. Die Aktualität des Ideologieproblems
   – Zeitgeisterfahrungen –

Das zu Ende gehende Jahrhundert wird als «Zeit der Ideologien» (K.D. Bracher) bezeichnet. Wir denken dabei zuerst an die folgenschweren Verwandlungen gesellschaftsphilosophischer und politischer Ideen in jene aggressiven Weltanschauungen, die in Deutschland, in Europa und weltweit totalitäre Herrschaftssysteme begründet haben, vor allem an den Marxismus-Leninismus sowjetischer Prägung, den Faschismus in Italien und den Nationalsozialismus in Deutschland. Ideologien in diesem Sinne haben das Verständnis des Wortes in der Alltagssprache geprägt. Es bezeichnet dann Machthunger, Terror und geistige Unfreiheit.

In Deutschland kommt eine andere Erfahrung hinzu. Die Deutschen leben in bewegten Zeiten. Seit 1871 haben sie in kurzer Folge sehr verschiedene politische Systeme mit unterschiedlichen politischen Herrschaftsideologien durchlebt und – zu erheblichen Teilen – durchlitten. Der häufige Systemwechsel war unser Schicksal. Das gilt in politischer, militärischer, ökonomischer, geistig-kultureller und wohl auch moralischer Hinsicht.

Eine Gesamtdarstellung der möglichen geistigen Zusammenhänge, der Vor- und Nachwirkungen von Ideologien auf das gesellschaftliche und politische Leben Deutschlands in diesem Jahrhundert fehlt bisher. Das wird man kaum als

III. Die Aktualität des Ideologieproblems

zufällig betrachten können. Nach jedem Systemzusammenbruch versucht die überlebende Elite zu verhindern, daß ihre eigene Verantwortung für das untergegangene System, für seine (Un-)Taten und Folgen unbefangen in den historischen Blick genommen wird. Die Rechtfertigungsliteraturen und das Selbstmitleid feiern Triumphe. Für diese Erfahrung gibt es Belege.[9]

Den Zeitgeist konnte man in der alten Bundesrepublik auch bei anderen Gelegenheiten studieren, etwa bei den Reaktionen der Medien und vieler Professoren auf die sog. Studentenbewegung.

Die späten sechziger und die frühen siebziger Jahre haben das komplexe Beziehungsfeld zwischen Ideologie und Wissenschaften und Medien erneut nachhaltig in das öffentliche Bewußtsein gehoben. Vielfältige Nachwirkungen sind bis heute zu beobachten.

Die als «Studentenbewegung» bezeichnete Strategie zur Umformung der gesellschaftlichen und staatlichen Ordnung wurde von Professoren konzipiert (Adorno, H. Marcuse), an Deutschlands hohen Schulen erprobt und von bestimmten Medien kritiklos verklärt. Ihre Gewaltaktionen wurden übersehen oder glorifiziert. Eine nüchterne historische Bestandsaufnahme fehlt bis heute. Der programmatische «Marsch durch die Institutionen» war für manche Protagonisten der Bewegung durchaus förderlich: Über Nacht wurden Karrieren von Assistenten zu Universitätspräsidenten (Hamburg, Bremen, Berlin), von Nichthabilitierten ohne Qualifikationsnachweis zu Lehrstuhlinhabern

---

[9] Als ein ausgeprägtes Beispiel vgl. C. Schmitt, Glossarium – Aufzeichnungen der Jahre 1947–1951, hrsg. von Eberhard Freiherr von Medem, Berlin 1991.

möglich. Die «richtige» Ideologie war und ist zu allen Zeiten karriereträchtig. Nicht Leistung zählte – oder auch nur fachliche Eignung – sondern ideologische Kumpanei.

Möglich wurden diese «Fortschritte», weil es in Politik und Medien schick und opportun war, sich als Meinungsführer an die Spitze der «Bewegung» zu setzen. Fortschritt war das, was der eigenen Ideologie und den eigenen Interessen diente. Alles war reformierungsbedürftig und -fähig! «Macht kaputt, was Euch kaputtmacht» – hieß ein beliebter Slogan. Im Hochschulbereich standen am Ende dieser Entwicklung «Reform»-Gesetze, die von keinem ihrer Unterworfenen wirklich akzeptiert und «gelebt» wurden. Das Bundesverfassungsgericht wurde schließlich zum korrigierenden Ersatzgesetzgeber.

Als schick und fortschrittlich galt es auch, vom Katheder her die Bundesrepublik, gemessen am Sozialismus, als ein unfreies, rückschrittliches Land zu schmähen, sie als eine «Übergangsgesellschaft» auf dem durch eherne historische Gesetze vorgezeichneten Weg zum realen Sozialismus zu diagnostizieren. Die zahlreichen Professoren und Assistenten in der Bundesrepublik, die das lehrten, die Journalisten, die das prophetisch verkündeten, handelten nicht unter den Bedingungen eines totalitären Staates, wie ihre Kollegen in der DDR jener Zeit. Sie folgten lediglich einer ideologischen Zeitmode in einem Land, das solche Ansichten wegen der Freiheit der Meinung, der Medien und der Wissenschaft (Art. 5 GG) tolerierte und deshalb ihre Verkündung schützte.[10] Diese Phase an vielen Hochschulen und in eini-

---

[10] Aus der Fülle der einschlägigen Zeitzeugnisse sei exemplarisch auf das eher nachdenkliche, gerade deshalb dokumentarische, autobiographisch gefärbte Buch «Brandeis», des Schweizers Urs Jaeggi (Darmstadt

gen Medien der alten Bundesrepublik ist auch zu bedenken, wenn es um die Übernahme oder «Abwicklung» von Lehrpersonal aus der ehemaligen DDR geht. Was dort als angebliche Wissenschaft, in Wirklichkeit als Heilslehre in allen Disziplinen vom Staat gefordert wurde, leisteten die Neomarxisten in der Bundesrepublik, nicht nur in den Universitäten, durchaus freiwillig, teils gläubig, teils aus blankem Opportunismus.

Eine neue Phase der Ideologisierung begann Mitte der achtziger Jahre in der Bundesrepublik mit dem leidenschaftlich geführten sog. Historikerstreit[11] um die befürchtete «Entsorgung der deutschen Geschichte». Der Name ist irreführend. Er wurde nicht unter Historikern, sondern gegen eine bestimmte Sichtweise der kausalen Verknüpfung von Stalinismus und Nationalsozialismus geführt. Sein Initiator war der Sozialphilosoph Jürgen Habermas. Die Mitstreiter kamen aus verschiedensten Berufsgruppen.

Er entzündete sich u.a. an einem vermeintlich bestehenden Verbot, die Untaten des Stalinismus mit denen des Nationalsozialismus zu vergleichen. In Wahrheit ging es um den Gebrauch, ja die wechselseitige Instrumentalisierung der Geschichte im politischen Meinungskampf. Es kann hier dahinstehen, welche Ergebnisse und Folgerungen ein solcher Vergleich totalitärer Systeme haben kann. Ein fiktives vermeintliches Vergleichsverbot ist jedenfalls von vornherein als erkenntnistheoretischer Widersinn abzulehnen. Die Behauptung der Einzigartigkeit eines historischen Ge-

---

und Neuwied 1978) verwiesen, der die geistige Wirrnis dieser Epoche an den Universitäten von Bochum und Berlin eindrucksvoll schildert.

[11] Vgl. Oesterle/Claussen, Historikerstreit und politische Bildung, 1989, sowie Piper, Historikerstreit-Dokumentation, 4. Aufl. 1987.

schehens kann, wie schon erwähnt, nach den Gesetzen der Logik nur das Ergebnis eines vorausliegenden Vergleichs sein. Bedauerlicherweise beschädigten selbst damals höchste Repräsentanten der Bundesrepublik durch ebenso überflüssige wie unbedachte Parteinahmen ihr Amt und ihr intellektuelles Ansehen.

Nach 1989, nicht zuletzt angesichts der Stasi- und Justizverbrechen der DDR, die in ihrer Grausamkeit nun offenbar wurden, flauten die Wogen des Historikerstreits bald ab. Er wurde von einem ausgiebigen deutschen Literaturstreit abgelöst. Es geht dabei – über die Schriftsteller hinaus – um die Rolle der Intellektuellen im Unrechtsstaat DDR während seiner vermeintlichen Blüte und in der Phase des Niedergangs. Die Einstellungen und Verhaltensweisen waren sehr unterschiedlich und widersprüchlich, solange die DDR bestand. Jetzt sind aus den literarischen Wortführern und Propagandisten des vergangenen Systems bisweilen in der eigenen Sicht Widerständler oder Opfer geworden. Die Einzelheiten harren der Klärung.

Auch hier ist daran zu erinnern, wie viele westdeutsche Intellektuelle und Medien sich dem real menschenrechtswidrigen Unrechtsstaat während seines Bestehens angebiedert haben. Es lohnt sich, die einschlägigen Publikationen und Äußerungen heute nachzulesen, etwa von Theo Sommer und Egon Bahr, von Günter Gaus und Klaus Bölling, von Günter Grass u. v. a. Es gehört schon ein ungewöhnliches Maß an Vergeßlichkeit und/oder Dreistigkeit dazu, angesichts des eigenen intellektuellen und poltischen Versagens damals, heute die deutsche Einigung pauschal zu diffamieren, wie etwa Günter Grass und Stefan Heym dies bei einem gemeinsamen Auftritt im Dezember 1991 vor dem deutschen Goethe-Institut in Brüssel für richtig hielten.[12] Wer kann vergessen, daß und wie Heym im Herbst 1989 die jungen DDR-Bürger, die über Ungarn flüchteten und erstmalig Mauer und Elektrozäune überwunden hatten, aus einem Hotel in der Schweiz zum Bleiben in der DDR aufrief. Das war beispielhaft für jene Reisekader, die den Verlauf des sozialistischen Experiments aus ihrer luxuriösen Nomenklaturasituation verfolgten und beim Zusammenbruch das vorzeitige Ende beklagten. Reisefreiheit für andere, gar für alle, das war den literarischen Grenzgängern der DDR etwas zu Ungewohntes, besonders, wenn sie sogar zum endgültigen Verlassen des Paradieses der Arbeiter und Bauern genutzt werden konnte. Der Literaturstreit nach dem Ende der DDR, die Stimmen der vertriebenen Schriftsteller, etwa Biermann, Kunze, Loest, Maron, Fuchs, Janka, S. Kirsch u.a. waren die fällige Reaktion. Mancher Unbelehrbare trauert heute noch. Auch das war nach 1945 schon einmal so.

Die wenigen Erinnerungen zeigen: Gesellschaftliches, wissenschaftliches, kulturelles und politisches Leben sind ein so verschränktes wie permanentes Kampffeld ideologischer Strömungen und Indoktrinationsversuche. Alle Wissenschaften, vor allem die Geistes- und Sozialwissenschaften, sind davon betroffen.

---

[12] Vgl. FAZ vom 18.12.1991, S.29.

IV. Ideologieverschränkungen als zeitloses Problem der Wissenschaften

Den ersten Anstoß zu dieser Schrift gab das Interesse an der Rechtswissenschaft und ihrer Perversion im Nationalsozialismus.[13] Was zunächst als Beschäftigung mit einer vergangenen Ideologie und ihren Wirkungen in Justiz und Jurisprudenz gedacht war, erwies sich bei näherem Hinsehen bald als eine, vielleicht sogar die grundlegende, sehr gegenwärtige Problematik der Rechts-, ja der gesamten Geisteswissenschaften: ihre unvermeidliche Durchdringung von dem jeweiligen Zeitgeist, durch die aufkommenden, die herrschenden und die vergangenen, aber fortwirkenden Ideologien.

Zwischen 1968 und 1988 konzentrierten sich viele rechtstheoretische und rechtshistorische Betrachtungen westdeutscher Autoren auf die Rolle von Recht und Juristen im Nationalsozialismus. Es galt, sehr verschiedene Bedürfnisse zu befriedigen, besonders die nach Rechtfertigung, nach Anklage, nach «nachgeholtem Widerstand», aber auch nach tagespolitisch bedingten Instrumentalisierungen der Geschichte. In der DDR war dieses Thema aus politischem Kalkül von Anfang an ein Dauerbrenner. Der «Antifa-

---

[13] Vgl. Rüthers, Die unbegrenzte Auslegung, Zum Wandel der Privatrechtsordnung, 1. Aufl. Tübingen 1968, 4. Aufl. Heidelberg 1991; ders., Wir denken die Rechtsbegriffe um ... Weltanschauung als Auslegungsprinzip, Zürich 1987; ders., Entartetes Recht – Rechtslehren und Kronjuristen im Dritten Reich, 2. Aufl. München 1990; ders., Carl Schmitt im Dritten Reich – Wissenschaft als Zeitgeistverstärkung? –, 2. Aufl. München 1990.

IV. Ideologieverschränkungen als zeitloses Problem

schismus» diente in der DDR dazu, die Bundesrepublik als Fortsetzung des Faschismus zu diffamieren.

Diese Verengung des Blickwinkels auf den Nationalsozialismus könnte das Mißverständis nähren, es handele sich bei der ideologischen Anfälligkeit und Durchsetzung der Rechts- und Geisteswissenschaften um eine Ausnahmeerscheinung, wie sie für extrem totalitäre Systeme, vielleicht noch für den «realen Sozialismus» in seinen verschiedenen, inzwischen ebenfalls zerfallenen Spielarten typisch sei. Eine solche Ansicht wäre ein schwerwiegender und folgenreicher Irrtum. Die Beziehungen zwischen Ideologie und Wissenschaft oder Zeitgeist und Wissenschaft sind ein Dauerproblem in allen Wissenschaftszweigen, besonders aktuell in den Geistes- und Sozialwissenschaften aller Epochen. Das Gewicht und die Vielschichtigkeit dieses Themas sind leichter zu erkennen in einer Epoche, in der die Auf- und Niedergänge von Ideologien in so dramatischer Dichte und Geschwindigkeit aufeinanderfolgten wie zwischen 1917 und 1990 in Mitteleuropa. «Ideologie und Wissenschaften» ist also das Zentralthema des ausgehenden Jahrhunderts, nicht nur für Juristen.

> Doctrina multiplex – veritas una.
> Veritas multiplex – doctrina una.
> Quid est veritas?

B. Zum Ideologie-Begriff

Die Geschichte des Wortes Ideologie ist lang und vielschichtig[14]. Es geht dabei – offen oder verdeckt – immer um das Verhältnis der Wirklichkeit zu ihrer Wahrnehmung oder Erklärung, um Sein und Schein, um die Wirklichkeit und ihre – vielfältigen – Deutungen. Der Gebrauch des Wortes Ideologie wird in der Regel durch Streitigkeiten um die (vermeintlich oder wirklich) bessere Erkenntnistheorie oder um die leistungsfähigere Theoriebildung veranlaßt.

Jeder Mensch gewinnt durch die sehr spezifische Prägung seiner Herkunft, seiner Epoche, seiner Sozialisation sein ureigenes Bild von der Welt, seine Deutung der ihn umgebenden, von ihm erlebten Tatsachen und Entwicklungen. Er hat dazu nur eine begrenzte, durch das Bewußtsein der Begrenzung auch subjektiv kurze Lebenszeit. Er braucht daher, will er in seiner bemessenen Lebenszeit Orientierungslosigkeit vermeiden, die Kenntnis und das Verständnis seiner

---

[14] Vgl. zum Überblick, Mittelstraß (Hrsg.), Enzyklopädie Philosophie und Wissenschaftstheorie, Mannheim/Wien/Zürich, Bd. II 1984, S. 193–197.

Lage in dieser Welt. Er möchte wissen, wie diese Welt wirklich aussieht, woher sie kommt und wohin sie geht, um das erreichbare Maß an Sicherheit über seine Lebenssituation zu gewinnen. Er fragt damit zugleich nach dem möglichen Sinn seiner Existenz, nach seiner Herkunft und nach seiner Zukunft. Er braucht «sein» Weltbild als Mittel gegen Daseins- und Zukunftsängste in den Ungewißheiten des Schicksals.

Das Fragen und Suchen nach der möglichst vollständigen Wirklichkeit und ihrer wahren Erkenntnis ist ein Urtrieb des Menschen. Es geht ihm um die ganze Realität, um den Sinn von Leben und Tod, um Recht und Unrecht im Sinne letzter Gerechtigkeit. Schon deshalb entspricht das, was die Philosophie als «Erkenntnistheorie» bezeichnet, einer – oft unbewußten und naiven – Lebenspraxis aller Menschen. Sie ist ein notwendiges Element humaner Existenz. Es geht um ein vitales, buchstäblich existentielles Problem. Der Mensch hat auf den ersten Blick nur sein eigenes Leben, seine Wahrnehmungen und Erfahrungen, um sein Weltbild zu gewinnen. Dieser Eindruck täuscht, weil der Mensch ein geschichtliches Wesen ist. Er kann Geschehenes erinnern, individuell und kollektiv. Genau besehen, beruht unser Weltbild nur zu einem Bruchteil auf eigenen Wahrnehmungen und Urteilen, mehrheitlich dagegen auf dem vielfältigen Vertrauen in die Erkenntnisse und Erfahrungen anderer Menschen und Generationen vor uns sowie in die Traditionen von Institutionen. Unser Weltbild ist, nüchtern betrachtet, gesellschaftlich und historisch konstruiert und konstituiert[15].

---

[15] Vgl. Berger/Luckmann, Die gesellschaftliche Konstruktion der Wirklichkeit, Frankfurt a. M. 1969.

Die individuellen Weltbilder werden auf vielfältige Weise gesellschaftlich geprägt. In den letzten deutschen Generationen etwa – neben Elternhaus und Schule – durch Hitlerjugend oder FDJ, Napola oder Parteihochschule, Bundeswehr oder NVA, Ordensburg oder «Rotes Kloster», Amerika- oder UdSSR-Aufenthalte. Wir alle tragen unsere «Kindheitsmuster»[16] mit durch das ganze Leben, sei es in Anpassung und Fortführung oder auch als dauerhaftes, oft aggressiv verworfenes Gegenmodell der späteren Emanzipation. Unsere individuelle und kollektive Weltsicht gründet sich unvermeidbar auf breite Fundamente sozialen und institutionellen Vertrauens oder auch Mißtrauens sowie auf eine Fülle geglaubter Prämissen, die mit den Mitteln der Logik, der Erkenntnistheorie und der exakten Naturwissenschaften nicht beweisbar sind. Dieser Zwang zum Vertrauen in die Feststellungen anderer und in geglaubte Prämissen kennzeichnet ein Wesensmerkmal menschlicher Existenz. Das hat noch nicht notwendig etwas mit Theologie zu tun. Auch der überzeugte Agnostiker kann ohne geglaubte Prämissen über den Wert oder Unwert bestimmter

---

[16] Vgl. Christa Wolf, Kindheitsmuster, Ost-Berlin 1976. Das Buch ist ein wichtiger Anknüpfungspunkt und Schlüssel zum Verständnis des sog. Literaturstreits. Es ist nicht lange nach dem Einfall der DDR-Armee in die damalige CSSR 1968 im Rahmen der Niederwerfung des Prager Frühlings durch den Warschauer Pakt geschrieben. Die Autorin ergeht sich seitenweise über den Vietnamkrieg, ohne daß dies zum behandelten Thema gehörte. Die Vorgänge in Ungarn 1956, Polen 1956, Prag 1968 kommen nicht vor, obwohl nahezu zeitgleich die «Nationale Volksarmee» der DDR am Überfall des Warschauer Paktes auf die CSSR teilnahm, die Regierung der DDR also an einem nach der gültigen DDR-Verfassung (Art. 8 Abs. 2) verbotenen Angriffskrieg teilnahm. War das Schweigen dazu auch eine Wirkung der «Kindheitsmuster»?

Verhaltensweisen nicht existieren. Er praktiziert seine Wertwelt in seinen alltäglichen Handlungsmustern auch dann, wenn er ihre glaubensmäßige Grundlage theoretisch leugnet. Nicht die reale Wirksamkeit geglaubter Prämissen kann bestritten werden, sondern nur ihre ethische, philosophische oder religiöse Begründung. Ohne geglaubte Prämissen ist menschliches Dasein und Handeln unmöglich.

I. Die polemische «Knüppelfunktion»

Jeder Mensch macht sich also – nicht selten unbewußt – sein Weltbild, das er vielfach für die Wirklichkeit, seine Sicht mithin für die objektive Wahrheit hält. Dabei entwickelt sich eine gleichsam naturwüchsige Solidarität zu denen, die seine Weltsicht teilen. Entsteht aus Menschen mit gemeinsamen Weltbildern eine Großgruppe, so spricht der moderne Sprachgebrauch von einer Weltanschauung. Der Einzelne schließt sich ihr an, weil und soweit er die wesentlichen Elemente seiner Weltsicht (Tatsachendeutungen und Wertüberzeugungen) in ihr wiederfindet.

Die vielen individuellen Weltsichten/-deutungen bilden also als «Schnittmenge» eine kollektive Weltanschauung, welche die unterschiedlichsten Ausprägungen haben kann (Liberalismus, Konservatismus, Sozialismus etc.). Dabei ist den Weltanschauungen eigentümlich, daß sie in der Regel politische Zielvorstellungen und Handlungsprogramme, wie die Welt zu gestalten sei, einschließen. Halten wir ein solches programmatisches kollektives Weltbild für falsch, so bezeichnen wir es als «Ideologie». Ideologie, das ist im alltäglich üblichen, vor allem im politischen und wissenschaftlichen Sprachgebrauch (= «Kampfgebrauch») die irrige Weltanschauung der anderen. Die eigene Weltanschauung wird demgegenüber gemeinhin als «objektive Wahrheit» oder als «wissenschaftlich erwiesen» angesehen.

Diese Funktion des Wortes «Ideologie» stand nicht am Anfang seiner Begriffsgeschichte. Der Schöpfer des Begriffs dachte ihn im Gegenteil als einen Ehrennamen für einen neuen Weg des Fortschritts und der Aufklärung. Antoine L. C. Destutt de Tracy entwarf 1796 vor dem «Institut national des sciences et des arts» bei einem Vortrag im Louvre zu Paris sein «Projekt Ideologie». Es ging ihm – nach dem Abschied von der Theologie als Mutter der Wissenschaften in der französischen Revolution – um eine neue, völlig andere «Theorie der Theorien», um eine neue «Überwissenschaft» also. Die Sehnsucht nach solchen Überwissenschaften, welche die anderen Disziplinen dominieren sollen, scheint zeitlos zu sein. Die Wissenschaftshierarchie scheint ohne Häuptlings- oder Geheimwissen nicht auszukommen. Die Vertreibung der Theologie aus dieser bis dahin angestammten Rolle führte und führt augenscheinlich zu interdisziplinären Diadochenkämpfen in allen Folgeepochen bis heute. Die neue Wissenschaft von den Ideen (= «Ideologie») sollte alle denkbaren Ideen und Wahrnehmungen sowie alle Möglichkeiten des Denkens und des Wahrnehmens behandeln. Sie sollte zugleich das Ziel und die Methode(n) menschlichen Erkennens erfassen und analysieren. Das Hauptwerk von Destutt de Tracy «Eléments d'idéologie» erschien zwischen 1801 und 1815. Seine Anhänger, die bald eine eigene «Schule» bildeten (darunter berühmte Namen wie Cabanis, Sieyès, Roederer, Say, Volney u.a.), nannten sich und wurden «Idéologistes» genannt. Es lag dieser Denkrichtung ein missionarisch-denkerischer Eifer zugrunde: Es ging darum,

I. Die polemische «Knüppelfunktion»

die Erkenntnismöglichkeiten des Menschen allein aus seinen rationalen und emotionalen Potentialen zu definieren. Der daraus entstehenden Konflikte war man sich bewußt. Die Feindschaften der möglichen Gegner, sowohl der jeweils Mächtigen wie der «Metaphysiker», nahm man sehend in Kauf. Sie sollten nicht ausbleiben.

Zum begrifflichen «Knüppel aus dem Sack» wurde das Wort Ideologie erstmals durch Napoleon I. Er hatte zunächst ein durchaus positives Verhältnis zu Destutt de Tracy und seinem Kreis der Idéologistes, hatte ersterem 1798 sogar angeboten, als Feldmarschall an der Ägypten-Expedition teilzunehmen, was jener ablehnte. Zu diesem Zeitpunkt galt das Wort «Ideologie» mitsamt der Schule der «Idéologistes» als ein Qualitätsprädikat, gleichbedeutend mit Rationalität, Empirie und Fortschritt; es ging um eine Theorie umfassender Reformen mit dem Ziel maximalen Erfolges und Glücks in der gesamten Gesellschaft. Mit der Hilfe der angesehensten Ideologen (Cabanis, Sieyès, Destutt de Tracy) hatte 1799 der Staatsstreich stattgefunden, der Napoleon zum 1. Konsul machte. Einmal an der Macht, war der Imperator jedoch nicht gewillt, diese mit seinen früher hofierten philosophischen Ratgebern zu teilen, zumal jene sich massiv gegen seine Konkordatspolitik mit der katholischen Kirche stellten. Napoleon verwendete als erster seit etwa 1800 den Ausdruck «Idéologues» gegen die Widersacher seiner Politik. Ganze Kübel von Schimpfwörtern («fanatische, besessene, weltfremde Träumer», «Verbreiter von Unsinn», «finstere Metaphysiker», «Windbeutel», «Ungeziefer») schüttete der erzürnte Kaiser über sie aus. Der rhetorische Erfolg Napoleons ist historisch erwiesen. Er hat die Begriffe Ideologie und Ideologe für zwei Jahrhunderte inhaltlich geprägt.

Das Beziehungsfeld und der spätere Konflikt zwischen dem imperialen Machthaber und den Produzenten und Vertretern einer neuen Sozialphilosophie («Ideologie») waren alles andere als zufällig. Besteht vielleicht eine urtümliche Verknüpfung zwischen Macht und Ideologie zu allen Zeiten?

Der Konflikt um 1800 zwischen Napoleon und seinen Ideologen entstand, als er, nach dem Machtgewinn als Kaiser, einen Ideologiewechsel durchsetzte. Seine Antiideologie der unbeschränkten Alleinherrschaft kennzeichnet ihn als «anti-ideologischen Ideologen». Er hat die Begriffe Ideologie und Ideologe im Ergebnis dem Irrationalismus und den Zwecken der jeweiligen Machthaber verfügbar gemacht, indem er ihre ursprünglichen theoretischen Ansätze verdrängte und das Wort zu einer verbalen Keule gegen beliebige Oppositionelle umformte. Ihm war bewußt, daß die Schule der «Idéologistes» mit ihren Zielen einer rationalen Gesellschaftsgestaltung den Herrschaftsansprüchen der Mächtigen Grenzen setzen würde. Nach einer Notiz im Tagebuch Talleyrands warnte er 1807 in Erfurt vor einem illustren deutschen Publikum:

«Eure idéologues zerstören alle Illusionen, dabei ist das Zeitalter der Illusionen für den einzelnen wie für die Völker das Zeitalter des Glücks.» [17]

Hat der Satz einen wahren Kern?

---

[17] Zitiert nach Tom Holert, Denker auf verlorenem Posten: Die Ideologen, FAZ-Magazin vom 6.12.1991, S. 73 ff. (80), dem ich auch die vorstehenden Zitate verdanke.

II. Vorzüge eines unpolemischen, unwertfreien Begriffs

Meine These geht dahin: Wer den Begriff Ideologie wie Napoleon I. benutzt, um gegnerische Positionen abzuwerten, der verschleiert – wie Napoleon I. –, daß er selbst eine Ideologie vertritt und von ihr aus urteilt. Er gibt seine Ideologie als Wahrheit aus[18].

Im wissenschaftlichen wie im politischen Meinungsstreit ist der Gebrauch des üblichen, polemischen Ideologiebegriffs unfruchtbar und geistig gewalttätig. Durch den Einsatz des Knüppelarguments, der Gegner (Diskussionspartner) sei ein «Ideologe», wird ein rationaler, abwägender Diskurs eher verhindert als gefördert. Es wird verschleiert, daß jede wertbezogene Argumentation unentrinnbar auf weltanschaulichen Prämissen beruht.

Im Interesse eines offenen und fairen Diskurses bei unterschiedlichen weltanschaulichen Positionen schlage ich deshalb einen anderen Gebrauch des Begriffs Ideologie vor. Er geht davon aus, daß jeder Mensch sein Weltbild hat und von daher bestimmten weltanschaulichen Grundpositionen zuneigt, und zwar unabhängig davon, ob ihm das bewußt ist oder nicht. Dieses weltanschauliche Vorverständnis kann jede Wahrnehmung auch der einfachsten Tatsachen und Vorgänge maßgeblich beeinflussen. Wir sehen, was wir sehen, immer aus der Perspektive, gleichsam durch die – meist nicht wahrgenommene – Brille unseres individuellen Weltbildes

---

[18] Ich übernehme diesen Ansatz aus der Rechtstheorie Theodor Viehwegs. Das Hauptwerk Viehwegs ist «Topik und Jurisprudenz», 5. Aufl. 1974, mit dem er die sog. rhetorische Jurisprudenz in Deutschland neu belebt hat.

und unserer (kollektiv vermittelten) weltanschaulichen Vorverständnisse, die als Vor-Urteile unsere Wahrnehmungen prägen und oft begrenzen. Wir sehen – um es bildhaft auszudrücken – vieles um uns herum. Den Standpunkt, von dem aus wir das tun, sehen wir in der Regel nicht, weil wir darauf stehen. Die Standpunktgebundenheit unserer Wahrnehmung wird uns oft nicht bewußt. Genau dieser Standort bestimmt aber unser Bild, das wir uns von der Wirklichkeit machen.

Individuell betrachtet komme ich demnach zu der Definition:

Ideologien sind – in diesem unpolemischen, unwertfreien Sinn – alle Aussagen, die auf Glauben und Vertrauen anstatt auf beweisbares Wissen gestützt sind.

Kollektiv – i.S. der gemeinsamen Weltanschauungen von Großgruppen – wäre zu definieren:

Ideologien sind zu politischen Handlungsprogrammen gebündelte und verdichtete Weltanschauungen. Sie beruhen auf Glauben und Vertrauen.

Eine heikle Frage ist das Verhältnis dieses wertneutralen Ideologiebegriffs zu religiösen Überzeugungen. Auch sie beruhen auf Glauben und Vertrauen, etwa in die Wahrheit und Glaubwürdigkeit heiliger Bücher, Texte, Religionsstifter oder anderer Formen der Offenbarung. Gerade in einer pluralen Gesellschaft ist die rechtlich gewährleistete, gleichberechtigte Konkurrenz auch religiöser Überzeugungen eine Alltagserscheinung. Es fördert den unbefangenen geistigen, auch religiösen Gedankenaustausch, wenn sich alle Beteiligten über die glaubensgebundenen, religiösen, also im wertneutralen Sinn «ideologischen» Prämissen ihrer Positionen klar sind oder werden.

II. Vorzüge eines unpolemischen, unwertfreien Begriffs

Mit diesem offenen und neutralen (unpolemischen) Sprachgebrauch wird zweierlei gewonnen:

- eine Basis kritischer Distanz zur eigenen Weltsicht, deren ideologische und metaphysische Elemente wir uns gern verheimlichen, wenn wir sie für rein «rational» oder gar für allein «richtig» oder «wahr» halten;
- eine sprachliche Basis für den fairen und gleichberechtigten Diskurs mit den Vertretern anderer Welt- und Wertvorstellungen. Keine Partei des Diskurses ist durch den Hinweis, es handele sich um eine ideologische Kontroverse, von vornherein scheinbar des Irrtums überführt.

Ideologien in diesem wertneutralen Verständnis beantworten Fragen der Weltdeutung, im Kern «Glaubensfragen», wenn dieser Begriff weit gefaßt wird. Neben den religiösen Glaubensvorstellungen fallen seit dem Zerfall einer einheitlichen theologischen Glaubenswahrheit in Europa durch die Reformation und die von ihr angestoßene Aufklärung die vielfältigen Glaubensinhalte und Gläubigkeiten unterschiedlichster Weltanschauungen darunter, vor allem wenn sie von größeren Kollektiven für «wahr» und damit für «verbindlich» erklärt werden.

Allerdings stößt die hier vorgeschlagene Entpolemisierung des Begriffs Ideologie gelegentlich auf entschiedenen, ja erbitterten Widerstand[19]. Dieser hat mehrere Gründe. Zunächst ist der Abschied von eingeübten Denk- und Sprachgewohnheiten für jedermann mühsam, auch für den Autor selbst, der hin und wieder seinen eigenen Vorschlag des unpolemischen Begriffsgebrauches vergißt. Aber die einge-

---

[19] Beispielhaft für viele Kritiker: Simon, Rechtshistorisches Journal 12 (1993), 642 ff.

fleischte Gewohnheit ist nicht das Haupthindernis. Die unwertfreie Verwendung des Begriffs setzt die Einsicht des Verwenders voraus, daß sein eigener Standort in allen Wertungsfragen unvermeidlich ein ideologischer, auf Glauben und Vertrauen gestützter Standort ist. Gegen diese Einsicht bestehen offenbar verbreitete, tiefverwurzelte Hemmungen. Das ist verständlich. Das Sicheinlassen auf den unpolemischen Ideologie-Begriff bedeutet den Abschied von der scheinbar rationalen Wahrheitsgewißheit des eigenen Standpunktes und das – schon von Karl Mannheim formulierte Eingeständnis –, daß nicht nur die gegnerischen, sondern prinzipiell alle, auch die eigenen Positionen als ideologisch anzusehen sind.

Der von mir vorgeschlagene unpolemische Ideologie-Begriff stammt, wie schon gesagt, nicht von mir. Er ist auch in der Jurisprudenz keineswegs neu. Neben dem bereits zitierten Theodor Viehweg ist im Hinblick auf das Thema «Ideologie im Systemwechsel» vor allem Carl August Emge (1886–1970) zu nennen. Er hat in seinem von den Erfahrungen eines Juristen in «vier Reichen» (Kaiserreich, Weimar, NS-Staat, Bundesrepublik Deutschland) geprägten Alterswerk «Die Philosophie der Rechtswissenschaft» (1961) den letzten Abschnitt so betitelt: «Die juristische Dogmatik als Höchstform der Ideologie»[20]. Diese These erscheint auf den ersten Blick für das in starren Denkgewohnheiten gefangene Wissenschaftsverständis vieler Juristen provokativ, ja ausgesprochen diskriminierend. Folgerichtig ist die schonungslose, kritische Analyse der Funktion von juristischer Dogmatik im politischen Prozeß, die Emge versucht hat, zur Zeit ihres Erscheinens nicht angenommen, geschweige denn aufgenommen worden.

---

[20] Emge, Philosophie der Rechtswissenschaft, 1961, S. 327 ff.

II. Vorzüge eines unpolemischen, unwertfreien Begriffs

Disziplingeschichtlich interessant ist der Umstand, daß etwa zur selben Zeit, nämlich 1960, die erste Auflage der «Methodenlehre der Rechtswissenschaft» von Karl Larenz erschien und alsbald zum Klassiker der Jurisprudenz und der BGH-Praxis aufrückte. Das geschah, obwohl Larenz bewußt zentral wichtige Umbrüche des Wissenschafts- und Methodenverständnisses der Jurisprudenz im 19. (Marx, Lorenz v. Stein) und im 20. Jahrhundert (Nationalsozialismus, konkretes Ordnungsdenken, realer Sozialismus) einfach ausließ. Was das juristische Weltbild störte, wurde nicht wahrgenommen, in der Bedeutung verkannt oder verdrängt.

Die deutsche Rechtswissenschaft hat über zwei Jahrhunderte hin ihr Ideal und ihre zentrale wissenschaftliche Aufgabe wie ihre «Tugend» (Qualität) in der vermeintlichen «Objektivität» des Rechts und der Juristen gesehen. Das war und ist teilweise bis heute eine verbreitete, ja dominante «Juristenideologie».

Viele andere Wissenschaftsdisziplinen leben im und vom nämlichen Bewußtsein ihrer vermeintlich sicheren und ungefährdeten, ja unerschütterlichen Objektivität. Und nun wird mit dem Vorschlag eines unpolemischen, unwertfreien Ideologie-Begriffs inzident der Abschied von der traditionellen, angeblich objektiven Wissenschaftsideologie gefordert.

Der Abschied von der eigenen Ideologie ist gerade für ihre Produzenten, die Angehörigen geistiger Berufe, die sich regelmäßig selbst als «Intellektuelle» verstehen, besonders schmerzlich. Er gelingt, wenn überhaupt, nur zögernd, unter Larmoyanzen und in der Regel verspätet. Die Empörung ist besonders heftig, wenn das jeweilige eigene Berufsfeld als Nährboden und Produktionsstätte von Ideologien, seine Betreiber als ideologische Wesen definiert werden. Aber es gilt das Wort des Matthias Claudius im Abschiedsbrief an seinen Sohn Johannes, und zwar auch für Intellektuelle: Die Tatsachen richten sich nicht nach uns, sondern wir müssen uns nach den Tatsachen richten. Das «Richten» in diesem Satz hat im Blick auf die deutsche Geschichte in diesem Jahrhundert einen beachtenswerten Doppelsinn.

Insgesamt ist allerdings der nachdrückliche Hinweis erforderlich, daß die Unwertfreiheit des Ideologie-Begriffs keinesfalls die rationale, ethische oder politische Gleichwertigkeit aller Ideologien bedeutet. Im Gegenteil: Der wertneutrale Begriff ermöglicht den rationalen Diskurs über die rationale und humane Qualität von Ideologien und über die Folgen ihrer Verwirklichung. Er ist also keine Ausgeburt eines schrankenlosen Wertrelativismus, sondern eine Voraussetzung rationaler, gewaltfreier Diskussion über den Substanzwert und die Folgen von Ideologien.

Die Vereinbarung eines wertfreien Ideologiebegriffs löst oder ersetzt nicht das Problem, den Substanzwert von divergenten Ideologien zu vergleichen und zu bestimmen. Im Gegenteil: Zwei totalitäre Ideologien in diesem Jahrhundert haben sich als fundamentale Irrtümer erwiesen, der Nationalsozialismus und der Marxismus-Leninismus. Sie gelten nach ganz überwiegender Bewertung nicht nur politisch und ökonomisch, sondern auch in ihren theoretischen Prämissen als widerlegt und als zusammengebrochen. Für den Nationalsozialismus mit seinem Rassenwahn und dem «von der Vorsehung entsandten Führer» ist insoweit der breite Konsens evident.

Nicht minder allgemein anerkannt sind die fundamentalen Irrtümer des Marxismus-Leninismus. Hier sind die Zähigkeit seiner Verwurzelung, aber auch die Abwehrreflexe

II. Vorzüge eines unpolemischen, unwertfreien Begriffs

bei seinen Verfechtern und der Schmerz des Abschieds von der irrigen Weltanschauung besonders ausgeprägt. Das gilt sowohl für die restlichen Funktionärsbestände der SED, die heute in der PDS und in einzelnen Medien maßgeblichen Einfluß ausüben, aber auch für die vielen Wissenschaftler und Intellektuellen, bei denen die Partei immer Recht hatte. Das gilt nicht minder für die großen und kleinen Verkünder des vulgären Neomarxismus im Westen. Ganze Schulen der westdeutschen Wissenschaftsdisziplinen und ihre medialen Streitgenossen, ganze Institute und Fachbereiche in westdeutschen Universitäten sind freiwillig und begeistert dem neomarxistischen Zeitgeist nach 1968 gefolgt, haben ihn zum Lehr- und Forschungsprogramm erhoben, teils aus Überzeugung, teils aus Opportunismus. Solche Irrtümer und Fehlspekulationen haben maßgeblich zum Qualitätsverlust des westdeutschen Bildungssystems beigetragen. Die Einsicht in diesen Tatbestand ist für die vielen Betroffenen, besonders diejenigen, die sich damit Rang und Namen erworben hatten, höchst schmerzlich; entsprechend groß ist die Neigung des kollektiven und solidarischen Vergessens und Verdrängens in den betroffenen Personengruppen.

Die Erfahrungen mit der Aufnahme des Buches «Ideologie und Recht im Systemwechsel» haben gezeigt, daß die Akzeptanz des hier vorgeschlagenen (un-)wertfreien Ideologiebegriffs teilweise auf heftige innere Widerstände stößt. Leser, welche diese Verwendung des Ideologiebegriffs ablehnen, können anstelle der hier wertfrei verstandenen «Ideologie» das Wort «Weltanschauung» einsetzen. Der Streit um die Neuvereinbarung des Ideologiebegriffs kann dann dahinstehen.

III. Ideologie als gesuchte Geborgenheit in der rauhen Wirklichkeit

Weil Ideologien auf Glaubens- und Sinnfragen antworten, gewinnen ideologische Differenzen und Kontroversen leicht an Schärfe und Aggressivität. Ideologien scheinen naturwüchsig zum Fundamentalismus zu tendieren. Die Religions- und Weltanschauungskriege aus alter und neuer Zeit belegen das.

Der Mensch ist nicht nur ein rationales und ein soziales (Aristoteles), er ist ebenso ein ideologisches Wesen. Er lebt, indem er (auch) glaubt und vertraut.

Er braucht eine werthafte Orientierung, Halt und Stütze in den Ängsten und Nöten dieser Welt. Diese sind – jedenfalls für die große Mehrheit – nicht allein aus der Ratio zu gewinnen. Wo der Mensch den Religionen den Glauben versagt, wendet er ihn neuen Ideologien zu. Das ständig steigende Interesse an Publikationen und Praktiken in den Bereichen «Jugendsekten», New Age, Esoterik und den parapsychologischen Grenz- und Nachbargebieten bestätigt die Aktualität dieser Feststellung. Sinnvolle Existenz ist offenbar auf meta-wissenschaftliche, geglaubte Grundwerte gegründet und angewiesen. Sie sind unvermeidbar ideologisch in dem hier vertretenen (un-)wertfreien Sinn des Ideologiebegriffs.

Das führt zu dem kollektiven Aspekt des Themas. Der Mensch sucht in der Regel nicht nur «sein» individuelles Weltbild, seine Ideologie, er sucht daneben vielfach die Geborgenheit, Wärme und Solidarität in einer Glaubens- oder Weltanschauungsgemeinschaft. Ideologische Isolation wird

III. Ideologie als gesuchte Geborgenheit

verbreitet als Nachteil, oft als unerträgliche Last empfunden. Die Zugehörigkeit zu etablierten Gemeinschaften, gerade wenn sie werthaft (also ideologisch) konstituiert sind, steigert das Selbstwertgefühl der Mitglieder. Das erklärt u. a. die große Attraktivität und den Zulauf zu neu etablierten «Bewegungen», Großgruppen und politischen Systemen. Die Belege sind zahllos. Als Musterbeispiele sei auf die Hitlerjugend, den Komsomol, die FDJ, aber auch auf die NS-Erwachsenenorganisationen, die «Nationale Front» oder auf die Ausbreitung neomarxistischer Gruppen und entsprechender Anpassungsphänomene in den westdeutschen Universitäten und Medien nach 1968 verwiesen. Der Zulauf zu neuen rechtsradikalen Gruppen folgt denselben Gesetzen.

Der Schritt von der individuellen Weltsicht zur Verschmelzung der Individuen in weltanschaulich (ideologisch) uniformierten Großgruppen ist der politisch brisante, unverändert aktuelle Kern des Ideologiethemas in dieser Epoche. Ideologien im politisch effizienten Sinne sind in der Regel Mixturen aus sozialphilosophischen und politischen Ideen, wirklich oder vermeintlich wissenschaftlichen Ableitungen, handfesten materiellen Interessen, klassenspezifischen Gerechtigkeitsidealen und utopischen Heilsgewißheiten.

Die kollektive Wirkungskraft von Ideologien gründet sich zunächst auf ihre Faszination für breite Volksschichten. Ist eine Ideologie erst einmal gesellschaftlich oder staatlich etabliert, so treten neue Effekte ein. Die Begeisterung der Mehrheit oder auch meinungsführender Minderheiten löst zuerst eine «Schweigespirale» bei Andersdenkenden, dann bald Anpassungsbereitschaft und Opportunismus auf breiter Front aus. Die Beispiele solcher suggestiven Massenwirkungen durchziehen die deutsche und europäische Geschichte der letzten vier Jahrhunderte. Besonders die Schichten der sog. Intellektuellen sind für faszinöse Ausstrahlungen empfänglich, wie die Entwicklung und Verbreitung der Sowjetideologie und des Nationalsozialismus unter deutschen Intellektuellen (etwa von Feuchtwanger und Heym bis Heidegger und Schmitt) eindrucksvoll zeigt. Auch für das ideologische Mehrfachwenden unter Intellektuellen gibt es in den letzten 80 Jahren zahlreiche Beispiele.

IV. Exkurs: Ideologie und Ideologisierung als Medienprodukte

Ideologische Massensuggestionen haben bestimmte ökonomische, sozialpsychologische und technische Ursachen und Rahmenbedingungen. Eine wichtige Voraussetzung ist daneben der gleichgerichtete Einsatz von Multiplikatoren für die jeweils neu propagierten Ideologien.

Die Ideologisierung ganzer Staats- und Gesellschaftssysteme ist in dem Ausmaß, das die letzten 70 Jahre kennzeichnete, ohne die Wirkung der modernen Kommunikationsmittel nicht denkbar. Kommunikation ist in den demokratisch organisierten Massengesellschaften der Gegenwart eine Grundvoraussetzung wirksamer Politik. Der Erfolg jeder Politik ist geradezu abhängig von der Fähigkeit ihrer Akteure zur Kommunikation. Das gilt auch und gerade für den Aufstieg neuer ideologischer Gruppierungen zur politischen Macht.

In einer gesellschaftlichen und staatlichen Ordnung, die nicht unzutreffend als «Mediendemokratie» (bisweilen doppelsinnig als «Mediokratie») bezeichnet wird, entscheidet

IV. Exkurs: Ideologie und Ideologisierung

die mediale Vermittlung ihrer Ziele in vielen Fällen über die Effizienz weltanschaulicher und politischer Gruppen. Das betrifft eine wichtige «Vorwirkung» von Ideologien. Ihr Zugang zu und ihre «Vermarktung» in den Medien ist ein maßgeblicher Faktor für ihre politische Durchsetzung. Der medienwirksam auftretende Politiker erreicht allein durch seine Medienwirkung die Chance, «öffentliche Meinung» direkt zu beeinflussen, vielleicht gar zu produzieren. Die Kommunikationsmittel, vor allem die wegen ihrer Massenwirkung sog. Leitmedien, sind zu einer Machtbasis geworden. Mit ihnen wird «herrschende Ideologie» mindestens verbreitet, nicht selten hervorgebracht. Dabei haben die Kommunikationsmedien eine fesselnde Doppelwirkung. Sie ermöglichen eine bis dahin unvorstellbare Breite, Intensität und Geschwindigkeit der Information über beliebige Distanzen. Sie bilden insoweit – auf der Grundlage der Informations- und Medienfreiheit (Art. 5 GG) – eine unerläßliche Voraussetzung einer funktionsfähigen Demokratie, wie das Bundesverfassungsgericht dies mehrfach festgestellt hat. Damit nehmen sie eine insoweit potentiell ideologiekritische Funktion wahr, wenn sie ihre Abnehmer umfassend und sachgerecht informieren. Tatsachenorientierte, unverzerrte Information wirkt der Ideologisierung entgegen.

Zugleich aber haben die Medien die Chance, durch die Auswahl, die Formulierung und die Darbietung (Färbung) von Nachrichten und Meinungen ihr Publikum, also die Wählermassen in der Demokratie, massiv und suggestiv zu beeinflussen. Das gilt verstärkt, wenn bestimmte, besonders einflußreiche Medien über Monopol- oder Oligopolmacht verfügen.

Das zentrale Kommunikationsgrundrecht des Art. 5 GG umfaßt selbstverständlich auch und gerade die Freiheit, subjektive Meinungen, Deutungen, weltanschaulich geprägte Vorurteile zu verbreiten. Das ist eine seiner wichtigsten Funktionen im demokratischen Meinungskampf und Willensbildungsprozeß. Die Meinungsfreiheit soll gerade Weltanschauungs- also Ideologiekonkurrenzen als Voraussetzung des demokratischen Willensbildungsprozesses ermöglichen.

Das setzt allerdings zum Gelingen faire Wettbewerbsbedingungen voraus. Wenn wenige Leitmedien bestimmte ausgewählte Weltanschauungspositionen privilegieren oder diese gar zur «Vernunft», ja zur einzigen «Wirklichkeit» erheben und damit monopolisieren, dann kann eine solche Mediendominanz die Meinungsfreiheit und die Kommunikation ersticken.

Der Zusammenhang zwischen Medienwirkung, Medienmacht und Staatsverfassung ist der Grund dafür, auf die Funktionen der Medien im Rahmen des Themas Ideologie und Systemwechsel näher einzugehen. Das ist geboten, weil die Medien neben den juristischen Führungseliten als maßgebliche Mitbetreiber des jeweiligen ideologischen Paradigmenwechsels auftreten.

Die Problematik spitzt sich in den Massengesellschaften der Gegenwart immer mehr zu. Das hat mehrere Gründe. Die meisten Wähler verdanken ihr «Wissen» über die vermeintliche «Wirklichkeit», also das Geschehen in der Welt in all seinen komplexen Zusammenhängen, in erster Linie den Medien, besonders den «Leit»- oder «Massen»-Medien. Sie produzieren die «Wirklichkeitsbilder» bei den Wählermassen, an denen diese ihr Verhalten, auch ihre politischen Entscheidungen, orientieren; sie haben also eine ideologie-bildende Funktion. Schon dadurch sind sie politische Machtfaktoren.

IV. Exkurs: Ideologie und Ideologisierung

Die Informationsleistung der Medien besteht – und das ist der zweite wichtige Aspekt – gerade darin, daß sie nicht etwa «Wirklichkeit» oder gar «Objektivität» vermitteln. Sie produzieren immer und unvermeidbar mediatisierte, teils künstlich hergestellte, teils bewußt verfälschte Bilder von Wirklichkeit, die mit der Realität bestenfalls korrespondieren.

Diese Feststellung ist keine boshafte Verzerrung. Sie gibt vielmehr das Selbstverständnis führender Medienwissenschaftler und -praktiker wieder, das sich repräsentativ in den Studienbriefen eines «Funkkollegs» der ARD «Medien und Kommunikation, Konstruktionen von Wirklichkeit (1990–91)» spiegelt[21]. Dort heißt es lapidar:

«Wir konstruieren die Außenwelt. Es gibt keine Wirklichkeit unabhängig von unserem Zutun.»[22]

Wahrheit und Objektivität der Informationsvermittlung und Wirklichkeitsbeschreibung werden zu Fiktionen erklärt, die für die journalistische Tätigkeit keine Relevanz haben. Zwar säßen, so heißt es weiter, in den oberen Etagen der Medieninstitutionen noch Journalisten mit Macht und Einfluß, die an Wahrheit und Wirklichkeit als berufliche Maßstäbe ihrer Zunft glaubten, aber der medienwissenschaftliche Ansatz des «Konstruktivismus» beweise, daß die dafür vorgebrachten Argumente und Beweise «unsinnig» seien[23]. Ebenso wie der Begriff der Wahrheit sei jener der Objektivität überholt. Die Vorstellung einer objektiven

---

[21] Vgl. kritisch dazu M. Kriele, «Wahrheit» in Funk und Fernsehen, hrsg. von der Walter-Raymond-Stiftung, Kleine Reihe, Heft 52, Köln 1992, dem die folgenden Zitate entnommen sind.
[22] Studienbrief II, S. 47.
[23] Einführungsbrief, S. 39.

Wirklichkeit sei eine «zunächst befriedigende Täuschung»[24]. Das bezeichnete Funkkolleg der ARD dient der Ausbildung journalistischen Nachwuchses und wird von den öffentlich-rechtlichen Funkhäusern der ARD verantwortet. Seine Vorstellungen von Wahrheit, Wirklichkeit und Objektivität verdienen also gespannte Aufmerksamkeit. Es besteht kaum ein Zweifel – und viele Leser, Hörer und Zuschauer werden das in der Sendepraxis bestätigt sehen –, daß viele Funkjournalisten diese medientheoretischen Grundsätze verinnerlicht haben und danach handeln. Das bedeutet aber nichts anderes, als daß sich wichtige Leitmedien in der Bundesrepublik selbst als permanente Produzenten von Ideologien, mehr noch: von «Wirklichkeit» bis in die Nachrichten hinein verstehen. Insoweit ist das «Funkkolleg» von dankenswerter Offenheit. Es beschreibt vielfach belegbare Medienrealität.

Für die nachhaltige Wirksamkeit dieser neuen Medienideologie und -praxis gibt es eine eindrucksvolle Bestätigung im hier behandelten Themenbereich. Es geht um die Berichterstattung der westdeutschen Funkmedien über die DDR vor 1989. Klaus Bresser, Chefredakteur des ZDF, über die Jahre hin an der Darstellung des politischen Geschehens in Deutschland führend beteiligt, hat zur Rolle des Fernsehens im politischen Prozeß ein wichtiges Buch geschrieben[25]. Zum DDR-Bild im westdeutschen Fernsehen vor 1989 stellt er nüchtern und selbstkritisch fest:

«Wir schwammen zu lange im ‹mainstream› mit. Wir waren zu stark ausgerichtet auf die Sichtweisen der Politik und die Lehrmeinungen der Wissenschaft. Wir vertrauten den Autoritäten, aber den eigenen Augen nicht.»

---

[24] Einführungsbrief, S. 11.
[25] Klaus Bresser, Was nun? – Über Fernsehen, Moral und Journalisten, 1992.

IV. Exkurs: Ideologie und Ideologisierung

Die Aussage ist brisant. Sie besagt, genau besehen, dies: Wir haben nicht die Wirklichkeit dargestellt, die wir gesehen haben, sondern die ideologisch gesteuerten Deutungen derselben durch Politiker und Wissenschaftler haben wir als «Wirklichkeit» ausgegeben. Das Zugeständnis ist aller Ehren wert. Es hat generelle, weit über den Anlaß hinausreichende Bedeutung, weil es die ständige tendenzielle Verfremdung der scheinbar so authentischen Wirklichkeit in den Bildern und Texten des Fernsehens treffend wiedergibt. Wo der Zuschauer Realität oder gar «Wahrheit» erwartet, erhält er statt dessen ausgewählte Perspektiven des ideologisch eingetrübten Zeitgeistes. Die Darstellung der DDR in den Medien vor 1990 zeigt, daß Berichterstattung und Wirklichkeit nicht nur auseinanderfallen können, sondern bisweilen jeden Kontakt verlieren, ja bewußt getrennt werden.

Die «DDR-Forschung» mancher Institute, etwa zur wirtschaftlichen Stabilität des SED-Regimes, folgte ähnlichen Grundsätzen und hat ähnliche ideologie-bedingte Verfälschungen produziert. So hat etwa die zuständige Abteilungsleiterin des Deutschen Instituts für Wirtschaftsforschung in Berlin noch im Sommer 1989 anläßlich eines Fernsehinterviews die DDR zu den ökonomisch stärksten Industrienationen der Welt gerechnet. Dasselbe gilt ebenso für die politische Literatur zu diesem Thema. Ein Musterbeispiel dafür ist das einseitige, durchgängig verfälschte Bild der DDR und der Bundesrepublik, das Günter Gaus in seinem 1983 erschienenen Buch «Wo Deutschland liegt» gezeichnet hat. Er sah die DDR als «souveränen Staat von Dauer» und trat für die «zweifelsfreie Respektierung» ihrer Staatsbürgerschaft ein[26].

---

[26] G. Gaus, Wo Deutschland liegt, 1983, S. 268–273.

Die Wiedervereinigungsklausel des Grundgesetzes und die Gewißheit, Bürger der Bundesrepublik zu sein, waren über 40 Jahre hin die einzige Hoffnung der Millionen, die sich in der DDR – entgegen der Sichtweise von Herrn Gaus – wie in einem Staatsgefängnis eingesperrt fühlten. Die Flüchtlingsströme über Ungarn im Herbst 1989 haben dann den Irrtum der Gaus'schen Trugbilder aufgedeckt. Den 17. Juni hielt Gaus für eine «nationalpolitische Verlogenheit» (S. 29), ja es gelang ihm sogar, mit gekonnter Rabulistik den Antikommunismus auf eine moralische Ebene mit dem Antisemitismus zu bringen (S. 77 ff.). Was Wunder, daß ihm «die Kreuzzugsmentalität der Vereinigten Staaten von Amerika derzeit (1983) aggressiver zu sein scheint als der weltrevolutionäre Elan der UdSSR». Repräsentanten solcher Mentalitäten haben seit etwa 1970 über zwei Jahrzehnte weite Teile der veröffentlichten Meinung in Deutschland beherrscht[27].

Die Beispiele für die auch rechts- und verfassungspolitisch wirksame suggestive Macht der Medien lassen sich aus jüngster Zeit fast beliebig vermehren. Sie sind geeignet, kollektive Überzeugungen großer Teile der Bevölkerung gleichsam aus dem Nichts heraus erst zu produzieren und alsbald zur unumstößlichen «Gewißheit» im Sinne verbürgter «Wahrheit» oder «Vernunft» werden zu lassen. Diese in den Leitmedien liegende Chance politisch wirksamer Machtentfaltung, nämlich fast beliebig neue «Wirklichkeiten» instrumental zu «erschaffen», indem Fakten oder Meinungen über Faktenzusammenhänge überzeugend suggeriert werden, bleibt nicht ungenützt.

---

[27] Vgl. zum Überblick Cora Stephan (Hrsg.), Wir Kollaborateure – Der Westen und die deutschen Vergangenheiten, Hamburg 1992.

IV. Exkurs: Ideologie und Ideologisierung

Ich nenne zwei weitere Beispiele:

Als der Justizminister von Sachsen Steffen Heitmann Kandidat der CDU/CSU für das Amt des Bundespräsidenten wurde, kannten ihn in Westdeutschland nur wenige. Er hatte vor 1989 im Kirchendienst gestanden, war kein informeller Mitarbeiter der Staatssicherheit gewesen, kein Anhänger der «Kirche im Sozialismus», sondern eher ein Mann der inneren Emigration. Schon das machte ihn in den Augen vieler Anbiederer an das SED-System in West und Ost unbequem. Mit seiner Benennung zum Kandidaten setzte eine unsägliche Hetz-, Wortverdrehungs- und Schmutzkampagne gegen ihn ein; menschenverachtende Verunglimpfungen im ARD-Fernsehen (NDR) blieben ohne Rüge und Entschuldigung des verantwortlichen Chefredacteurs und des Intendanten.

Der Hamburger Kabarettist Scheibner hatte in einer Fernsehsendung einen Satz des damaligen Präsidentschaftskandidaten Heitmann zum § 218 StGB («Hätte meine Mutter so gedacht wie viele Frauen heute, ich wäre nicht auf der Welt») so kommentiert: «Ja, schade, Frau Heitmann, den Bundespräsidenten hätten Sie rechtzeitig verhindern können». Herr Scheibner fühlte sich beleidigt, als ihm Rückgriff auf faschistoides Gedankengut vorgeworfen wurde. Der Rundfunkrat des NDR befand, daß der Staatsvertrag über den NDR durch Scheibners Äußerung nicht verletzt sei. Die ideologische Nähe der «satirischen Spitze» Scheibners zu den Hetzkarrikaturen im «Schwarzen Korps», Himmlers SS-Hauszeitschrift, wurde nicht erkannt oder verdrängt.

Die Peinlichkeit erreichte ihren Höhepunkt als ein frisch friedenspreisgekrönter Pastor und schließlich der damals noch amtierende Bundespräsident – ganz im Medientrend

– ihre Beiträge zur Demontage des ungeliebten Kandidaten leisteten, der Bundespräsident «mit der (zögerlich dementierten, damit bestätigten) Sottise vom ‹konturenarmen Nischenossi›»[28].

Vor der Kampagne war Heitmann im Westen weniger als 10% der Bevölkerung bekannt. Nach wenigen Wochen hielten ihn über 70% für einen ungeeigneten Kandidaten. Woher mögen sie ihr scheinbar sicheres Urteil über einen immer noch Unbekannten bezogen haben? Niemand nach der vollzogenen Neuwahl sprach ein Wort der Empörung, auch nur des Bedauerns, der Anerkennung und des Dankes an den im Vorfeld eliminierten Kandidaten.

Bedenkenswert ist die Frage, womit der Kandidat Heitmann sich die Aggressionen so vieler Medienleute zugezogen hatte. Vielleicht war das Risiko für die Medienmacher wie für Teile der politischen Klasse zu groß, daß ein Bundespräsident Heitmann die systematische Verlogenheit weiter Teile der veröffentlichten Meinung durchbrochen und dieser Gesellschaft gelegentlich «die nassen Lappen der Wirklichkeit» ins Gesicht geworfen hätte.

Die Berichterstattung der ARD, speziell im Fernsehmagazin «Monitor» und in den Publikationen seiner Mitarbeiter zum Tod des Terroristen Grams, böte umfangreiches zusätzliches Material für die Erschaffung eigener medialer «Wirklichkeiten».

Ein letztes Beispiel betrifft die medial inspirierte und forcierte Diskussion über die Volkswahl des Bundespräsidenten vor der letzten Wahl. Sie wurde im unmittelbaren Zeitzusammenhang mit dem Wahltermin im Mai 1994 entfacht. Die Suggestion und ihre Ziele waren simpel:

---

[28] Isensee, NJW 1994, 1329 ff. (1330).

IV. Exkurs: Ideologie und Ideologisierung 67

(1) Nur ein im ganzen Wahlvolk bereits bekannter und «sympathischer» Kandidat ist geeignet, zum Bundespräsidenten gewählt zu werden (und wer als sympathisch bekannt wird, das bewirken wir).

(2) Die in der Verfassungsreformdebatte gescheiterten Initiativen für stärkere plebiszitäre Elemente des Grundgesetzes werden über das Thema Präsidentenwahl revitalisiert.

(3) In einer starken plebiszitär ausgerichteten Verfassung würde der politische Einfluß der Medienfunktionäre erneut gestärkt.

Die Kampagne für mehr plebiszitäre Elemente im Grundgesetz schließt die Spekulationen politischer Minderheiten des parlamentarischen Systems auf demagogische Effekte ein. Plebiszitäre Mehrheiten sind von den Medien produzierbar. Über entsprechend aufgeheizte Abstimmungskämpfe wäre es z. B. möglich gewesen, den Nato-Doppelbeschluß in Frage zu stellen oder den Sofortausstieg aus der Atomenergie zu erreichen u. ä. Allerdings sollte man nicht übersehen, welche möglichen Ergebnisse eine demagogisch betriebene Gesetzesinitiative zum Asylrecht oder, nach einem spektakulären Fall von Kindesentführung oder Kindsmißbrauch, zur Wiedereinführung der Todesstrafe haben könnte.

Die hier genannten Vorgänge machen eine seit langem sich abzeichnende und verschärfende Entwicklung schlaglichtartig deutlich. Die Bundesrepublik ist auf dem Wege, sich von einer parlamentarischen (repräsentativen) Demokratie auf Schleichwegen in eine «plebiszitäre Mediokratie» zu verwandeln. Politisch und institutionell unkontrollierte und nicht verantwortliche Medienfunktionäre bestimmen, welche Themen in welcher Bandbreite auf die Tagesordnung der öffentlichen Diskussion gesetzt werden und – besonders beachtenswert – welche nicht!

Anschließend werden, natürlich ebenfalls vom mainstream des Medientrends, die «Abstimmungsergebnisse» vorgegeben. Den Bürgern wird erfolgreich suggeriert, über welche Themen sie was zu denken und wie zu urteilen haben. Der mediale Meinungsdruck wird – wie etwa die Diskussion über die «Konsequenzen» aus dem sog. Deckert-Urteil gezeigt hat und auch die übrigen Beispiele zeigen – so stark, daß nicht nur der einfache Bürger, sondern auch verantwortliche Politiker ihm nicht gewachsen sind. Es findet dann eine für die Unabhängigkeit der Justiz verantwortliche Bundesministerin die Ablösung zweier Richter wegen Krankheit ein «ermutigendes Signal»[29].

Faßt man die Erfahrungen aus den Beispielsfällen zusammen, so gibt das Anlaß, sich an den Verfassungsbegriff zu erinnern, den Ferdinand Lassalle in seiner berühmten Rede zur preußischen Verfassungsfrage am 16. April 1862 in Berlin-Friedrichstadt u.a. so formuliert hat[30]:

«Die tatsächlichen Machtverhältnisse, die in einer jeden Gesellschaft bestehen, sind jene tätig wirkende Kraft, welche alle Gesetze und rechtlichen Einrichtungen dieser Gesellschaft so bestimmt, daß sie im wesentlichen gar nicht anders sein können, als sie eben sind.»

Lassalle bringt eine Reihe augenfälliger Beispiele für die damaligen Machtverhältnisse in Preußen[31]. Welche Beispiele

---

[29] Vgl. dazu Rüthers, Das Recht zwischen Ökonomie und Metaphysik, Verhandlungen des 60. Deutschen Juristentages, Bd. II: Sitzungsberichte, I 5, I 24f.
[30] F. Lassalle, Über Verfassungswesen, Nachdruck Darmstadt 1958, S. 28.
[31] F. Lasalle, a.a.O., S. 28 ff.

IV. Exkurs: Ideologie und Ideologisierung

würde er heute nennen, wenn es gilt, die reale Machtlage in der Bundesrepublik darzulegen? Ein zentraler Faktor der Steuerung vielfältigster Meinungs- und Bewußtseinsbildung sind gegenwärtig konzertierte Medienstrategien. Die Medien sind zentrale Machtfaktoren der realen Verfassung Deutschlands. Im juristischen Verfassungsgefüge des Grundgesetzes sind sie durch Art. 5 GG verankert.

Der reale Gewährleistungsinhalt des Grundgesetzes zur Meinungsäußerungs-, Kunst- und Medienfreiheit ist durch das Bundesverfassungsgericht geprägt. Diese Rechtsprechung ist in erheblichen Teilen durch ihre Unübersichtlichkeit und ihre Unvorhersehbarkeit gekennzeichnet. Sie hat im Ergebnis den individuellen Ehrenschutz des einzelnen Bürgers weitgehend reduziert. Die mediale Verunglimpfung durch das gesprochene oder gedruckte Wort sowie durch allerlei Einkleidungen (Karikaturen, symbolische Diffamierungen, Aufkleber, Plakate) hat bisweilen Vorrang vor dem Schutz der Einzelpersönlichkeit, ihrer Ehre und ihrer Menschenwürde gewonnen.

Damit sind die Folgen dieser Rechtsprechung nicht hinreichend angedeutet. Sie ist geeignet, den notwendigen demokratischen Meinungsstreit verrohen zu lassen. Die Brutalisierung der Formen der öffentlichen Auseinandersetzung als Folge einer Serie von zweifelhaften oder gar deutlichen Fehlentscheidungen ist inzwischen unverkennbar. Das sind Folgekosten einer Rechtsprechung, welche die Sprache des Gesindels akzeptiert, ja zur «Amtssprache» werden läßt[32], weil sie irrig wähnt, das diene oder sei gar Voraussetzung einer «funktionsfähigen» Demokratie. Auf die Idee, sich gerichtlich gegen ein solches Vokabular zu wehren, kommen

---

[32] Vgl. FAZ vom 23.12.1994, S.35.

auch sonst prozeßfreudige Maler, Bildhauer, Dichter und selbst Politiker kaum noch.

Karl Kraus hat in der «Fackel» lange vor der Katastrophe die Qualität der NS-Weltanschauung an der Sprache ihrer «Eliten» diagnostiziert. Das Alte Testament enthält dazu klare Aussagen:

«Beim Schütteln des Siebes bleibt der Kehricht zurück, ebenso zeigt sich der Unrat eines Menschen bei seinem Umgang mit dem Wort»[33].

Die Rechtsprechung zu Art. 5 GG sollte nach vielen Bekundungen des Bundesverfassungsgerichts dem freien Meinungsstreit und einer funktionsfähigen Demokratie dienen. Die mit dieser Freigabe verbaler und «künstlerischer» Entgleisungen ermöglichten Schlammschlachten gegen Einzelpersönlichkeiten und Gruppen können genau diese Basis der Demokratie gefährden.

Zusammenfassend ist festzustellen: Das «Zeitalter der Ideologien» ist zugleich das der Medien. Es wird durch die Kommunikationsmittel, also durch eine umfang- und einflußreiche Medienindustrie, ermöglicht und geprägt. Der innenpolitische (Verteilungs-)Kampf um die Medien, der für die öffentlich-rechtlichen wie für die privaten Medienbereiche kennzeichnend ist, ist der augenfällige Indikator für die dort geballt vorhandenen Machtpotentiale. Deutlich wird das besonders bei der Rangelei der Parteien um die personelle Besetzung der Chefpositionen und der Positionen leitender Redakteure politischer Magazine, aber auch an dem Herrschaftsgehabe mancher der leitenden Redakteure. Das originäre Bezugsfeld zwischen Ideologie und Macht wird hier erneut sichtbar, nicht zuletzt in der Arroganz einiger

---

[33] Jesus Sirach, 27, 4 in der Übersetzung der Jerusalemer Bibel.

IV. Exkurs: Ideologie und Ideologisierung

ihrer Träger, die sich von wirksamer Kontrolle unbehelligt wissen.

Damit wird ein nicht genügend beachtetes, stetig sich verschärfendes Problem unserer Verfassungsstruktur deutlich. Der Medieneinfluß auf die gesellschaftliche und politische Entwicklung hat sich durch die Ausbreitung der modernen Kommunikationstechnologien, den Satellitenfunk und die flächendeckende Verkabelung extrem ausgeweitet und vertieft. Er ist zu einem das gesamte politische Geschehen mitbestimmenden zentralen Machtfaktor geworden. Machtkonzentrationen fordern im gewaltenteilenden Rechtsstaat notwendig die Frage nach wirksamen Gegengewichten und/oder Kontrollinstrumenten heraus. Dazu läßt sich, im Ergebnis kaum bestreitbar, feststellen: Die Instrumente der überwiegend politisch besetzten Rundfunkaufsichtsgremien haben sich als wenig effizient erwiesen. Ihre Ineffizienz fördert sichtbar eine bisweilen provokative Arroganz der Medienfunktionäre gegenüber jeglicher Kritik. Wer ihre Fehlgriffe und Entgleisungen kritisiert, wird zum Feind der Medienfreiheit gestempelt. Die aus dieser Entwicklung entstehenden Defizite in der Informationspraxis des gesamten Medienwesens, insbesondere des Systems der Funkmedien, sind nicht zu leugnen. Sie erweisen sich einerseits beispielhaft in der unkontrollierten und offenbar unkontrollierbaren Macht und Demagogie bestimmter leitender Redakteure und Manager politischer Magazine, andererseits in der Verflachung und Verrohung bestimmter Programme im Bereich der Porno- und Gewaltdarstellung, wobei die öffentlich-rechtlichen Anstalten den privaten nacheifern.

Das Problem, das sich hier abzeichnet, hat eine seiner Ursachen auch in der verfassungsrechtlichen Einbettung der Medienstruktur in Deutschland. Grundlage ist der Art. 5

des Grundgesetzes. Er garantiert sowohl das Individualgrundrecht der Meinungsäußerungs- und Informationsfreiheit, als auch die Freiheit der Presse und des Rundfunks. Die Frage ist: Inwieweit sind Meinungs- und Informationsfreiheit einerseits und Medienfreiheit andererseits strukturell ähnlich oder grundverschieden?

Die individuelle Meinungs- und Informationsfreiheit sind primär liberale Freiheitsrechte. Ihre Ausübung ist in der modernen Kommunikationsgesellschaft eines demokratischen pluralistischen Verfassungsstaates im Grundsatz jedem Bürger möglich. Das Betreiben moderner Massenmedien, sowohl im Printbereich wie im Bereich des Rundfunks, setzt im Gegensatz dazu große finanzielle Investitionen und das aufwendige Unterhalten umfangreicher medienorganisatorischer Sach- und Personalapparate voraus. Die Teilhabe an der Medienfreiheit im Sinne ihrer realen Ausübung ist daher auf eine im Vergleich zur Gesamtbevölkerung kleine Schicht wirtschaftlich potenter Investoren und Betreiber sowie der von ihnen angestellten redaktionell tätigen Personalstäbe beschränkt. Letzteren wird ihr Anteil an der Medienmacht arbeitsvertraglich vermittelt und begrenzt. Damit entstehen – wie immer die Medien (öffentlich-rechtlich oder privatrechtlich) organisiert sind –, beträchtliche außerstaatliche Machtzentren. Diese wiederum legen Fragen nach Balance und Kontrolle außerstaatlicher gesellschaftlicher und politischer Macht im gewaltenteilenden Rechtsstaat nahe, und zwar in einer grundlegend anderen Dimension als dies für die Wahrnehmung von liberalen Freiheitsrechten i.S. des Art. 5 Abs. 1 S. 1 GG zutrifft.

Die Medien selbst pflegen auf solche Fragen verschiedene defensive Strategien:

IV. Exkurs: Ideologie und Ideologisierung

– Wie alle anderen Inhaber realer gesellschaftlicher, wirtschaftlicher und politischer Machtpositionen leugnen sie zunächst das Vorhandensein von Medienmacht. Sie seien doch nur die Indikatoren realer Zustände und Probleme, Barometer der jeweiligen gesellschaftlichen «Wetterlage» ohne eigenen Einfluß auf das Geschehen.
– Soweit Medienmacht unbestreitbar ist, wird sie «emanzipatorisch» gerechtfertigt. Sie diene der Transparenz der realen Machtstrukturen in Staat, Gesellschaft und Wirtschaft, und sie sei in dieser Funktion notwendig und gerechtfertigt. Eine Kontrolle komme einer Zensur gleich.
– Schließlich wird die Medienstruktur selbst als Rechtfertigung angeführt, die – sei es privatrechtlich (Eigentum, Wettbewerb), sei es öffentlich-rechtlich – eine ausreichende Balance und Kontrolle garantiere.

Dem Versuch einer gesetzlichen Bindung der Medienmacht an die Rechtsordnung setzt das verfassungsgesetzliche Zensurverbot (Art. 5 Abs. 1 S. 3 GG) eine so notwendige wie zwingende Schranke. Mit dem Bundesverfassungsgericht ist davon auszugehen, daß funktionsfähige, staatsfreie Medien die unerläßliche Bedingung für eine funktionsfähige Demokratie sind. Die Leistungen der Medien in diesem Bereich für die Information, Meinungs- und Willensbildung der demokratischen Öffentlichkeit stehen außer Frage.

Das schließt jedoch die Frage nach möglichen und in mancher Hinsicht unbestreitbaren Fehlentwicklungen nicht aus. Die Medien selbst müssen sich fragen und fragen lassen, ob die Freiheit der Medien auch durch den Mißbrauch von Medien in Frage gestellt werden kann und welche Instrumente der Medienstruktur und der Selbstverwaltung oder Selbstkontrolle geeignet sein könnten, erkennbaren

Mißständen wirksam zu begegnen. Das harmlose, scheinbar gleichgewichtige Nebeneinander der Meinungsfreiheit, der Informationsfreiheit und der Medienfreiheit in Art. 5 Abs. 1 S. 1 und 2 GG läßt die grundverschiedenen Dimensionen der dort geregelten Materien nicht erkennen. Sie werden bisher nicht voll beachtet.

V. Wissenschaften als Ideologie-Produzenten und Zeitgeistverstärker

Die geschilderten Prägewirkungen sind nicht auf die Medien beschränkt. Sie gehen von allen Multiplikatoren in der jeweiligen Gesellschafts- und Staatsordnung aus, auch und besonders von den Bildungseinrichtungen, also vor allem den Schulen und Hochschulen. Das ist ein Grund, weshalb weltanschaulich uniformierte, insbesondere totalitäre Systeme mit einer zwangsweise vorgeschriebenen Weltdeutung und Werteordnung für alle Bürger mit der ideologischen Indoktrination bereits im frühen Kindesalter beginnen. Das war z.B. eine zentrale Funktion der heute gern und unbefangen gepriesenen flächendeckenden Kinderkrippen in der DDR. Sie erlaubten nicht nur den ungehinderten Arbeitseinsatz der Frauen für den «Aufbau des Sozialismus». Sie gaben dem Staat zugleich die Chance, nahezu sämtliche Kinder bereits vom Vorschulalter an im Sinne des Marxismus-Leninismus zu indoktrinieren.

«Jungvolk» und «Hitlerjugend», «Junge Pioniere» und FDJ, so hießen die bewährten Instrumente der Gleichschaltung Jugendlicher in den deutschen Unrechtsstaaten zwischen 1933 und 1945 sowie 1949 und 1990. Sie dienten zu-

V. Wissenschaften als Ideologie-Produzenten

gleich der Selektion ideologisch «Unzuverlässiger» und «Abweichler», denen der Besuch weiterführender Schulen und ein Hochschulstudium verweigert wurde.

Erstaunlicherweise fast gänzlich unerforscht ist bis heute jene Welle der außerordentlich willfährigen Anpassungsbereitschaft an den Neomarxismus, welcher 1968 und danach die westdeutschen Bildungs-, Kultur- und Medieneinrichtungen durchflutete, ja zu erheblichen Teilen überspülte. Ganze wissenschaftliche Einheiten sollten künftig den Weg aus der «Übergangsgesellschaft» – so wurde die Bundesrepublik definiert – in den Sozialismus bahnen und beschleunigen.

In Berlin geschah das mit Duldung, ja Unterstützung der damaligen Universitätsspitze. Ein Vizepräsident wurde wegen zu enger Zusammenarbeit mit kommunistischen Gruppen aus der SPD ausgeschlossen.

In der Tat hatte dort die SEW, der Westberliner Ableger der SED, maßgeblichen Einfluß auf ganze Institute und Fachbereiche gewonnen. Als Beispiel kann das Psychologische Institut dienen. Sein Direktor leitete und begleitete ein durch seine Protokolle berühmt-berüchtigt gewordenes Projekt, den «Schülerladen Rote Freiheit»[34]. Dort wurden Kinder unter 10 Jahren gezielt auf den Klassenkampf hin indoktriniert. Heute tritt der Inspirator von damals auf friedenspsychologischen Kongressen als Referent auf.

---

[34] Sozialistische Projektarbeit im Berliner Schülerladen Rote Freiheit, Fischer Bücherei, Band 1147, Frankfurt a. M. 1971, S. 300:
Advent, Advent
die Stube brennt
mit Teppich und Gardinen.
Der Pappi brennt,
die Mammi brennt,
und ich freß Apfelsinen.

In den Universitäten waren und sind es insbesondere die Geistes- und Sozialwissenschaften, die sich als anfällig für grundlegende Veränderungen des Zeitgeistes erwiesen haben. Die Geschichte dieser Disziplinen um 1914/18, nach 1933, nach 1945/49 in der ehemaligen DDR, nach 1968 in der alten Bundesrepublik belegen das vielfältig und eindrucksvoll[35]. Diese Vorgänge lassen generelle Schlußfolgerungen zu. Der dauerhaft bestehende, oft unbewußte Zusammenhang von Ideologie und Wissenschaften wird in und nach radikalen Wechseln des politischen Systems, wie wir sie in Deutschland vielfach und kurzfristig erlebt haben, besonders augenfällig. In den Ausnahmesituationen nach der Errichtung und nach dem Zerfall totalitärer Systeme wird diese Verknüpfung für jedermann sichtbar. Sie besteht aber immer, wird nur in der staatsrechtlichen Normalsituation eines Verfassungsstaates weniger deutlich bewußt.

Welterfahrung und Weltdeutung – auch soweit sie in den Wissenschaften er- und verarbeitet werden – sind zeitgeist- und ideologieabhängig.

Wir alle sehen das, was wir für die Wirklichkeit halten, durch ein meist unbewußtes Medium, durch die Brille unseres Weltbildes und des Zeitgeistes. Sie ist oft trübe und schwer zu putzen. Xenophanes, der weise griechische Erkenntnistheoretiker, hat es um 500 v. Chr. bildhaft formuliert: Wenn die Pferde sich ein Gottesbild machen, wird dieser Gott einen Pferdekopf tragen. Für unser Thema besagt das: Der

---

[35] Für die Zeit nach 1933 vgl. beispielhaft die Nachweise bei Rüthers, Carl Schmitt im Dritten Reich – Wissenschaft als Zeitgeistverstärkung? –, 2. Aufl. München 1990. Für die Gegenwart vgl. M. Broder und Chaim Noll bei Cora Stephan (Hrsg.), Wir Kollaborateure – Der Westen und die deutschen Vergangenheiten, Hamburg 1992.

V. Wissenschaften als Ideologie-Produzenten

Mensch ist – wie die Pferde des Xenophanes – ein Gefangener seines Weltbildes. Er lebt in den Gedanken- und Sprachkäfigen seiner zeitgeistgeprägten Ideologien, denen er selten entkommt. Sie sind die Scheuklappen und Filter seiner Wahrnehmung dessen, was er für die Wirklichkeit hält.

Ist dieses individuelle Weltbild eingebunden in die herrschende Ideologie einer suggestiv mächtigen Weltanschauungsgemeinschaft, so wird die Gewinnung oder gar Formulierung abweichender Einsichten intellektuell schwierig, individuell schmerzlich und existentiell gefährlich. Der Abweichler wird isoliert, ja ausgestoßen in vielfältigen Formen bis hin zur psychischen oder physischen Vernichtung. Die als gesichert vorausgesetzte ideologische «Wahrheit» macht leicht selbstgewiß, siegessicher und grausam. Der vermeintliche Besitz der absoluten Wahrheit ist eine ständige Versuchung zum Terror des Gutgemeinten. Der Sieg solcher Gewißheiten rechtfertigt dann oft – wie wir aus Erfahrung wissen – fast beliebige Opfer bis hin zum Völkermord.

Noch etwas anderes wird im radikalen Umbruch politischer Systeme besonders deutlich:

Alle Multiplikatorinstitutionen, auch die Intellektuellen, die Wissenschaften und die Universitäten, sind häufig, ja vielleicht in der Regel, mindestens so sehr «Zeitgeistverstärker» wie sie Seismographen künftiger Entwicklungen sind. Sie produzieren und transportieren Vor- und Nachwirkungen von Ideologien. Sie gestalten das geistige Klima in Gesellschaft und Staat. Ihre Rolle in den Umbrüchen und in den deutschen Unrechtsstaaten dieses Jahrhunderts zu analysieren, ist daher nicht nur eine Aufgabe der ohnehin fragwürdigen sog. Vergangenheitsbewältigung, sondern die Bedingung einer sachgerechten Einschätzung und Gestaltung von Gegenwart und Zukunft.

C. Ideologie und Staatsmacht

I. Systemwechsel als Ideologiewechsel – Der Reigen deutscher Staatsideologien im 20. Jahrhundert

Insgesamt läßt sich feststellen, daß die Vor- und Nachwirkungen von Ideologien in Deutschland durch die häufigen Wechsel politischer Systeme besonders sichtbar und schmerzlich erfahren worden sind. Die Wechsel der politischen Systeme waren in Deutschland immer und nicht etwa zufällig mit einem Wechsel der jeweils herrschenden Staatsideologie verbunden. Wir Deutschen haben das – als ungewollte «Weltmeister» im Wechsel der Systeme und Ideologien – hinreichend oft erlebt. Jedes politische System braucht seine Systemideologie, um damit die bestehende Form der Herrschaft und der Machtausübung zu legitimieren.

Das Kaiserreich von 1871 stützte sich, unbeschadet seiner Verfassungsstruktur als konstitutionelle Monarchie mit nicht unbeträchtlichen Einflußmöglichkeiten des frei und gleich gewählten Reichstages, auf die Doktrin einer Herrschaft des Kaiserhauses «von Gottes Gnaden».

Die Weimarer Republik sah die Volkssouveränität in der Form einer prinzipiell schrankenlosen Mehrheitsherrschaft als ihre staatstheoretische Grundlage an. Der staatsrechtliche Positivismus war in seiner neuen demokratietheoretischen Prägung der Weimarer Verfassung die staatsphilosophische Grundlage, die von der ganz überwiegenden Mehrheit der Staatsrechtslehrer geteilt wurde[36].

Der NS-Staat verpflichtete alle «Volksgenossen» auf die nationalsozialistische Weltanschauung mit den Kerngehalten des Vorrangs der nordischen Rasse, eines primitiven Antisemitismus («Die Juden sind unser Unglück») und eines von der «Vorsehung» charismatisch begnadeten Führertums Hitlers.

Für den realen Sozialismus der DDR galt der Marxismus-Leninismus als «wissenschaftliche Wahrheit» und zugleich als pseudoreligiöse transzendentale Geschichtsphilosophie. Für jedermann bis hin zu manchen Kirchenvertretern war der «Aufbau des Sozialismus» selbstverständliche Bürgerpflicht, die eine verfassungsgesetzliche Pflicht zu gesellschaftlich nützlicher Arbeit einschloß.

Die Bundesrepublik Deutschland bekennt sich im Grundgesetz zu unveräußerlichen, jedem Staat vorgegebenen Menschenrechten und damit zu einer Grundrechtsdemokratie mit Kerngehalten (Art. 1, 20, 79 Abs. 3 GG), die dem Mehrheitsprinzip entzogen sind. Das schließt weitgehende weltanschauliche Neutralität, also verfassungsgesetzlich gewährleistete Pluralität des Staates ein.

Aus diesen verkürzten Andeutungen zu den unterschiedlichen Staatsideologien folgt: Jede Staatsform und jede staatliche Machtausübung tendiert dazu, eine systemgemäße Staatsideologie zu entwickeln, welche die jeweilige Herrschaftsform legitimiert, ihr dadurch über die Faktizität der

---

[36] Vgl. die dramatische Kontroverse über Naturrecht versus staatsrechtlichen Positivismus zwischen E. Kaufmann und Anschütz, Thoma, Nawiasky und Kelsen, in: VVDStRL, Heft 3, 1927, S. 25, 47, 53, 54f., 59.

Machthabe hinaus die Akzeptanz der Staatsbürger einbringen soll und sie damit befestigt. Machthabe strebt nach Legitimationsideologie.

Systemwechsel erfordern und bewirken also i.d.R. einen Wechsel der Staatsideologie. Das ist ein Vorgang von ganz außerordentlicher individueller, kollektiver und struktureller Breiten- und Tiefenwirkung in allen gesellschaftlichen und politischen Bereichen. Mit der «herrschenden Ideologie» wechselt nämlich der gesamte Orientierungsrahmen, also die Wertorientierungen für private, soziale und politische Handlungen und Entscheidungen.

Besonders einschneidend sind die Folgen des systembedingten Ideologiewechsels, wenn das neu installierte Regime seinen Sieg als – wie auch immer definierte (z.B. «nationale» oder «proletarische» oder «sozialistische») – «Revolution» feiert und damit eine «Zeitenwende» proklamiert. Das geschah in Deutschland nach 1933 und nach 1945/49.

II. Systemwechsel als «Raumrevolution» – Zerfall der «Großraum»-Ideologien?

Beachtung verdient beim Versuch einer Erfassung wesentlicher Aspekte des Ideologieproblems der Zusammenhang von Ideologie und Herrschaftsraum. Der Zusammenbruch zweier «totaler» Staaten verdeutlicht dies schlaglichtartig. Sie strebten beide, getreu dem Freund-Feind-Schema Carl Schmitts, also einer totalitären Theorie des Politischen, nach hegemonial dominierten «Großräumen» mit einem Einfluß- und Interventionsverbot für ideologiefremde Mächte.

II. Systemwechsel als «Raumrevolution»

Auch hier lohnt es sich, die partiellen Übereinstimmungen der totalitären Ideologien – Nationalsozialismus und Marxismus-Leninismus sowie ihrer staatlichen Herrschaftssysteme – zu beachten. Beide vertraten imperiale Ziele, strebten die ideologische und staatliche Herrschaft über die Gebiete fremder Staaten und Völker an.

Der nationalsozialistische Imperialismus, also der Herrschaftsanspruch über Großräume für die arischen Völker («Lebensraum der nordischen Rasse») ist auf vielfältige Weise urkundlich belegt. Hitler hat schon in seinem Buch «Mein Kampf» den künftigen Lebensraum des deutschen Volkes in dessen Erweiterung nach Osten gesehen[37]. «Gleiches Blut gehört in ein gemeinsames Reich»[38], so lautet die Parole, unter der eine neue, imperiale Mystik des Begriffs «Reich» begründet und verbreitet wurde. Die Aktionen gegen Österreich (Einmarsch und «Anschluß» im März 1938) sowie gegen die Tschechoslowakei (September 1938) gaben einen Vorgeschmack von dem realen, militärisch gestützten Expansionsdrang des Nationalsozialismus in einem neuen «Großraum». Deutlichsten Ausdruck fand der aggressive Imperialismus des NS-Staates in dem sog. Hoßbach-Protokoll, der Niederschrift über eine Besprechung in der Reichskanzlei am 5.11.1937 mit den Oberbefehlshabern der Wehrmacht. Hitler verkündete unverhohlen seine Absicht, das «Anrecht» des deutschen Volkes auf «größeren Lebensraum» durch einen Krieg zu verwirklichen. Es gehe um die Schaffung eines neuen gro-

---

[37] Hitler, Mein Kampf, 220./224. Aufl. München 1936, S. 728, 742; das Buch erhielt ab etwa 1936 jedes deutsche Hochzeitspaar als staatliches Hochzeitsgeschenk.
[38] Hitler, a. a. O., S. 1.

ßen Weltgebildes. Es handele sich um ein «Problem des Raums»[39].

Auch hier fehlte es Hitler nicht an der Vorbereitung, Legitimation und Bekräftigung seiner Visionen durch deutsche Intellektuelle[40]. Oswald Spengler hatte schon 1920 den «barbarischen Caesarismus» als Herrschaftsform der Zukunft verkündet. A. Moeller van den Bruck hatte 1919 «Das Recht der jungen Völker» (gegen die alten des Westens) gefordert und 1923 die mystische Formel «Das Dritte Reich» geprägt. Hans Grimm proklamierte und propagierte mit seinem Buch «Volk ohne Raum» imperiale Ansprüche. Carl Schmitt, Hans Freyer, Edgar Jung, Hans Zehrer, Giselher Wirsing und viele andere liebäugelten mit der «Revolution von rechts» (Freyer 1931). Stefan George feierte die antidemokratische Kampf- und Führerideologie in gewählt formulierten Versen in seinem Gedichtbändchen «Das Neue Reich».

Sehr konkret wurde die Großraum-Ideologie von Carl Schmitt vertreten, wie immer zum bewußt gewählten, politisch wirksamen Zeitpunkt, nämlich im Jahr des Kriegsbeginns 1939. Schmitt geht vom Reichsbegriff, einem Schicksalsbegriff deutscher politischer Romantik aus, den er zum Großraumbegriff verwandelt: «Der Reichsbegriff im Völkerrecht»[41] heißt der erste Beitrag noch scheinbar neutral. «Großraum gegen Universalismus – Der völkerrechtliche

---

[39] Internationaler Militärgerichtshof (IMT), Der Prozeß gegen die Hauptkriegsverbrecher, Nürnberg 1947/49, Bd. XXV, S. 403 ff. (386 – PS).
[40] Vgl. zum Folgenden K. D. Bracher, Die deutsche Diktatur, Köln 1969, S. 155 ff. mit Nachweisen.
[41] DR 1939, 341.

Kampf gegen die Monroedoktrin»[42], so wird der Gedanke fortgesponnen. Das Ziel und die politische Ausrichtung an den Aggressionsplänen des kriegsbereiten NS-Staates wird deutlich an der Hauptschrift zu diesem Thema, die in vier Auflagen bis 1941 erscheint: «Völkerrechtliche Großraumordnung und Interventionsverbot für raumfremde Mächte»[43].

Die imperialistische Komponente des Marxismus-Leninismus und ihre Verwirklichung in der Politik aller Staaten des «real existierenden Sozialismus» bedarf nur der Erinnerung, nicht des Nachweises. Die prophetische These von der Geschichtsnotwendigkeit der sozialistischen Weltrevolution in allen Ländern der Erde und vom «sozialistischen Internationalismus» hat, ähnlich wie der aggressive Expansionsdrang des Nationalsozialismus, breite Blutspuren in der Geschichte hinterlassen. Die Unterwerfung der Satellitenstaaten nach 1945, der 17. Juni 1953, die Niederwerfung der Freiheitsbewegung in Ungarn 1956 durch sowjetische Panzer, der Angriffskrieg des Warschauer Paktes gegen die CSSR 1968, der Einfall der Sowjets in Afghanistan, das alles ist unvergessen. Alle diese Handlungen waren gedeckt von der marxistisch-leninistischen Philosophie und von ihrer Theorie des Rechtes und des Staates. Die reaktionären Ausbeuterklassen waren danach zum Untergang verurteilt. Ihre Versuche der Konterrevolution zielten darauf, die Errungenschaften der sozialistischen Revolutionen rückgängig zu machen. Das «sozialistische Weltsystem» war aus sei-

---

[42] ZAkDR 1939, 333.
[43] 1. Aufl. 1939, 4. Aufl. 1941, in der, mitten im Angriffskrieg, die «Tat des Führers» gegen die «raumfremden und unvölkischen Mächte» gefeiert wird.

ner Sicht bereits «zum bestimmenden Faktor der gesellschaftlichen Entwicklung» geworden. Es besaß «alle Mittel, den imperialistischen Export der Konterrevolution» in bereits sozialistische Länder zu verhindern[44].

Die Großraumideologien wurden rechtlich legitimiert und legalisiert. So wie Carl Schmitt das Völkerrecht in seinem Sinne ideologisierte, benutzte die Sowjetunion (fingierte) «Hilferufe» befreundeter Regime gegen Umsturzversuche als völkerrechtliche Legitimation ihres «Eingreifens» auf der Grundlage diverser Beistands- und Freundschaftspakte, insbesondere des Warschauer Vertrages.

Beide genannten Großraumideologien sind gescheitert, allerdings auf sehr unterschiedliche Weise. Der Nationalsozialismus und sein Terrorsystem wurden militärisch besiegt. Der Marxismus-Leninismus in seinen staatlichen Erscheinungsformen ist von innen her zusammengebrochen. Dabei spielten ökonomische, politische und moralische Zerfallserscheinungen eine entscheidende Rolle. Viele Nachwirkungen dieser Ideologie, die in der Sowjetunion 75 Jahre, in der alten DDR 40 Jahre geherrscht hat, dauern noch an oder stehen noch aus.

Es ist kennzeichnend für die beschriebenen geopolitischen Umwälzungen dieser Epochen, daß dem Zusammenbruch imperialer Ideologien und ihrer Herrschaftssysteme jeweils das folgt, was Carl Schmitt – voller Verehrung für die «Tat des Führers» – nach dem Beginn des 2. Weltkrieges als «Raumrevolution» gefeiert hat[45]. Den NS-Staat sah

---

[44] Vgl. G. Klaus/M. Buhr, Philosophisches Wörterbuch, 10. Aufl. Leipzig 1974, Stichworte «Revolution» (S. 1060 ff.) und «Konterrevolution» (S. 649 f.).

[45] C. Schmitt, Die Raumrevolution, Durch den totalen Krieg zu ei-

II. Systemwechsel als «Raumrevolution»

Schmitt just im Zeitpunkt des Angriffs auf die Sowjetunion als

«die starke Mitte Europas..., die imstande ist, ihrer großen politischen Idee ... eine Ausstrahlung in den mittel- und osteuropäischen Raum hinein zu verschaffen und Einmischungen raumfremder und unvölkischer Mächte zurückzuweisen. Die Tat des Führers hat dem Gedanken unseres Reiches politische Wirklichkeit, geschichtliche Wahrheit und eine große völkerrechtliche Zukunft verliehen.»[46]

Die unbestreitbare Formulierungskraft des Autors Schmitt, seine teilweise schillernden, brillant erscheinenden Begriffsbildungen und Deutungen lassen erfahrungsgemäß auch Banales und Triviales für seine Jünger und Verehrer bedeutsam erscheinen. Für sie ist und bleibt er ein «Magier des Denkens» – ein «Mythologe der Macht»[47], wo skeptische Betrachter nur einen so intelligenten wie ehrgeizigen Opportunisten erkennen.

Läßt man die üblichen antisemitischen Ausfälle Schmitts und die Übernahme der NS-Ideologie beiseite[48], so reduziert sich Schmitts «Großraum»-Theorie auf die banale Aussage, daß der Aufstieg wie auch der Fall von Großmächten seit jeher in der Weltgeschichte mit der Ausdeh-

---

nem totalen Frieden, in: Das Reich, 1940, Nr. 19; ders., Raumrevolution, Vom Geist des Abendlandes, Deutsche Kolonialzeitung (1942!), S. 219. Bemerkenswert ist das Datum der zweiten Publikation nach dem Überfall auf die Sowjetunion und dem Eintritt der USA in den Krieg.

[46] C. Schmitt, Völkerrechtliche Großraumordnung mit Interventionsverbot für raumfremde Mächte, 4. Aufl. Berlin-Leipzig-Wien 1941, S. 49 f.; vgl. dazu Rüthers, Carl Schmitt im Dritten Reich, 2. Aufl. 1990, S. 109 ff.

[47] FAZ vom 3.1.1995, S. 23.

[48] C. Schmitt, a.a.O., S. 63.

nung und Schrumpfung ihrer Einflußsphären einhergehen, in denen sie Einwirkungen Dritter als unfreundliche, ja feindliche Akte ansehen. Das ist der eher triviale, immer neu – etwa 1945 und 1989 – zu beobachtende Wahrheitskern der Großraumtheorie.

Staaten leben nur in «Räumen», wo denn sonst? Deshalb muß es «Raumrevolutionen» geben, wenn sie expandieren oder zerfallen. Aufstieg und Fall imperialer Ideologien sind jeweils mit «Raumrevolutionen», d.h. mit einer Neuaufteilung der Herrschaftsräume verbunden. Das war in der napoleonischen Epoche und später beim Wiener Kongreß zu beobachten. Der erste Weltkrieg endete mit einer «Raumrevolution». Nach dem zweiten Weltkrieg wiederholte sich dieser Vorgang, allerdings völlig anders, als C. Schmitt ihn sich 1941 vorgestellt hatte. Die «Supermächte» USA und UdSSR bestimmten über Jahrzehnte hin das Gesicht der neuen Weltordnung. Die Staaten Europas waren weithin in eine Satellitenposition gedrängt, allerdings mit sehr unterschiedlichen Freiräumen der Selbstbestimmung diesseits und jenseits des «eisernen Vorhangs». Jetzt, nach 1990, hat eine neue Raumrevolution begonnen, die durch den Zerfall der ehemaligen Sowjetunion eingeleitet wurde. Sie bewirkt abermals eine neue Weltordnung. Die Grenzen innerhalb Europas sind offen. Die staatliche Ordnung innerhalb der Sowjetunion formiert sich neu. Auf dem Balkan zeigt sich in mehreren Staaten ein fanatischer Neo-Nationalismus mit grausamen blutigen Folgen. Das ökonomische Elend in vielen Teilen der Welt setzt riesige Wanderungsbestrebungen in Bewegung.

Der Zerfall imperialer Ideologien öffnet die Grenzen bisher hermetisch abgeschlossener Blöcke. Er bewirkt eine politische Raumrevolution, also die Umwälzung der Herrschaftsphären. Orientierungs- und Identitätskrisen in allen betroffenen Nationalstaaten sind die Folge des plötzlichen Vakuums. Das verlangt nach einer neuen Weltordnung.

Der Golfkrieg hat, ungeachtet aller Grausamkeiten und Verwüstungen, Ansätze zu einer internationalen Einsicht in eine neue Weltlage gezeigt. Die hegemonialen Großraum-Phantasien sind gescheitert. Die Aufteilung der Welt in imperiale ideologische Blöcke hat sich als inhumaner Irrweg erwiesen. Statt dessen dominieren jetzt die Wünsche nach der Autonomie überschaubarer Einheiten, nach Föderalismus und Regionalismus in Europa und darüber hinaus. Könnte dies das Baumuster einer humanen Zukunft sein? Die Konflikte auf dem Boden des ehemaligen Jugoslawien setzen allerdings jeder Euphorie harte Grenzen.

III. Systemwechsel als Personalwechsel in den Führungseliten

Der Systemwechsel bewirkt neben dem Ideologiewechsel in der Regel einen Personalwechsel in den Führungseliten von Staat und Gesellschaft. Das Ausmaß dieses Personalaustausches kann systemspezifisch sehr unterschiedlich sein. Er betrifft vor allem den öffentlichen Dienst und die öffentlich tätigen Berufe (Verwaltung, Justiz, Bildungswesen, Medien).

Jedes etablierte politische System erwartet von den Trägern öffentlicher Funktionen ein bestimmtes Maß von Systemloyalität («Verfassungstreue»). Das gilt für alle Staatsordnungen gegenüber allen öffentlich wirksamen Berufsgruppen.

Dieser Loyalitätsanspruch ist systemspezifisch unterschiedlich. Totalitäre Systeme (NS/SED) fordern absolute Ideologietreue in allen, auch in privaten Lebensbereichen. Nicht selten wird diese absolute Loyalitätserwartung des totalen Staates von anpassungsbereiten, karrierewilligen Intellektuellen in vorauseilendem Gehorsam erfüllt. Das lenkt den Blick auf die Rolle der Intellektuellen im Verhältnis zur Staatsmacht vor und nach Systemwechseln.

Nicht gerade besonders kleine Gruppen von Intellektuellen erweisen sich in Situationen eines wirklichen oder vermeintlichen Umbruchs als Wellenreiter auf den Schaumkronen des Zeitgeistes. Sie sind die Kenner und Könner des «Jeweiligen» und die Eiferer eines vorauseilenden Gehorsams gegenüber ideologischen Zeitmoden.

Liberale Verfassungsstaaten begnügen sich wegen der Pluralität der politischen und weltanschaulichen Überzeugungen mit bescheideneren Anforderungen.

Aber auch sie verlangen von allen öffentlichen Bediensteten das Bekenntnis etwa zur «freiheitlich-demokratischen Grundordnung»; lange Zeit galt das in der alten Bundesrepublik auch für Lok-Führer. Der Streit über den "‹Radikalen-Erlaß» und die sog. Berufsverbote hat sich erst mit der Wiedervereinigung und der Zulassung der SED-Nachfolgerin PDS entschärft.

Nach Systemwechseln stellt sich regelmäßig die Frage, welche Führungskader des «alten Systems» übernommen werden können und welche nicht.

1. *Erfahrungen*

Die Beispiele der sehr verschiedenen deutschen «Säuberungen» («Arisierungen» nach 1933, Entnazifizierungen nach 1945 in der Sowjetzone und DDR einerseits sowie in den Westzonen und der Bundesrepublik andererseits, Abwicklungsdebatten nach 1990) sind in lebhafter Erinnerung oder aktuelle politische Gegenwart.

a) Die NS-«Säuberungen»

Die historischen Belege sind bekannt. Nach ihrer Machtübernahme machten die Nationalsozialisten mit dem «Gesetz zur Wiederherstellung des Berufsbeamtentums» vom 7. April 1933 «tabula rasa» mit den verhaßten Feinden im Staatsdienst. Das Gesetz war schon im Titel ein Täuschungsversuch, denn es war in Wahrheit ein Gesetz zur Beseitigung des Beamtentums. Für die Rechtswissenschaft ist eine Besonderheit zu beachten: Der Anteil der verdrängten juristischen Hochschullehrer, der Richter und Anwälte, war statistisch ungleich höher als in den meisten anderen Disziplinen. Die rechtswissenschaftlichen Fakultäten in Deutschland verloren etwa 40% ihrer Lehrkörper. Unter skandalösen Umständen wurden jüdische Gelehrte und politische Gegner verstoßen, darunter solche von Weltruf (etwa H. Kelsen, H. Sinzheimer, W. Jellinek, H. Kronstein u.v.a.). Ähnliche Bestimmungen galten auch für Rechtsanwälte und Verwaltungsbeamte.

b) «Entnazifizierung» und die politische Funktion des «Antifaschismus»

Was geschah nach 1945 und nach 1949? In der Bundesrepublik hat die «Entnazifizierung» der Alliierten den Deutschen weitgehend den ersten Schub des Problems abgenommen. Das hat dazu geführt, daß Richter, Staatsanwälte und Professoren in ihrer ganz großen Mehrheit nach einer

«Warteschleife» in ihren Ämtern blieben. In der sowjetischen Zone dagegen ging die Besatzungsmacht sehr viel schärfer vor. Unter dem Banner eines eifrig propagierten «Antifaschismus» wurde eine neue, die stalinistische Diktatur errichtet. Viele Intellektuelle wirkten – zunächst begeistert – mit. Fast alle der einfachen Parteimitgliedschaft «Schuldigen» wurden als «NS-Juristen» ihrer Ämter enthoben. Sämtliche in Leipzig verhafteten Richter des Reichsgerichts fanden ohne ein Gerichtsverfahren im umfunktionierten ehemaligen Konzentrationslager Buchenwald den Tod.

Der «Antifaschismus» wurde zuerst von der sowjetischen Besatzungsmacht, sodann von Ulbricht und Honecker zielbewußt instrumentalisiert. Er sollte zuerst der Besatzungspolitik, sodann der auftragsgemäßen Staatsgründung ein international verwertbares moralisches Gütesiegel vermitteln.

Die Gründergeneration der DDR-Mächtigen konnte dabei zurecht auf ihre Verfolgung durch die Nazis verweisen. Viele hatten lange Haftzeiten in Zuchthäusern und Konzentrationslagern oder die Not der Emigration erlitten. Soweit es Kommunisten waren, wurde bei der ruhmvollen Darstellung des «antifaschistischen Widerstandes» gern übersehen oder vertuscht, daß sie – genau wie die Nazis – die Weimarer Republik revolutionär beseitigen wollten. Ihr Ziel war eine andere Diktatur, nämlich die des Proletariats nach den Lehren des Marxismus-Leninismus.

Die Propaganda des Antifaschismus sollte verdecken, daß unter diesem Tarnmantel eine «Volksdemokratie» errichtet wurde, in der das Volk nichts zu sagen hatte. Es ist daher mindestens ein grober Irrtum, wenn nicht eine gefährliche Täuschung, wenn neuerdings dem Antifaschismus der frühen DDR eine moralische Qualität angedichtet werden soll, die er – jedenfalls in seiner offiziellen Verlautbarung –

III. Systemwechsel als Personalwechsel

nie gehabt hat. Er war ein geschicktes Täuschungsmanöver[49]. Im Innern der DDR diente diese banale Propaganda dazu, der beginnenden Unterdrückung der eigenen Bevölkerung ein moralisches Mäntelchen umzuhängen und von dem abzulenken, was mit der Unterwerfung der SPD und der Blockparteien unter die Alleinherrschaft der Kommunisten wirklich vorging. Nach außen versuchte die DDR, sich mit der Antifaschismus-Kampagne als das einzig saubere, bekehrte Deutschland darzustellen, was ihr anfangs auch gelang, vor allem gegenüber heimkehrenden Emigranten. Die SED-Führung konnte erfolgreich darauf bauen, daß manche bürgerlichen Kreise im Innern und westliche Intellektuelle im Ausland auf diesen Propagandatrick hereinfallen würden. Die Wirkung dieser suggestiven Antifaschismuskampagne in der DDR hält bei hinreichender Gutgläubigkeit und Naivität ihrer Adressaten im In- und Ausland bis heute an. Zur gleichen Zeit wurden die Bespitzelungs- und Einschüchterungsmethoden der Nationalsozialisten beim Aufbau der sozialistischen Diktatur, verfeinert und perfektioniert, erfolgreich verwendet.

Die Tarnung des Aufbaus eines stalinistischen Terrorsystems unter dem Deckmantel des «Antifaschismus» wurde von der veröffentlichten Meinung, auch seitens der «Kulturschaffenden», weitgehend mitgetragen. Zugleich wurde dieser offizielle und verordnete «Antifaschismus» als Waffe gegen die angeblich in der Bundesrepublik herrschenden «faschistischen und imperialistischen Kreise» benutzt. Die Bundesrepublik wurde als aggressiv-faschisti-

---

[49] Vgl. dazu Chaim Noll bei Cora Stephan (Hrsg.), Wir Kollaborateure – Der Westen und die deutschen Vergangenheiten, Hamburg 1992, S. 90 (92 ff.).

sches System etikettiert. An dieser Kampagne beteiligten sich nicht nur namhafte Schriftsteller der DDR, sondern auch nicht wenige bundesdeutsche Intellektuelle. Damit korrespondierte nach dem Zusammenbruch des real existierenden Sozialismus ein interessantes sprachstrategisches Phänomen. Der Prozeß der Vereinigung Deutschlands wurde von einigen, denen mit dem Marxismus-Leninismus als Staatsdoktrin ihr ideologisches Weltbild zerbrochen war, unter den pauschalen Verdacht gestellt, das wiedervereinigte Deutschland treibe auf eine neue Phase des Nationalsozialismus, ja des KZ-Terrors zu.

Stefan Heym sah in dem Ruf «Wir sind ein Volk» bereits die Intonation jener Parole von 1938 «Ein Volk, ein Reich, ein Führer». Man erinnert sich: In seinem Buch «5 Tage im Juni» hatte er den 17. Juni 1953 als maßgeblich von der CIA mitinszeniert geschildert[50].

Der Aufstand kostete 51 Menschen das Leben. Tausende wurden gemaßregelt, gedemütigt oder eingesperrt. Der 17. Juni war für jeden, der sehen wollte, die Stunde der Wahrheit für den totalitären Charakter des SED-Regimes.

---

[50] Die Unwahrheit dieser von Heym gezielt erfundenen und verbreiteten Rechtfertigungslegende ist inzwischen durch Dokumente, Berichte und Statistiken aus dem alten DDR-Innenministerium erwiesen; vgl. Torsten Diedrich, Der 17. Juni 1953 in der DDR. Bewaffnete Gewalt gegen das Volk, Dietz-Verlag, Berlin 1992. Das Buch belegt zugleich die geringe Rolle der universitären Intelligenz in und bei diesem Aufstand; wörtlich schreibt Diedrich: «Die Intelligenz an den Hochschulen und Universitäten verhielt sich zum größten Teil ruhig, nicht selten aber nahmen Professoren, Dozenten und Assistenten an den Agitationseinsätzen der Studenten zur ‹Beruhigung› der Arbeiter teil. Sie führten die Probleme in der DDR nicht auf das politische System selber zurück, welches Ihnen durchaus erhaltenswert schien.»

III. Systemwechsel als Personalwechsel

Insoweit ist er – in der Klärungsfunktion – dem 30. Juni 1934 im Hitler-Regime nicht unähnlich. Heym blieb seiner Partei treu. Daran änderte auch die Tatsache nichts, daß sein Buch lange Zeit in der DDR nicht erscheinen durfte und er, wegen dessen Publikation in der Bundesrepublik, zeitweise in limitierte Ungnade fiel, die sich allerdings nicht dauerhaft auf seine Reiseprivilegien erstreckte. Er steht mit seiner unerschütterten Treue zum sozialistischen Kinderglauben der früheren Lebensepochen nicht allein.

Die Ideologietreue von Intellektuellen treibt bisweilen seltsame Blüten. Viele ehemalige Anhänger oder Verharmloser des realen Sozialismus und des Unrechtsstaates DDR sowie enttäuschte Neo-Marxisten im Westen ergehen sich heute in Vergleichen der neuen Bundesrepublik mit dem NS-Regime bis hin zu den Visionen eines neuen Auschwitz von Günter Grass. In dieselbe Richtung weisen Äußerungen von Stephan Hermlin, Jürgen Habermas, Lothar Baier, Ivan Nagel und Günter Gaus[51]. Unbeirrt versuchen sie, ihre ideologischen und politischen Fehleinschätzungen mit der bewährten Propaganda gegen den «Faschismus» in der Bundesrepublik zu vernebeln.

Die Reaktionen zeigen deutlich: Nicht wenige Intellektuelle in Ost und West haben mit dem Verschwinden der DDR einen persönlichen Verlust erlitten. Sie bedauern den «Abbruch der Vorstellung»[52] und beklagen noch heute den «totalitären Antikommunismus» (Günter Gaus) in der Bundesrepublik, ein Begriff der von Kurt Hager, K. E. v. Schnitz-

---

[51] Vgl. die Hinweise und Zitate bei Frank Schirrmacher, Stukas und Panzer – Die geborgte Sprache des Schreckens, FAZ vom 11.1.1992, S. 23.

[52] Hendryk M. Broder, FAZ vom 30.3.1992, S. 36.

ler oder Josef Goebbels erfunden sein könnte. Die Beispiele belegen eindrucksvoll, daß und wie sehr man durch geschichtliche Erfahrungen auch unbelehrt bleiben kann.

Beachtung verdient noch ein anderer Aspekt dieser sprachstrategischen Diffamierungsversuche gegenüber der Bundesrepublik. Unter den Akteuren sind nicht wenige, die sich im sog. «Historikerstreit» heftig für die These eingesetzt hatten, das Unrecht des Nationalsozialismus sei «unvergleichbar» mit dem anderer, etwa stalinistischer Regimes. Die Unvergleichbarkeit war offenbar auf den Stalinismus beschränkt. Die Bundesrepublik dagegen darf beliebig in die Nähe des NS-Regimes gerückt werden. Damit ist zugleich das intellektuelle Niveau dieser Kampagne gekennzeichnet.

Der Vorgang ist im übrigen symptomatisch für die Nachwirkungen abgelebter Ideologien in den Köpfen verführter oder verstrickter Intellektueller.

c) Die Wiedervereinigung als ideologisches Scheidewasser

Ein anderes, ebenso anschauliches Beispiel ist der Umgang der verschiedenen politischen und weltanschaulichen Gruppen mit der Teilung Deutschlands vor 1989 und der Wiedervereinigung danach. Viele deutsche Intellektuelle hatten eine Beseitigung der Teilung nicht nur aus dem Katalog des politisch Möglichen, sondern auch des Wünschbaren gestrichen. Das betrifft nicht nur jene, die öffentlich die Streichung der Wiedervereinigungsklausel aus dem Grundgesetz und die Anerkennung der DDR-Staatsbürgerschaft durch die Bundesrepublik gefordert haben. Eine andere Gruppe, darunter vor allem auch Kirchenvertreter, wollten in der Spaltung Deutschlands das angemessene symbolische Sühneopfer der

III. Systemwechsel als Personalwechsel

Deutschen für die unsühnbaren Untaten des Nationalsozialismus erkennen. Für sie hatte die deutsche Teilung eine quasi geschichtstheologische Dimension mit Ewigkeitsgewähr. Wieder andere, die überzeugten Marxisten, konnten den unbestreitbaren Zerfall der Sowjetunion und ihrer Staatsideologie nicht verarbeiten. Er mußte ihnen, besonders mit seinen Folgewirkungen in Mitteleuropa, wie ein Untergang ihres gesamten Weltbildes, ihrer ideologischen Heimat erscheinen.

Wer die Wiedervereinigung abgeschrieben hatte, dem mußte sie wie eine unerhörte Begebenheit vorkommen. Unvergessen der Aufschrei des Protestes aus der Ecke der ehemaligen Gesinnungsgenossen, als Martin Walser einige Jahre zuvor die Teilung Deutschlands als etwas Unnatürliches bezeichnete, das keinen Bestand haben könne. Wer so etwas in der Mitte der achtziger Jahre sagte, als viele sich anschickten, die DDR zu einem ganz normalen Staat zu erklären und im «Wandel durch Annäherung» zu stabilisieren, mußte damit rechnen, als politischer Umweltverschmutzer beschimpft zu werden. Walser sah sich schlagartig isoliert. Er war über Nacht zum «Reaktionär» geworden. Aber wer war wirklich reaktionär?

Vergleichbare Ängste gegenüber dem Untergang der marxistischen «Heilslehre» im Ostblock und dem damit verbundenen Zusammenbruch des Unrechtsregimes DDR gab es auch bei den systemtreuen Intellektuellen dort. Der Titel des Manifestes, das die bis dahin privilegierten Reisekader der Schriftsteller und Künstler in letzter Minute verkündeten (November 1989!), hieß zutreffend «Für unser Land». In der Tat: *Ihr* Land war es gewesen, nicht das der Werktätigen. Mit ihnen hatte dieses Unrechtsregime versucht, sich als Staat, gar als «Rechtsstaat» aufzuputzen. Zusammen mit dem ehemaligen Geheimdienstchef Wolf traten sie für die Erhaltung des Sozialismus und seiner «Errungenschaften» in neuer Variante auf. Eine Vereinigung der beiden Teile Deutschlands erschien ihnen als Chaos, ja als tödliche Gefahr. An intellektuellen Bundesgenossen im Westen fehlte es ihnen nicht.

Ungeteilte und unbefangene Freude ob der Vereinigung herrschte dagegen bei vielen «einfachen Bürgern». Sie hatten über die Jahre und Jahrzehnte hin Kontakt gehalten zu jenen Verwandten und Freunden, die nicht zu den Funktionären und Nutznießern des realen Sozialismus gehörten. Sie kannten die Lebensumstände, die Wohnungslage, die Höhe der Renten in der alten DDR. Sie wußten, wie ihre Freunde dort lebten, wer die Schönfärber unter den westlichen Politikern und Medienleuten waren, kannten ihre gängigen Lügen. Für sie war die Vereinigung nicht primär eine Frage der Kosten oder möglicher Steuererhöhungen, sondern eine solche elementarer Menschenrechte auf Selbstbestimmung und Freizügigkeit.

Das Wundersame an dieser plötzlichen Vereinigung war für manche so übermächtig, daß sie versuchen, es als Teufelswerk erscheinen zu lassen. Günter Grass und Stefan Heym etwa leugneten die Befreiung der 17 Millionen aus 40jähriger real-sozialistischer Haft. Sie sahen statt der realen Befreiung das Phantom eines neuen «Großdeutschland». Jeder hat seine Vorstellungen vom «Wunder». Solche Thesen haben die durchsichtige Funktion, den intellektuellen Verrat ihrer Vertreter zu vertuschen, welche die 40-jährige Einschließung der DDR-Bürger und ihre Unterdrückung bis zuletzt, ja bis heute geleugnet und verdrängt haben.

Die Erfahrungen mit dem Verhalten intellektueller Führungseliten in Systemwechseln sind ein konkreter Beitrag

III. Systemwechsel als Personalwechsel

zur Lernfähigkeit von Personengruppen aus vergangenen politischen Systemen. Führungsgruppen in wechselnden Gesellschaftsordnungen stehen unter dem Druck oder Zwang, ideologisch umlernen zu sollen. Dieses Umlernen wird in «aufsteigenden» Systemen (nach 1933 und nach 1949) durch überdurchschnittliche Karrierechancen angeregt: Nach Systemzusammenbrüchen (1945 und 1989) stößt das Umlernen auf Widerwillen, ist schwierig und schmerzhaft, weil festgefügte, kollektiv und individuell «verinnerlichte» Vorstellungen und Verhaltensmuster aufgegeben werden müssen, die oft ideologisch und emotional tief verwurzelt sind. Das gilt unabhängig vom Leben im Westen oder Osten. Bärbel Bohley spricht für viele aus den Bürgerbewegungen der alten DDR, wenn sie die «Reisekader» des Westens fragt:

«Wäre die Kirche in Lateinamerika die glaubwürdige Kirche, wenn sich Leonardo Boff ständig mit dem Geheimdienst getroffen hätte? ... Der diplomierte Lobredner Gaus und andere rechnen heute mit denen ab, die gegen sie recht gehabt haben. Gerade deshalb bin ich so unnachgiebig in meinen Fragen, weil ich die Lügen schon kenne, mit denen uns die Hände gebunden werden sollen ...»[53].

Unbekümmert um die Tatsachen werden trotzig die alten Irrtümer weiter gepflegt, besonders von denen, welche die alte DDR verklärt und verharmlost haben. Es bestätigt sich die Erfahrung, daß gläubige Intellektuelle besonders lange brauchen, um jene ideologischen Gespenster los zu werden oder gar zu vertreiben, die sie selbst über Jahre hin beschworen haben. Aber nichts führt an der Einsicht vorbei: Man kann die Geschichte, auch die eigene, zwar zeitweilig verdrängen oder klittern, aber nicht dauerhaft übertölpeln.

---

[53] FAZ vom 14. 3. 1992, S. 27.

Jetzt, nach dem Zusammenbruch des SED-Regimes, stehen wir vor ähnlichen Problemen wie nach 1945. Vergleiche drängen sich auf. Aber Vorsicht: Die Geschichte wiederholt sich nicht. Sie ist immer «ganz anders». Systemwechsel haben vielfältige Aspekte. Es besteht heute – insbesondere in Deutschland – eine Neigung, allein die berufsethischen, die moralischen Aspekte in den Vordergrund zu rücken. Das läuft nach einem bestimmten Schema ab: Die Jüngeren, Unbeteiligten, Nicht-Betroffenen sagen den Älteren, Beteiligten und Verstrickten, wie die es hätten besser machen können und wie sehr sie an dem Unrecht mitgewirkt haben. Vielleicht hilft eine funktionale Analyse des Geschehens der genannten Epochen zu einer sachgerechten Beurteilung.

Mit den historischen Beispielen sind bereits die Unterschiede in den Auswahlkriterien und in der Stringenz des Personalwechsels angedeutet. Der NS-Staat und die Entnazifizierung in der Sowjetzone/DDR zielten auf eine tabula rasa, eine totale Beseitigung aller potentiellen Gegnergruppen aus den Führungsetagen des neuen Regimes. Die im totalitären Ansatz verwandten Ideologien ließen der Toleranz, der Abkehr, der Umkehr und der Integration abweichender weltanschaulicher Positionen keine Chance. Die «Entnazifizierung» in den Westzonen, von den Besatzungsmächten gesteuert, verlief wesentlich milder und setzte unterhalb der kleinen Gruppe der «Hauptbelasteten» (hohe NS-Funktionäre) im wesentlichen auf die Integration der übrigen NS-Anhänger in eine freiheitlich-demokratische Ordnung. Es zeigt sich, daß bei dem Personalaustausch nach Systemwechseln sehr unterschiedliche Kriterien angelegt werden können.

2. Kriterien zur Übernahme von Führungseliten

> «Den Mitläufern kann und soll man nicht zuviel antun. Zum großen Teil haben sie Angst gehabt: Das ist ja die Methode des Terrorismus, Angst einzujagen. Allerdings: Irgendwo fängt das Heldentum für jedermann an, nämlich dort, wo man gezwungen wird, aktiv Gemeinheiten und Übel zu begehen. Da muß man dann eben doch ein Held sein und Widerstand leisten.»
>
> Karl Raimund Popper

(1) Zunächst kommt es darauf an, ob nach dem Umschwung eine neue staatlich verordnete, für alle Bürger verbindliche Einheitsweltanschauung verkündet wird. Gibt es eine neue totalitäre Staatsideologie oder herrschen im Nachfolgeregime die Pluralität der politischen Meinungen und damit die Toleranz eines liberalen Verfassungsstaates?

(2) Die Ursache des Systemwechsels kann wesentlichen Einfluß auf den Austausch der Führungseliten haben. Wird der Umbruch durch fremde Besatzungsmächte (1945), durch eine gewaltsame Revolution oder durch einen politischen und ökonomischen Konkurs mit anschließender gewaltfreier Überleitung und Umwandlung des Systems (DDR und Mittelosteuropa nach 1989) bewirkt?

(3) Das Beharrungsvermögen und der fortdauernde Einfluß überkommener Funktionärskader und «Seilschaften» sind gerade bei friedlichen Evolutionen erheblich. Die Opfer eines vorgängigen Unrechtssystems zweifeln gelegentlich an den humanitären Vorteilen der neuen rechtsstaatlichen Ordnung, wenn nach sehr friedlichen Systemwechseln maßgebliche Funktionäre und Mittäter des Unrechts-

staates im neuen System unbehelligt alte und neue Führungspositionen einnehmen.

(4) Strafrechtlich ist allein bedeutsam, ob und in welchem Umfang die schuldhafte Beteiligung einzelner ehemaliger Funktionsträger an schweren Unrechtsmaßnahmen im vergangenen System nachgewiesen werden kann. Eine wichtige Unterscheidung liegt darin, ob das erwiesene Unrecht in der Verletzung der alten Gesetze liegt oder ob es an der neuen Rechtsordnung oder international gültigen Sätzen des Völkerrechts gemessen werden soll («nulla poena sine lege»).

Das Strafrecht ist insgesamt als Instrument zur Aufarbeitung von Unrechtssystemen nach den vorliegenden Erfahrungen nur sehr beschränkt geeignet und wirksam[54]. Das eigentlich «Kriminelle» am Verhalten der Funktionsträger ist nämlich durch Strafnormen, die zur Tatzeit galten, in der Regel nicht zu erfassen. Die Indoktrination von Kindheit an (Kinderkrippen, Junge Pioniere und FDJ) bis ins Alter, die Entziehung der Freiheit des Wortes, der Fortbewegung, der «Diebstahl von vierzig Lebensjahren», das alles ist strafgesetzlich nicht geregelt. Um so bedenkswerter ist deswegen die Forderung, daß herausragende Funktionsträger im alten Regime nun vielleicht – zumindest zeitweilig – schweigen und sich der Ausübung öffentlicher Mandate enthalten sollten. Bärbel Bohley hat es knapp formuliert: «Unglaubwürdige sollen mindestens eine Runde aussetzen. Ist das zuviel verlangt ...?»[55]

Frühzeitig, schon um die Jahreswende 1990/91, ist aus dem Bundesjustizministerium der Gedanke einer umfassen-

---

[54] Vgl. dazu Limbach, ZRP 1992, 170 m. w. N.
[55] FAZ vom 14. 3. 1992, S. 27.

den Amnestie für bestimmte Fallgruppen des in der DDR begangenen Unrechts in die Diskussion gebracht worden. Sie sollte insbesondere die Mitarbeit, und zwar die formelle wie die informelle, im Ministerium für Staatssicherheit betreffen. Auch seit die volle Wahrheit über das Ausmaß der Überwachung, Bespitzelung und Unterdrückung sowie der vielfältigen Menschenrechtsverletzungen in der DDR Stück für Stück an's Licht kommt, seit man weiß, in welchen gesellschaftlichen, kirchlichen und staatlichen Spitzenfunktionen Spitzeldienste geleistet wurden, gewinnt dieser Plan einer generellen Amnestie erstaunlicherweise immer neue Anhänger.

Gleichwohl ist Skepsis geboten. Eine Amnestie setzt zunächst die Aufklärung der begangenen Straftaten voraus. Sie ist kein geeignetes, dem inneren Frieden dienendes Instrument, wenn sie dazu mißbraucht wird, die Verbrechen eines Unrechtsstaates unaufgeklärt und zum Nachteil der Opfer unter den Teppich zu kehren. Die verurteilten Täter kann man vielleicht großzügig amnestieren. Anderenfalls wäre dies ein Weg, die Täter von damals erneut zu den Siegern von heute über die Opfer von damals zu machen, ihre neu errungenen Karrierepositionen ungefährdet zu gewährleisten. Der Vorschlag einer «Voraus-Amnestie» ist verwandt mit dem, die Stasi-Akten einfach zu vernichten. Beide Wege sind Holzwege. Ihre Befürworter in Ost und West verbinden gelegentlich auch gemeinsame Interessen, nämlich die eigene Verstrickung in das DDR-Unrecht zuzudecken.

(5) Ein wichtiges, ja unverzichtbares, wenn auch heikles Kriterium für die Übernahme von Führungseliten abgelebter Systeme ist die fachliche Eignung. Sie ist – ungeachtet aller sonstigen Aspekte – eine unerläßliche Voraussetzung. Sie wird maßgeblich durch die Qualität der genossenen Ausbil-

dung beeinflußt. Die Ausbildungskonzepte totalitärer Systeme werden an deren Basisideologien ausgerichtet. Diese liefern die Kriterien, nach denen die Lehrpläne gestaltet sowie die Bewerber für die einzelnen Fächer und Berufswege ausgewählt werden.

Es ist schwerlich zu leugnen, daß der Ideologie-Bezug bei den verschiedenen Wissenschaftsdisziplinen durchaus unterschiedlich ist. Das hat direkten Einfluß auf die fachliche Ausbildungsqualität. Auch totalitäre Systeme wünschen und benötigen möglichst exzellente Mediziner, Mathematiker, Physiker, Schiffsbauer und Biochemiker. Sie streben daher insoweit in diesen naturwissenschaftlichen und technischen Fächern «Weltniveau» an, wie das im Jargon des SED-Staates hieß. Der Einfluß der Staatsideologie auf die fachliche Güte der Ausbildung hielt sich daher in engen Grenzen. Auch hier mußten zwar die Studienbewerber ein Mindestmaß von Systemloyalität unter Beweis stellen; zeitweise war auch die Abstammung aus der Klasse der Arbeiter und Bauern wichtig. Aber die gleichsam unaufhörliche verbale Identifikation mit dem Marxismus-Leninismus spielte im fachlichen Kernbereich des Studiums und später im beruflichen Alltag eine weitaus geringere Rolle als in den Fächern der Geistes- und Sozialwissenschaften, besonders bei Juristen, sowie bei Schriftstellern und Journalisten, kurz bei allen «Wortberufen».

Bei den naturwissenschaftlichen und technischen Ausbildungsgängen ist der Beitrag einer herrschenden Staatsideologie eine Zugabe, eine Applikation, welche die fachliche Qualität der Ausgebildeten nicht beeinflussen muß. In den Geistes- und Sozialwissenschaften betrifft er die fachliche Substanz. Die Einwirkung auf die Qualität ist unvermeidlich.

Das war auch bei der Wahl des Studienfaches in der DDR nicht etwa bedeutungslos. Im Gegenteil: Die Wahl des Studienfaches, soweit das zentral gelenkte Regime eine solche gestattete, war für jeden halbwegs intelligenten Studienbewerber ein politisch-ideologischer Vorentscheid. Insbesondere solche Bewerberinnen und Bewerber, welche aus religiösen Gründen die Jugendweihe – mit hohen Risiken für ihr Fortkommen – verweigert hatten, wußten sehr genau, welche Fächer und Disziplinen sie zu meiden hatten. Da landeten dann Abiturientinnen, die von Herzen gern Philosophie, Soziologie oder ein Lehrfach studiert hätten, sehr bewußt im Tiefbau und in der Elektrotechnik, um überhaupt eine Studienchance ohne permanente Gewissenskonflikte zu haben. Umgekehrt gilt: Wer sich für Rechtswissenschaft, Marxismus-Leninismus, Geschichte, Journalismus oder Pädagogik entschied, wußte sehr genau, daß er dort nicht etwa im Kreise von Widerstandskämpfern gegen den SED-Staat landen würde, sondern unter (mindestens) systemloyalen Aufsteigern. Das gilt auch für solche Juristen, die später in den Kirchendienst eintraten.

Es gab also nicht nur die «Ungnade des falschen Geburtsortes», sondern daneben die bewußte oder naive Wahl besonders systemnaher und systemloyaler Disziplinen und Berufe. Auch in der DDR, wie im NS-Staat, war durchaus nicht alles Schicksal.

Bei Philosophen, Literaturwissenschaftlern, Ökonomen, Historikern, Juristen, Soziologen und Pädagogen ist es deshalb angezeigt, die Studienpläne und Ausbildungsgrundsätze, vielleicht auch die ideologisch-politischen Auswahl- und Aufstiegskriterien in den Berufen näher anzuschauen. Schon gleiche Begriffe (wie zum Beispiel «Wissenschaft», «Wirklichkeit», «Geschichte», «Recht», «Rechtsstaat»,

«Grundrechte», «Parteilichkeit», «Objektivität», «Interesse», «Konflikt» u. v. a.) bedeuten hier, nach dem vorgefaßten Konzept totalitärer Ideologien, etwas grundlegend Verschiedenes[56]. Das ideologische Gerüst einer so parteilich verstandenen Ausbildung und Wissenschaft läßt sich in der Regel auch bei innerer Bereitschaft nicht im Handumdrehen eines Systemwechsels austauschen. Es fehlt das fachliche Ausbildungsfundament, das mühselig neu erarbeitet werden muß. Das setzt Lernfähigkeit und Lernbereitschaft der überkommenen Eliten voraus. Können und wollen sie die neue liberale Wertordnung einer pluralen Demokratie übernehmen nach Jahrzehnten der Denkgewohnheiten und der Berufspraxis in einer Weltanschauungsdiktatur? Die Testfrage kann lauten: Würden wir Ärzte von vergleichbarer fachlicher Qualität frei praktizieren lassen?

Überzeugende Einwände gegen das Prüfungsmerkmal der fachlichen (Ausbildungs-)Qualität bei der Übernahme von Führungseliten aus dem alten System gibt es nicht. Seine Vernachlässigung wäre verantwortungslos gegenüber den absehbaren gesellschaftlichen und politischen Schäden, die fachliche Versager anrichten können. Unfähige Richter sind anders, aber nicht minder gefährlich als unfähige Ärzte und Brückenbauer. Der dagegen gerichtete Einwand, die Naturwissenschaftler, Techniker und Mediziner hätten kein anderes Verdienst als die Gnade der richtigen, nämlich der unpolitischen Fächerwahl, geht doppelt fehl.

(a) Die genannten Berufe sind im Kernbereich ihres beruflichen Wirkens nach objektiven, ideologiefreien oder doch -armen Kriterien qualifiziert ausgebildet. Das unterscheidet sie von den vielen Angehörigen der «Ideologie-Berufe».

---

[56] Vgl. dazu mehr unter D. III. unten.

(b) Die Wahl unpolitischer Fächer war auch in der alten DDR nicht allgemein eine (unverdiente) «Gnade», sondern bei vielen, welche der Staatsideologie skeptisch oder ablehnend gegenüberstanden, eine sehr bewußte Entscheidung. Nicht selten war es der einzige Weg, einer Identifikation mit der marxistischen Weltanschauung zu entgehen.

Wie immer das im Einzelfall zu beurteilen sein mag: Es geht um die unerläßliche fachliche Eignung für geistige Berufe, nicht etwa um eine Kollektivschuld oder die moralische Diskreditierung ganzer Berufsgruppen und Wissenschaftsdisziplinen. Aber über die Ausbildungsqualität bestimmter Fächer muß sehr offen und vorbehaltlos diskutiert werden. Die blinde, pauschale Anerkennung akademischer oder staatlicher Prüfungsurkunden ist ein Irrweg.[57]

(6) Wichtig ist die Sorgfalt und Behutsamkeit in der Praxis des Personalwechsels bei den Führungseliten für die Glaubwürdigkeit der neuen Institutionen. Mit welchem Personal aus dem alten System kann etwa eine rechtsstaatliche Justiz oder eine wissenschaftlich orientierte Universität funktionieren? Wieweit sind die Übernommenen glaubwürdig? Das erfordert ein abgewogenes Urteil über die fachliche Eignung der Bewerber sowie ihre Fähigkeit und Bereitschaft zu loyaler rechtsstaatlicher Aufgabenerfüllung einerseits und über die Gefühle der Opfer und der Unterdrückten im alten Regime andererseits. Zu erwägen ist ferner, was durch ein komplettes, massenweises Ausgrenzen ganzer Berufsgruppen des abgelebten Systems gewonnen würde, die leicht zu einer neuen intellektuellen Irredenta werden könnten. Konrad Adenauer hat 1952 einen Vorschlag der Opposition zurückgewiesen, nach dem in der neuen

---

[57] Vgl. dazu für die juristischen Berufe unten D. IV.

Bundeswehr kein Offizier der alten Wehrmacht dienen sollte. Er fragte lakonisch: «Wie machen Sie eine Armee ohne Offiziere?». Nach ganz anderen Kriterien suchte etwa zur gleichen Zeit Hilde Benjamin die neuen Richter für die DDR aus. Das Ergebnis für die Qualität der parteilich-sozialistischen Justiz ist bekannt. Auch bei der «Nationalen Volksarmee» hat der völlige personale Neuaufbau die Teilnahme am aggressiven Einmarsch des Warschauer Paktes in die CSSR nicht verhindert, obwohl die Verfassung der DDR jeden Angriffskrieg verbot.

Man sieht: Der durch Systemwechsel ausgelöste Personalwechsel ist unter vielfältigen und zum Teil widersprüchlichen Aspekten für die Stabilität und Glaubwürdigkeit des Nachfolgesystems folgenreich. Es stehen unterschiedliche Kriterien gegeneinander, die Zielkonflikte unvermeidlich machen.

(7) Die jeweils neue Staats- und Gesellschaftsordnung braucht fachlich geeignete, systemloyale und bei den Bürgern glaubwürdige Führungsstäbe. Das spricht für eine umfassende personelle Erneuerung in all den Berufsgruppen, die zum alten System intensive, professionell bedingte und durch berufliche oder politische Karrieren bestätigte Loyalitätsbindungen hatten. Persönliche, speziell strafrechtlich erwiesene Schuld ist da nur ein (besonders erschwerender) Gesichtspunkt. Es geht vor allem um die Glaubwürdigkeit der neuen Ordnung. K. E. von Schnitzler war als Chefkommentator nach 1990 so wenig tragbar wie Hans Fritsche nach 1945. Heinrich Fink war als Rektor der Humboldt-Universität nach seiner wissenschaftlichen und politischen Rolle so wenig akzeptabel wie Reinhard Höhn oder Carl Schmitt dies nach 1945 gewesen wären. Es ist, besonders in Spitzenpositionen, problematisch, in zwei gegensätzlichen

III. Systemwechsel als Personalwechsel

Reichen nacheinander ganz «oben» sein zu wollen. Diese Einsicht fällt vor allem Politikern, aber auch manchen Wissenschaftlern besonders schwer.

Unrichtig ist auch die These, daß bei der Beurteilung der individuellen Tauglichkeit für Führungsaufgaben in der neuen Ordnung neben der fachlichen Eignung einzig die nachgewiesenen persönlichen Verfehlungen der einzelnen Personen zählen dürften. Das würde die Frage der Qualifikation zur Übernahme allein auf strafrechtliche Maßstäbe reduzieren. Dieses Raster ist zu grob. Das Strafrecht ist ein wichtiges, aber zugleich, wie schon gesagt, ein nur sehr beschränkt geeignetes Mittel zur Aufarbeitung des Unrechts totalitärer Systeme. Neben der Prüfung strafrechtlicher Verfehlungen und der fachlichen Eignung bei unterschiedlichen Ausbildungsqualitäten muß der menschlichen Glaubwürdigkeit der Betroffenen im Hinblick auf ihre bisherigen Grundüberzeugungen und Führungspraktiken ein angemessenes Gewicht zugeschrieben werden. Wer die Grund- und Menschenrechte oder die Freizügigkeit der Bürger bisher öffentlich diffamiert hat, ist strafrechtlich vielleicht nicht zu belangen. Er ist aber kein geeigneter Hochschullehrer des Öffentlichen Rechts und der Rechtsphilosophie für die Bundesrepublik Deutschland, auch wenn oder gerade weil er in der DDR als international anerkannter Experte galt und zum Reisekader gehörte.

Andererseits kann der jeweils neue Staat sich schwerlich ein neues Volk wählen, um an B. Brecht und sein Gedicht zum 17. Juni 1953 zu erinnern. Er erbt aus dem Umbruch das alte, das in seine Vergangenheit verstrickt ist. Die pauschale Ausgrenzung aller Führungskräfte des abgelebten Systems ist nicht nur faktisch unmöglich, sie wäre politisch widersinnig, weil sie einer Integration der Gutwilligen und

Leistungsbereiten, vor allem aber der politischen und sozialen Befriedung und Stabilisierung des Gemeinwesens aktiv entgegenstünde. Nur ein Mittelweg ist realistisch, welcher die Vor- und Nachteile von «Abwicklung» und Übernahme der Institutionen und der Führungsstäbe zu optimieren sucht.

(8) Die Entscheidung über die Übernahme oder «Abwicklung» der Führungskräfte eines zusammengebrochenen totalitären Systems hat viele und komplexe Nebenwirkungen. Die übernommenen Funktionseliten haben – je nach Dauer und Intensität ihrer ideologischen Prägung – die alte Systemideologie verinnerlicht. Sie kann in den Köpfen fester verankert sein als Beton und Stacheldraht an der Grenze. Ist die übernommene Gruppe groß genug, so kann es zu dauerhaften Solidaritäten der «alten Seilschaften» mit schwerwiegenden Hemmnissen für die geistige Neuorientierung kommen. Die Gremien, die solche Personalentscheidungen – etwa bei Beamten, Richtern, Professoren, Offizieren – zu fällen haben, handeln unter den kritischen Augen der Opfer des Unrechtsregimes, die Gerechtigkeit und den Ausgleich ihrer erlittenen Nachteile fordern. Dieser ganze Komplex des Personalwechsels nach Systemwechseln ist eines der bedeutendsten und schwierigsten Probleme, wenn es um die Nachwirkungen abgelebter Ideologien geht. Eine vollkommene Gerechtigkeit[58] kann es auch auf diesem Gebiet nicht geben. Manches Einzelproblem endet erst an der Altersgrenze.

---

[58] Vgl. Rüthers, Das Ungerechte an der Gerechtigkeit, Zürich 1991.

IV. Systemwechsel als «Heldenwechsel» und als Austausch der Geschichtsbilder

Der Wechsel der Systeme und ihrer Ideologien betrifft nicht nur die Führungseliten aller Ebenen. Neben dem Personalwechsel und dem Zusammenbruch ehedem glanzvoller politisch und ideologisch motivierter Karrieren als Massenerscheinung findet in der Regel ein «Heldenwechsel» statt. Personifizierte Verhaltensideale und Tapferkeitsidole werden plötzlich wertlos, ja verachtet und durch andere ersetzt (so etwa der «Held der Arbeit» Hennecke in der DDR und sein literarisches Pendant «Ole Bienkopp» im gleichnamigen Roman von Erwin Strittmatter).

An die Stelle der «Helden der Arbeit» treten nun die «Helden von Leipzig», das zur «Heldenstadt» avancierte. In Friedrichshain, einem Ostberliner Stadtbezirk, der sinnigerweise bis 1945 den Namen «Horst-Wessel-Stadt» trug, wurde – nach kontroverser, teils nostalgischer Debatte – das gigantische Lenin-Denkmal aus rotem ukrainischen Granit abgetragen. Die Lenin-Allee soll wieder Landsberger Chausee heißen nach jenem Landsberg an der Warthe, das jetzt in Polen liegt und Gorzów Wielkopolski heißt, wo Christa Wolf geboren wurde, der die deutsche Vereinigung viel zu schnell ging.

Denkmäler werden von ihren Sockeln gestürzt, neue errichtet. Eidesformeln werden geändert, Ehrenbürger aus den goldenen Büchern der Großstädte gestrichen, Fahnen, Bücher und Akten verbrannt. Orden werden zu Altmetall oder zu Sammlerobjekten, Straßen und Plätze zu Tausenden neu benannt. Das geschah bei uns gleich fünfmal im Abstand von wenigen Jahrzehnten. System- und Ideologiewechsel machen glanzvolle Geschichtsbilder und ganze juristische, historische wie philosophische Institutsbibliotheken zu Makulatur. Die Institute selbst – soweit sie jenseits aller historischen Wahrheit und aller wissenschaftlichen Solidität im Auftrag einer Partei gewerkelt haben – verlieren nicht nur ihre klingenden Namen, sondern oft zugleich ihre Existenz. Ihre Angestellten werden arbeitslos. Die Geschichte wird neu geschrieben. Neue «Ehrenplätze in der Geschichte» werden von allerlei Berufenen und Unberufenen großzügig verteilt. Neue Gedenktage werden ausgerufen, alte gestrichen. Die toten «Helden des 17. Juni» (1953), 38 Jahre lang durch einen öffentlichen Gedenktag der «deutschen Einheit» und eine Feier im Deutschen Bundestag geehrt, verlieren ausgerechnet durch die Herstellung der deutschen Einheit, für die sie sogar mit ihrem Leben eingetreten waren, das jährliche Gedenken, treten gleichsam hinter den lebenden «Helden von Leipzig» in's zweite Glied der Geschichte zurück. Auch der Heldenwechsel ist ein kennzeichnender Begleitumstand ideologisch geprägter Systemwechsel. Die neue Epoche der Geschichte nach der (jeweiligen) «Zeitwende» braucht neue Leitbilder im Lichte der neuen Weltordnung.

Es gibt weitere Vor-, Neben- und Nachwirkungen von Ideologien und Systemwechseln. Erinnern wir uns: Schon 1931 verfügte der NS-Studentenbund an den deutschen Hochschulen bei den ASTA-Wahlen über die Mehrheit der Delegierten. Beim Deutschen Studententag 1932 in Graz wurde ein Nationalsozialist zum Vorsitzenden der Deutschen Studentenschaft gewählt. Adolf Hitler war von den Erfolgen seiner Hilfstruppen an den Universitäten begeistert. Schon im Sommer 1930 – vor den genannten Ereignissen – verkündete er stolz und selbstbewußt:

IV. Systemwechsel als «Heldenwechsel»

«Nichts gibt mir mehr Glauben an den Sieg unserer Idee als die Erfolge des Nationalsozialismus auf den Hochschulen».[59]

Hitler behielt recht: Der frühen Begeisterung der Studentenmehrheit vor der «Machtergreifung» entsprach der breite Zustrom von Professoren und Intellektuellen zu den NS-Organisationen nach dem 30.1.1933. Schon im November 1933 legten – übrigens von Leipzig aus – mehr als 900 Hochschullehrer ein freudiges «Bekenntnis der Professoren an den deutschen Universitäten und Hochschulen zu Adolf Hitler und dem nationalsozialistischen Staat» ab[60]. Es war dies durchaus kein vereinzeltes Phänomen in der deutschen Universitätsgeschichte. Hochschulen waren und sind Seismographen kommender Entwicklungen, unabhängig von der politisch-moralischen Qualität des jeweils Kommenden.

Es gab (auch) nach 1933 bemerkenswerte Anpassungsstrategien der geistigen Berufe aller Schattierungen (Journalisten, Schauspieler, Dirigenten, Schriftsteller, Lehrer etc.) an das neu etablierte Regime. Erwähnt seien nur die Massenbeitritte berühmter Professoren aller Fakultäten zur NSDAP nach den Märzwahlen 1933. Im Volk hießen sie die «März-Gefallenen». Der Zustrom zur NS-Partei war so groß, daß diese ihn bremsen mußte, um wenigstens einen äußeren Schein von Glaubwürdigkeit zu bewahren. Auch die bereitwillig initiierte Scheidung eines ehrgeizigen Volks-

---

[59] Zitiert nach H. Kuhn u. a., Die deutsche Universität im Dritten Reich, München 1966, S. 15 u. 41 m. Fn. 1; vgl. auch Bracher/Sauer/Schulz, Die nationalsozialistische Machtergreifung, 2. Aufl. Köln und Opladen 1962, S. 308 ff.

[60] Vgl. Hans Maier, Nationalsozialistische Hochschulpolitik, bei H. Kuhn u. a., Die deutsche Universität im Dritten Reich, München 1966, S. 71 ff., 83 f., 99 m. Fn. 18.

schauspielers von seiner jüdischen Ehefrau mit dem Ziel, eine ungehinderte NS-Filmkarriere zu machen, gehört in diese Verhaltenskategorie. Lassen sich vielleicht allgemeine Erfahrungen festhalten, welche die Rolle der Intellektuellen nach Systemwechseln betreffen?

V. Die Rolle der Intellektuellen

1. *Zum Begriff*

Der Begriff der «Intellektuellen» ist unklar und schillernd geworden. Im Hinblick auf Mißverständnisse und Aggressionen, zu denen die These von der speziellen Ideologieabhängigkeit vieler Intellektueller Anlaß gegeben hat[61], sei mein Begriffsverständnis erläutert. Intellektuell bedeutete ursprünglich «dem Verstand zugehörig», «verstandesmäßig» i.S. eines Gegensatzes zu allem, das aus dem Gefühl, den Sinnen, dem Willen entstammt. In dieser Sprachwurzel hatte das Wort einmal eine enge Verwandtschaft zu den Begriffen «Intelligenz» (= Verständnis, Einsicht, Erkenntnis) und «intelligent» (= verständig, klug, erfahren). Mit der Anwendung des Wortes «Intellektuelle» auf bestimmte Berufsgruppen und Funktionen (spez. «kritische» Intellektuelle, Künstler, Schriftsteller, Journalisten) hat sich der Begriffsinhalt zunehmend verselbständigt und von der Sprachwurzel, die auf Intellekt (Verstand) und Intelligenz (Einsicht) zurückging, teilweise abgelöst. Heute sind «Intellektuelle» im üblichen Sprachgebrauch zunächst die Angehörigen geistiger Berufe. Das Wort ist eine Funktionsbezeichnung: Es

---

[61] Vgl. D. Simon, Rechtshistorisches Journal 12 (1993), 642 ff. (644 f.).

V. Die Rolle der Intellektuellen

geht um Leute, die redend und schreibend, sei es professionell oder im Nebenberuf, mit einer gewissen Regelmäßigkeit und Dauer auf den öffentlichen Diskurs einwirken oder dies jedenfalls versuchen.

Kein Zweifel besteht darüber, daß die Ausübenden dieser Funktionen sich selbst für intelligent halten und die Kompetenz beanspruchen, über die Gruppenzugehörigkeit, die sie für sich voraussetzen, für andere zu entscheiden[62]. Der Streit, wer intelligent genug ist, um als Intellektueller gelten zu dürfen, wird vermieden, wenn der Begriff, wie seit langem in der Umgangssprache üblich, auf eine Funktionsangabe reduziert wird. Das erscheint auch zweckmäßig. Die geschichtliche Erfahrung lehrt, daß die Ausübung geistiger Tätigkeiten in der Regel mit einer gewissen Intelligenz der Akteure verbunden sein kann, oft auch sein wird; aber das muß nicht so sein. Gerade in den zahlreichen Wechseln des «Zeitgeistes», der politischen Systeme und ihrer Herrschaftsideologien in Deutschland seit 1918 hat sich gezeigt, wie wenig verläßlich Klugheit und politische Moral spezifisch bei «Intellektuellen» konzentriert sind. Die Verhaltensweisen von Schriftstellern, Journalisten, Professoren und vielen anderen geistigen Berufen in der Weimarer Republik, dem Nationalsozialismus, im SED-Staat und in der Bundesrepublik geben Anlaß, auf die tugendbezogenen Kriterien von Klugheit und Moral bei der Definition der «Intellektuellen» möglichst zu verzichten. Darauf zielt mein Vorschlag eines rein funktionalen Begriffsgebrauchs, der die Diskussion entkrampfen könnte.

---

[62] Vgl. den offenherzigen Satz bei D. Simon, Rechtshistorisches Journal 12 (1993), 644: «Intellektuelle sind unter den von Rüthers angesprochenen Juristen erfahrungsgemäß nicht sehr zahlreich.»

Die Zähigkeit, ja Verbissenheit, mit der Intellektuelle an ihren ideologisch bedingten Fehleinschätzungen und Irrtümern auch dann noch festhalten, wenn diese sich als solche erwiesen haben, hat plausible Gründe. Sie sind an der Konstruktion, Legitimation, Stabilisierung und Apologie der jeweiligen Ideologie maßgeblich beteiligt. Vielleicht kann eine Anekdote aus der Universität das erläutern:

Anfang der 70er war in Konstanz eine Professur für politische Theorie zu besetzen. Neomarxistische Positionen waren gefragt. Einer der Bewerber erläuterte ausführlich das Marx'sche «Gesetz von der sinkenden Profitrate im Kapitalismus». Er schilderte es als ein zutreffendes, absolut gültiges Verlaufsgesetz des weltgeschichtlichen, vom Klassenkampf gesteuerten Prozesses. In der Diskussion fragte ein anwesender ökonomischer Kollege scheinbar naiv nach der Natur und der Geltungsweise dieses Gesetzes, ob es etwa auch gelte, wenn die Gewinne der kapitalistischen Unternehmen und die Wachstumsraten der liberalen Verfassungsstaaten denen des real existierenden Sozialismus überlegen seien. Die Antwort war: Dieses Gesetz lenke den Verlauf der Weltgeschichte. Es sei absolut gültig, und zwar unabhängig von den realen ökonomischen Daten[63].

Die Anhänglichkeit an einmal rezipierte oder gar entwickelte Glaubenssätze ist bei Intellektuellen zumindest nicht geringer als bei anderen Berufsgruppen. Das geht u. a. auch darauf zurück, daß sie für die Deutung der wahrgenommenen Fakten und Zusammenhänge, also für die Fragen der «Weltanschauung» (= Ideologie) eine ihnen eigene, professionelle Kompetenz beanspruchen. Das führt dann, wenn die Fehldeutungen offenkundig sind, zu Abwehrreflexen,

---

[63] Der Redner lehrt noch heute politische Theorie.

V. Die Rolle der Intellektuellen

zu einem Sieg der «Gesinnung über die Urteilskraft» (Hermann Lübbe) oder auch des «Intellekts» über den Verstand.

Zu welcher Deutungsakrobatik Intellektuelle unter ideologisch bedingten Einschränkungen der Wahrnehmungsfähigkeit neigen können, zeigt die Geschichte der Entwicklung der Kulturrevolution in Berlin. 1967 schrieb eine gewaltbereite Studenten-Kommune ein Flugblatt mit dem Aufruf «Burn warehouse, burn». In dem anschließenden Strafverfahren traten zwei veritable Großordinarien der Germanistik auf. Sie versuchten mit der geballten Autorität ihrer wissenschaftlichen Kompetenz, dem Gericht klarzumachen, daß die Staatsanwaltschaft und das Gericht im Eröffnungsbeschluß die literarische Ironie dieses Flugblattes verkannt hätten.

Etwas peinlich wurde es für die Interpreten, als wenige Monate später der kriminelle Andreas Baader zusammen mit einer Pfarrerstochter tatsächlich ein Kaufhaus anzündete. Die Lehrbeauftragte Meinhof (FU Berlin) rechtfertigte die Brandstiftung in einem Leitartikel. Die Parole von der «erlaubten Gewalt gegen Sachen» hatte der Theologe Professor H. Gollwitzer (FU Berlin) ausgegeben, der sich unverändert freundschaftlicher Hausbesuche des damals amtierenden Bundespräsidenten erfreute.

Vielleicht ist es hilfreich, sich an ein Schumpeter-Zitat aus seinem Buch «Kapitalismus, Sozialismus und Demokratie»[64] zu erinnern:

«Die Intellektuellen sind nicht eine soziale Klasse ... ein großer Teil ihrer Tätigkeit besteht darin, sich gegenseitig zu bekämpfen und Lanzen zu brechen für Klasseninteressen, die nicht ihre eigenen sind ... Intellektuelle sind

---

[64] Schumpeter, Kapitalismus, Sozialismus und Demokratie, 1. Aufl. 1942, deutsche 2. Aufl., Bern 1950, S. 236f. u. 244.

in der Tat Leute, die die Macht des gesprochenen und geschriebenen Wortes handhaben, und eine Eigentümlichkeit, die sie von anderen Leuten, die das gleiche tun, unterscheidet, ist das Fehlen einer direkten Verantwortung für praktische Dinge. Diese Eigentümlichkeit erklärt im allgemeinen auch eine weitere – das Fehlen jener Kenntnisse aus erster Hand, wie sie nur die tatsächliche Erfahrung geben kann ...
Andererseits kann die Gruppe der Intellektuellen gar nicht anders als kritteln, da sie von der Kritik lebt und ihre ganze Stellung von einer Kritik abhängt, die schmerzend trifft; ...».

Schreibtischtäter ohne Erfahrung und Verantwortung, das ist also, zugespitzt formuliert, das Resümee von Schumpeters Beobachtung. Wie immer diese Definition Joseph Schumpeters zu beurteilen sein mag, ihre kritischen Aspekte korrespondieren mit der Rolle der beschriebenen Bevölkerungsgruppe in den Systemwechseln dieses Jahrhunderts, speziell in Deutschland. Dabei ist anzumerken, daß Schumpeter ihre Anpassungsfähigkeit an die Schwankungen des Zeitgeistes, ihre inzwischen mehrfach erwiesene Bereitschaft zum vorauseilenden Gehorsam gegenüber den erahnten Slalomkurven des «mainstreams» noch außer Betracht ließ.

Daß solche Feststellungen heftige Abwehrreaktionen derer auslösen, die sich angesprochen fühlen[65], kann nicht überraschen.

2. Intellektuelle als Schöpfer und Vollstrecker von Ideologien

Staatsideologien werden in der Regel nicht von Bauern, Handwerkern oder Kaufleuten entworfen, sondern von Theologen, Philosophen, Juristen, Ökonomen, Soziologen,

---

[65] Beispielhaft D. Simon, Rechtshistorisches Journal, 12 (1993), S. 642 ff.

V. Die Rolle der Intellektuellen

Biologen und Ethnologen, also von Intellektuellen. Gerade totalitäre Staatsideologien, und hier besonders der Marxismus-Leninismus in allen realen Erscheinungsformen seiner staatlichen Prägung, waren und sind intellektuellen Ursprungs und üben in der Regel ihre erste Anziehungskraft auf Intellektuelle aus. Vielleicht entsprechen solche Ideologien einer verbreiteten heimlichen Sehnsucht, der Sehnsucht nach einer Ordnung, die aus wenigen Grundprinzipien konstituiert und legitimiert wird. Die Weltgeschichte wird so vorhersehbar, ja berechenbar, wenn sie nämlich dem vermeintlichen «Naturgesetz» der Vorherrschaft einer Rasse oder Klasse, etwa der nordischen Rasse oder dem Gesetz des Übergangs vom Kapitalismus über den Sozialismus in den Kommunismus, unterstellt werden kann. Der Lauf der Dinge erscheint dann gesichert und – fast noch wichtiger für Intellektuelle – man ist ganz gewiß, «auf der Seite der kommenden Dinge»[66] zu sein. Die Zukunftsgewißheit des vollkommenen Glücks im Kommunismus, der sogar Staat und Recht überflüssig werden läßt, war und ist das Herzstück der marxistischen Heilslehre.

Neben dem Wahn einer Vorhersehbarkeit der Weltgeschichte, der in totalitären Ideologien triumphiert, zieht die Verheißung der möglichst vollkommenen Machbarkeit des Weltgeschehens durch ideologische Entwicklungsschienen viele Intellektuelle an. Die Vorstellung, eine ganze Gesellschafts- und Staats-, ja Weltordnung nach ideologisch vorgeformten Strukturmodellen rational gestalten und steuern zu können, wirkt auf die geistigen Führungseliten faszi-

---

[66] Vgl. für den Nationalsozialismus C. Schmitt, Nationalsozialistisches Rechtsdenken, in: Deutsches Recht, 1934, 225 ff. (229): «... wir sind auf der Seite der kommenden Dinge».

nierend. Das galt und gilt besonders für alle real existierenden Experimente eines gesellschaftlich und staatlich etablierten Sozialismus – aber auch schon in ihren Vorformen der einschlägigen literarischen Utopien (Th. Morus und T. Campanella). Dieser intellektuell motivierte gesellschaftliche und technologische Machbarkeitswahn erhielt durch die Aufklärung und den von ihr beflügelten rasanten Aufschwung der Naturwissenschaften und der Technik neue Nahrung.

Hier verwirklichten sich zwei geistesgeschichtliche Strömungen. Der erste Anstoß war der Versuch einer Befreiung des menschlichen Geistes aus den Gedankenbahnen und Fesseln der früher alles beherrschenden, von der Amtskirche verwalteten Theologie, welche die naturwissenschaftliche Forschung und Erkenntnis massiv behinderte (Beispiele Giordano Bruno, Galileo Galilei). Mit dem Zerfall der einen theologischen Wahrheit in mehrere konkurrierende Wahrheiten und christliche Kirchen durch die Reformation war der Weg in eine Epoche konkurrierender Erkenntnistheorien eröffnet. Die Wahrheitssuche sollte unabhängig werden von geistlicher Bevormundung, von geschichtlichen Rahmenbedingungen und von regionalen Begrenzungen und Zufälligkeiten.

Der zweite Trend kann als intellektuelle Anmaßung bezeichnet werden. Sie besteht darin, daß die Konstrukteure der neuen Ideologien sich jeweils den Entwurf transzendentaler Geschichtsprophetien zutrauten. Man kann das als «konstruktivistischen Rationalismus» (F. v. Hayek) bezeichnen und kritisieren. Die Schöpfer solcher Ideologien glauben, den Gang der Weltgeschichte, das Gesetz für die weltgeschichtliche Entwicklung auch in der Zukunft erkannt und durchschaut zu haben. Nicht geringe Teile der

V. Die Rolle der Intellektuellen

scheinbar «objektiven» Sozialwissenschaften im 20. Jahrhundert sind dem Charme der utopischen Ideologien mit sichtlicher Begeisterung erlegen. Die Faszination, die der Marxismus-Leninismus nach der Revolution 1917 auf zahlreiche westliche Intellektuelle ausübte, die frühe Akzeptanz des Nationalsozialismus durch führende Köpfe in Deutschland in den dreißiger Jahren und die Verbreitung des Neomarxismus an den Hochschulen der Bundesrepublik um 1968 sind kennzeichnende Beispiele für akademische Eliten, die durch ideologisch motivierte umfassende Machbarkeitsutopien fasziniert wurden und sie verbreiteten.

Nimmt man diese historischen Erfahrungen zusammen, dann ist es nicht verwunderlich, daß solche Ideologien, wenn und solange sie im Aufwind sind, Massen von Intellektuellen zuströmen, die nicht nur von persönlichem Opportunismus, sondern nicht selten, mindestens zeitweise, von begeisterter Überzeugung geleitet sind. An der Geschichte des Nationalsozialismus läßt sich das vor und nach 1933 (bis etwa 1938) besonders vielfältig belegen. Aber auch die Pilgerfahrten westlicher Intellektueller in das Reich Stalins mit schrankenloser ideologischer Begeisterung für eine Entwicklung, in der bereits Millionen Sowjetbürger umgebracht worden waren, gehören in diesen Zusammenhang.

Der vorstehende, umstrittene Vergleich zwischen Nationalsozialismus und Marxismus-Leninismus macht einen Hinweis auf die qualitativen Unterschiede der beiden Ideologien erforderlich. Die NS-Weltanschauung bestand aus einer primitiven Rassenbiologie versetzt mit vagen «nationalsozialistischen» Visionen einer «artgleichen», «gerechten», umfassenden «Volksgemeinschaft». Ein von der militärischen Niederlage enttäuschter Gefreiter, ein im Beruf gescheiterter Möchtegern-Maler und -Architekt hatte diese angelesenen und gesammelten Versatzstücke zusammengebastelt.

Der dialektische Materialismus war eine Schöpfung von Intellektuellen für Intellektuelle. Objektiv nahm Marx Ideale des Christentums, der Aufklärung und der französischen Revolution auf: Gerechtigkeit, Menschenwürde und Freiheit von Unterdrückung und Ausbeutung, von Not und Entfremdung, von Unwissenheit und Furcht. Der Kommunismus läßt sich durchaus als pervertierte Aufklärungsideologie verstehen. Ein philosophisch geschulter Kopf hatte aus der gesellschaftlichen, weitgehend zutreffenden Realanalyse seiner Epoche eine in sich geschlossene, transzendentale Geschichtsdeutung entwickelt, die er und seine Jünger und Erben für eine Wissenschaft hielten. Die geistige Substanz und Brillanz dieses Gedankengebäudes, seine entsprechende Anziehungskraft auf breite Schichten von orientierungshungrigen Intellektuellen waren ungleich größer als die des Nationalsozialismus. Der Nationalsozialismus begeisterte die verelendeten und orientierungslosen Massen besonders in der nationalen und ökonomischen Krisenlage nach 1928 durch die Primitivität seiner rassistischen «Weltanschauung». Die Parole war so brutal wie dümmlich: «Die Juden sind unser Unglück!» Der Marxismus-Leninismus faszinierte durch die scheinbar »wissenschaftlich» begründete Notwendigkeit seines Siegeszuges. Beide Ideologien konnten inhaltlich nicht verschiedener sein. Ihre Funktionen als Motoren und Legitimationsideologien totalitärer Bewegungen und (später) Staatsordnungen sind gleichwohl vergleichbar. Ihre Faszination schürte jenen Fanatismus, der im Namen der

V. Die Rolle der Intellektuellen

«Wahrheit» und der höchsten Güter beliebige Grausamkeiten rechtfertigte. Beide «gemeinsam» haben das alte Europa zerstört und die Welt einschneidend verändert. Interessant ist die Feststellung des unverdächtigen Zeugen George Steiner, die schon im sog. Historikerstreit Beachtung verdient hätte:

«Der Nazismus und sein natürlicher Verbündeter, der Stalinismus, haben diesen mitteleuropäischen Humanismus eingeäschert».[67]

Ideologien werden nicht nur intellektuell entworfen. Auch die etablierte, zur Staatsmacht gelangte Ideologie wird zu entscheidenden Teilen von Intellektuellen propagiert, administriert, fortentwickelt und – im staatlichen Sanktionsapparat – vollstreckt.

Die in öffentlichen Funktionen tätigen Angehörigen aller intellektuellen Berufe sind, bewußt oder unbewußt, Systemfunktionäre. Sie sind von Berufs wegen Diener, Stabilisatoren und Vollstrecker der jeweils bestehenden Staatsordnung. Sie sind es im Rechtsstaat wie im Unrechtsstaat.

3. Das Zeitgeist-Risiko der «Wort-Berufe»

Besonders gefährdet sind Angehörige öffentlich wirksamer Berufe. Der Staatspräsident von Ungarn, Arpàd Göncz, ein Schriftsteller-Präsident wie sein Kollege Václav Havel, nach 1956 zu lebenslanger Haft verurteilt und 1963 begnadigt, hat dazu bemerkenswerte Sätze formuliert:

«Allerdings steht für mich fest, daß unter allen Künstlern der Schriftsteller, der mit dem Wort arbeitet, am leichtesten ein Sklave der Politik wird und ihrer Versuchung erliegt. Dies darum, weil die Politik ihm das zu verspre-

---

[67] G. Steiner, Sprache und Schweigen, Frankfurt 1969, S. 8.

chen vorgibt, wonach er sich auch in seinem Beruf am meisten sehnt: Breitenwirkung»[68].

Die Aussage trifft im Kern nicht nur auf Schriftsteller zu. Man kann sie getrost auf sämtliche Intellektuellen erstrecken, die mit dem Wort arbeiten, etwa auf Professoren, Journalisten, Lehrer etc. Die Hervorhebung der Schriftsteller ist nur im Hinblick auf den Literaturstreit um die in der DDR verbliebenen Erfolgsautoren des alten Systems besonders aktuell.

Göncz weist noch auf die führende Rolle der Intellektuellen bei der 1956 in Ungarn versuchten und 1989 erfolgreichen Ablösung des kommunistischen Systems hin. Gleiches gilt für den Prager Frühling 1968 und die Vorgänge in der CSSR um 1989. Die DDR hat in dem gleichen Zeitraum viele oppositionelle Schriftstellerinnen und Schriftsteller vertrieben oder ausgebürgert (etwa Monika Maron, Reiner Kunze, Sarah Kirsch, Wolf Biermann, Manfred Bieler u. v. a.). Die Verbliebenen pflegten überwiegend die Loyalität zum System, selbst wenn sie teilweise die Mitgliedschaft im Schriftstellerverband der DDR verloren. Auch hier gab es bemerkenswerte Ausnahmen (Imtraud Morgner, Günter de Bruyn, Franz Fühmann). Der unerschütterliche ideologische Kinderglaube überzeugter Altkommunisten (etwa H. Kant, St. Heym, St. Hermlin, Heiner Müller) war und ist weder durch das offen praktizierte Unrecht des Systems noch durch ihr eigenes intellektuelles oder moralisches Versagen erschüttert.

Man könnte meinen, Göncz habe bei seiner These die jüngste deutsche Geschichte vor Augen gehabt. Aber in Eu-

---

[68] Vgl. NZZ-Folio Nr. 12/1991, «Schnell ist der Macht der Finger gereicht» – Ungarns Staatspräsident Arpàrd Göncz über Masse, Macht und die Intellektuellen, S. 20 ff. (22).

ropa war es wohl vielerorts ähnlich. In allen Ländern mit zeitweiliger totalitärer Herrschaft haben sich Angehörige intellektueller Berufe, die mit dem Wort arbeiten, besonders oft und gern bereitgefunden, den Machthabern den kleinen Finger zu reichen. Und fast immer wurde daraus bald mehr als die ganze Hand, nämlich der «intelligente» Kopf. Die breiten Massen der sog. einfachen Leute waren oft nüchterner und vernünftiger; sie hatten es allerdings in der Regel auch einfacher, weil sie nicht unter einem vergleichbaren Erwartungsdruck standen.

4. Die Selbstzerstörung der Intelligenz[69]

Eine eigene Untersuchung wäre dem Verrat der Intellektuellen untereinander, also der Selbstzerstörung der Intelligenz in totalitären Systemen zu widmen. Erich Loest hat mit seinem Bericht «Durch die Erde ein Riß»[70] zuerst die Aufmerksamkeit auf dieses Phänomen gelenkt. Walter Jankas Darstellung «Schwierigkeiten mit der Wahrheit»[71] ergänzt dieses Bild. Die Protokolle über «Die Säuberung, Moskau 1936: Stenogramm einer geschlossenen Parteiversammlung»[72] über den Verrat der Altgenossen A. Kurella, J. R. Becher, W. Bredel, G. Regler, E. Weinert, G. Lukacs, F. Wolf u. a., begangen an ihren ebenfalls emigrierten Schriftstellerkollegen und allen übrigen deutschen Emigranten, runden das Bild intellektueller und moralischer Verir-

---

[69] Vgl. dazu W. Janka, in: FAZ vom 4. 1. 1992 (Bilder und Zeiten).
[70] Hamburg 1981.
[71] W. Janka, Schwierigkeiten mit der Wahrheit, Hamburg 1989.
[72] Hrsg. von Reinhard Müller, Rowohlt Taschenbuch-Verlag, Reinbek 1991.

rungen unter dem Terror Stalins ab. Die gegenwärtige «Stasi-Debatte» unter den Schriftstellern der ehemaligen DDR fördert immer noch neues Material an's Licht.

Aber auch dies ist keine kommunistische Spezialität. Kollegiale Intrigen und Denunziationen unter den intellektuellen Führungseliten hat es ebenso im Nationalsozialismus reichlich gegeben[73]. Hannah Arendt[74] hat solche Vorgänge auf einen allgemeinen Nenner gebracht, welcher die Lage in Terrorsystemen umschreibt:

«Sobald gegen jemanden Anklage erhoben wird, müssen sich seine Freunde über Nacht in seine erbittertsten und gefährlichsten Feinde verwandeln, weil sie nur dadurch, daß sie ihn denunzieren und dabei helfen, das Aktenstück der Polizei und der Staatsanwaltschaft anzureichern, sich ihrer eigenen Haut wehren können ... Während der großen Säuberungswellen gibt es überhaupt nur ein Mittel, die eigene Zuverlässigkeit zu beweisen. Und das ist die Denunziation seiner Freunde.»

5. Der Gleichschritt «führender Köpfe»

Die Verkünder und Diener der jeweils neuen Systemideologie in Deutschland waren und sind nicht etwa eine intellektuelle Negativauslese, im Gegenteil: In der Regel sind es gerade führende Vertreter ihrer Fächer und Berufe, die den System- und Ideologiewechsel in einem Land vorbereiten, legitimieren und vollziehen. Es gilt die für alle Systeme gültige Erfahrungsregel:

---

[73] Vgl. z.B. Rüthers, Carl Schmitt im Dritten Reich – Wissenschaft als Zeitgeistverstärkung? –, 2. Aufl. München 1990, S. 61 ff., 69 ff., 81 ff., 92 ff., 96 ff.
[74] «Elemente und Ursprünge totaler Herrschaft», Frankfurt a. M. 1955, S. 520.

V. Die Rolle der Intellektuellen

Intelligenz ist immer vorn, soweit sie nicht emigriert oder als ideologie- und systemfeindlich ausgeschaltet wird.

Das Phänomen zeitweiliger und vorbehaltloser ideologischer Anpassung führender Köpfe[75] hat es unter beiden deutschen Unrechtsregimes in allen Wissenschaften, Medien, Bildungseinrichtungen usf. tausendfach gegeben, meist allerdings eher im intellektuellen Westentaschenformat. Die meisten der NS-Zeitgeistverstärker nach 1933 wirkten und webten nach dem Zusammenbruch von 1945 – nach einer kleinen Warteschleife – ab etwa 1950 an den neuen Zeitmoden in ihren alten Berufen weiter. Das wird demnächst überwiegend auch für die früher doktrinären Führungsstäbe des SED-Staates im vereinten Deutschland gelten. Darin liegt vielleicht sogar ein Stück Gerechtigkeit. Die Verkünder und Verehrer der vermeintlich so ganz normalen Staatlichkeit unter den westlichen Intellektuellen (Gaus, Bölling, Jens, Bahr, Engelmann u. v. a.) reden und schreiben ja auch unbekümmert weiter, als hätten sie nicht objektiv dabei mitgewirkt, dieses Regime, das sein Volk 40 Jahre geknechtet hat, tatkräftig zu legitimieren und zu stabilisieren[76]. Daß Engelmann sich einerseits als Saubermann aufspielte, zugleich aber Material für seine Bücher von der Stasi bezog, ist eine zusätzliche Arabeske.

---

[75] Etwa Erik Wolf, Carl Schmitt, Martin Heidegger im Nationalsozialismus; in der DDR Heinrich Fink, zunächst Rektor der Humboldt-Universität nach 1990; Horst Klinkman, ehemaliger Präsident der Ostberliner Akademie der Wissenschaften; Hermann Kant, Präsident des DDR-Schriftstellerverbandes bis 1991.
[76] Vgl. dazu Chaim Noll bei Cora Stephan (Hrsg.), Wir Kollaborateure – Der Westen und die deutschen Vergangenheiten, Hamburg 1992, S. 90, 98 ff.

Vergleichende Analysen der personellen Führungsstäbe aller Lebensbereiche im mehrfachen Wechsel der Systeme können zu einem skeptischen Menschenbild führen, besonders soweit sie Intellektuelle betreffen. Wer erinnert sich nicht jener denkwürdigen Massenkundgebung vom November 1989 auf dem Alexanderplatz in Berlin, als der politische, ökonomische und moralische Zusammenbruch der DDR offen zutage lag. Die Reisekader und Staatspreisträger von gestern versuchten in letzter Minute, die Identität und die Errungenschaften ihrer DDR zu bewahren, indem sie auf den unaufhaltsam fahrenden Zug des Systemwechsels aufzuspringen, ja ihn umzusteuern suchten. Die Matadore und Systemstützen von ehedem, die sich gestern noch in der Gunst der Mächtigen sonnten, wollten jetzt plötzlich in Scharen als innere Emigranten erscheinen. Mit ihnen wurde dieser Staat gemacht und bis zuletzt gefestigt. Selbst ihre (erwünschte) Kritik war noch «staatstragend», gleichsam die Vorhut dessen, was später im Künstlerzirkel am Prenzlauer Berg vom Regime selbst inszeniert wurde. Manche traten gar 1989 noch schnell aus der SED aus. Es gibt eine dazu passende Anekdote aus dem Jahr 1944:

Zwei verwundete Soldaten A und B auf Studienurlaub treffen sich im Juristischen Seminar. A zu B flüsternd: Der Krieg ist verloren. B zu A: Psst! Woher weißt Du das? A zu B: Professor M, der große Staatsrechtler, studiert heimlich amerikanisches Verfassungsrecht.

«Das Leben des Rechts ist nicht Logik, sondern Erfahrung. Die erlebten Notwendigkeiten der Zeit, die herrschenden moralischen und politischen Anschauungen, bewußte und unbewußte, sogar die Vorurteile, welche die Richter mit ihren Mitmenschen gemeinsam haben, haben die Regeln des Rechtes bei weitem stärker bestimmt als logische Ableitungen.»
Oliver Wendell Holms
The Common Law 1881, S. 1

D. Zur Ideologieanfälligkeit der Rechtswissenschaft – Die Rolle der Juristen in Unrechtssystemen –

I. Drängende Fragen nach zwei Systemzusammenbrüchen

Seit Rolf Hochhuth die einprägsame Formel von den «furchtbaren Juristen» geprägt[77] und Ingo Müller sie zum Buchtitel[78] verarbeitet hatte, hat sich im öffentlichen Bewußtsein die Überzeugung von der ganz besonderen Schuld dieser Disziplin festgesetzt. Was jetzt aus der Straf-

---

[77] R. Hochhuth, Schwierigkeiten, die wahre Geschichte zu erzählen, DIE ZEIT vom 17. Februar 1978, S. 41.
[78] I. Müller, Furchtbare Juristen, Die unbewältigte Vergangenheit unserer Justiz, München 1987.

rechts- und Vollzugspraxis der DDR-Staatsanwaltschaften und der DDR-Gerichte stückweise an's Licht gelangt, scheint geeignet zu sein, solche pauschalen Verurteilungen eines ganzen Berufsstandes abermals zu bestätigen. Ähnliche Pauschalurteile bekräftigten bisher für die NS-Zeit nicht selten auch jene, die vor 1989 ebenso entschieden für die Abschaffung der Erfassungsstelle für das DDR-Unrecht in Salzgitter eingetreten waren. Gerade sie hatten Bedenken, die Stasi-Akten den Betroffenen zugänglich zu machen. Soll wirklich zweierlei Maß gelten?

Es ist hilfreich, sich zu erinnern. In den ersten 20 Jahren nach der Niederwerfung des NS-Regimes 1945 waren nur wenige juristische Autoren geneigt, sich mit dem Thema «Recht und Rechtswissenschaft im Nationalsozialismus» zu beschäftigen. Das hatte vielfältige und plausible, wenn auch nicht überwiegend ehrenvolle Gründe. Die Aufarbeitung dieser Epoche der Rechtsgeschichte hatte ihre eigenen Gesetze.

Die Kunst der partiellen und selektiven Erinnerung treibt oft erstaunliche Blüten. Ein bedeutender Rechtslehrer, bekannt für seine innere Distanz zum NS-Regime, beschreibt in einem Festschriftbeitrag, daß ihm während seiner gesamten Ausbildung als Referendar und Assessor kein einziger Fall politischer Verstrickung der damaligen Justiz begegnet sei. Er gibt gleichzeitig an, in der Zeit vom Herbst 1938 bis Anfang 1939 bei einer städtischen Staatsanwaltschaft tätig gewesen zu sein. In diese Zeit fiel der 9. November 1938. In jener Nacht brannten im ganzen Reich etwa 200 Synagogen, tausende jüdischer Geschäfte und Wohnungen wurden verwüstet, mehr als neunzig jüdische Mitbürger umgebracht. In jener Staatsanwaltschaft wurden die schweren Verbrechen dieser Tage offenbar nicht zur Kenntnis genommen, obwohl sie in aller Öffentlichkeit stattfanden. Erich Kästner erstattete damals auf einem Berliner Polizeirevier Anzeige wegen schwerer Brandstiftung und Landfriedensbruchs. Der genannte juristische Zeitzeuge hatte – bei offenbarer Untätigkeit «seiner» Staatsanwaltschaft gegenüber schweren Offizialdelikten – keinerlei politisch relevante Fälle gesehen. Wie gesagt, er war überzeugter Nichtnazi. Daß die Juristen, vor allem die Professoren, die damals eifernd für die völkische Rechtserneuerung im Geist der NS-Weltanschauung eingetreten waren, später die damalige Rechtspraxis überwiegend als ganz normalen gesetzestreuen Rechtsvollzug einstuften, verwundert danach nicht.[79] Die Versuche, das Erinnern an die Geschichte des Unrechts zu verdrängen oder zu unterdrücken, mögen individuell wie institutionell verständlich sein. Sie haben die historische Aufarbeitung dieser Epoche lange behindert und dem Ansehen von Justiz und Jurisprudenz schwer geschadet.

Das Problemfeld ist bis heute in Teilen unvollständig erfaßt. Noch jetzt können solche Fragen oft nur schwer emotionsfrei behandelt werden. Schuldgefühle und Verdrängungsbedürfnisse (auch noch in den Generationen der Söhne und Schüler) einerseits sowie Besserwisserei, Rechthaberei und nachgeholter Widerstand mancher Jüngerer andererseits stehen einer halbwegs objektiven Erfassung und Durchdringung der Vergangenheit immer noch im Wege. Das Thema – wer immer es behandelt – bürgt also für Konflikte und Kritik.

In der Diskussion über die «Vergangenheitsbewältigung» stand bisher die Zeit des Nationalsozialismus im Vordergrund. Nach dem Zusammenbruch der DDR stehen wir in-

---

[79] Vgl. K. Michaelis, Der Staat, 1971, 229 ff.

zwischen erneut mitten in einem historischen Paradigmenwechsel. Die «Vergangenheitsbewältigung» der Juristen betrifft nun auch den realen Sozialismus von Stalin bis Honecker und Modrow, nachdem das Ausmaß des staatlich organisierten Unrechts und der Verbrechen sichtbar wird. Wiederum bedauern viele, nicht nur jenseits des gefallenen eisernen Vorhangs, was sie vor fünf, zehn und zwanzig Jahren gesagt, geschrieben und getan haben. Auch die westdeutsche Literatur, und nicht nur die juristische, hält hier eine noch weithin ungesichtete Sammlung bemerkenswerter Fundstücke parat. Wiederum gibt es starke Hemmnisse, diese Geschichte anzunehmen. Es ist wie nach 1945. Aber die Erfahrung lehrt: Die Vergangenheit vergeht nicht. Verdrängte Vergangenheit belastet Gegenwart und Zukunft. Nicht das Wegsehen kann frei machen, nur das Hinsehen.

Neu ist dies: Unversehens überlagern sich jetzt die historischen, methodischen und personellen Bestandsaufnahmen und Analysen zweier sehr verschiedener, ideologisch motivierter Unrechtssysteme. Das verunsichert besonders all jene, die bisher die Analyse der NS-Vergangenheit als tagespolitische Waffe gegen die angeblich «genuin faschistoide» Bundesrepublik verstanden und mißbraucht haben, und zwar in Ost und West, während der «Sozialismus» ihnen als die bessere Welt, als Heil und Hoffnung erschien.

Die DDR war von Beginn an, und sie blieb es bis zu ihrem Zusammenbruch, ein Unrechtssystem. Sie war antidemokratisch, antiliberal und antirechtsstaatlich konstruiert, drei Merkmale, die sie mit der Staatsstruktur des NS-Regimes – bei aller sonstigen fundamentalen Differenz zu der staatlich verordneten Systemideologie des Marxismus-Leninismus – gemeinsam hatte.

I. Drängende Fragen nach zwei Systemzusammenbrüchen 131

Auch in der DDR gab es keine Unabhängigkeit der Justiz. Inzwischen ist es eine vielfach urkundlich belegte Tatsache, daß ganze Serien politischer Prozesse nach Drehbüchern abgewickelt wurden, die zuvor dem jeweiligen Staatsratsvorsitzenden bis hin zur Festsetzung des Strafmaßes zur Genehmigung vorgelegen hatten.

Unabweisbar ist die Ähnlichkeit der auf Perfektion zielenden Überwachungs- und Unterdrückungsapparate: Himmlers «Geheime Staatspolizei» und Mielkes «Ministerium für Staatssicherheit». Das inzwischen – wenn auch nur teilweise – gesichtete Beweismaterial belegt, daß die DDR in der Effizienz ihres Stasi-Systems dem Schnüffelapparat des Nationalsozialismus in jeder Hinsicht – quantitativ wie qualitativ – mindestens gleichwertig war. Zu nennen ist schließlich noch die hermetische Einschließung der eigenen Bevölkerung in ein absolut wirksames Grenzsicherungssystem. Niemand durfte – bei drakonischen Strafandrohungen und bedenkenlosem Schußwaffengebrauch – ohne Erlaubnis der Machthaber das Gebiet der beiden deutschen Diktaturen verlassen.

Die DDR hatte dafür neben Sperrgebieten, Wachtürmen, Grenzstreifen, Schußapparaten, Minenfeldern und Elektrozäunen extrem wirksame automatische Sprengladungen errichtet. Beide «Staatsgebiete» waren im Ergebnis gegen die eigene Bevölkerung als ausweglose Staatsgefängnisse organisiert. Wer einen permanent gültigen Passierschein für diese Grenzanlagen besaß – wie hohe Partei- und Kirchenfunktionäre, vereinzelt Schriftsteller und Künstler – mußte sich des ganz besonderen Vertrauens der SED-Machthaber erfreuen.

Diese Hinweise sind geboten, weil neuerdings die Unrechtsqualität des SED-Staates vor allem von immer noch

D. Zur Ideologieanfälligkeit der Rechtswissenschaft

verblendeten Getreuen in PDS- und Schriftstellerkreisen gern in Frage gestellt oder verharmlost wird. Daß ein ehemals führender juristischer Monopolautor der DDR wie Uwe Jens Heuer – verantwortlich für das einzige Lehrbuch zum Wirtschaftsverwaltungsrecht der DDR – den Vergleich des SED-Regimes mit dem NS-Regime im Hinblick auf zwei Varianten eines Unrechtsstaates leidenschaftlich ablehnt, liegt doppelt nahe: Welcher Jurist gesteht (auch sich selbst!) gerne ein, über Jahrzehnte hin einem Unrechtsstaat gedient zu haben. Dieses Phänomen ist in Deutschland schon lange eine Massenerscheinung. Aber auch die neue Ideologie der zur PDS gewendeten SED gebietet den Wende-Experten dieser Partei, den Unrechtscharakter ihres Herkunftssystems zu leugnen. Schwerer verständlich ist die ideologische Nibelungentreue etwa bei der Schriftstellerin Christa Wolf. Im November 1989 war sie auf dem Alexanderplatz noch zusammen mit Markus Wolf und Egon Krenz für den Erhalt der DDR und ihres Sozialismus eingetreten. 1994 meint sie, man dürfe die DDR nicht auf den Begriff «Unrechtsstaat» reduzieren oder sie gar dem «Reich des Bösen» zuordnen.[80]

Jeder Vergleich des NS-Staates mit dem SED-Staat stößt auf empörte Emotionen und Aggressionen. Dahinter wird von seinen Gegnern in West und Ost irrig die Gleichsetzung von Nationalsozialisten und Kommunisten gewittert. In der Regel geht es nur um das törichte «Vergleichsverbot» für beide Systeme. Töricht ist es, weil es verhindert, daß sowohl die ideologischen und prozeduralen Unterschiede als auch die strukturellen Ähnlichkeiten zweier totalitä-

---

[80] Christa Wolf, Auf dem Weg nach Taboun, Texte 1990–1994, Köln 1994, S. 331.

I. Drängende Fragen nach zwei Systemzusammenbrüchen 133

rer, diktatorischer Unterdrückungssysteme aufgedeckt werden.

1. Die Babelsberger Konferenz vom 2./3. April 1958 als Beispiel

Abgesehen von den Einmaligkeiten der Mordmaschinerie des NS-Staates treten bei einem Strukturvergleich der beiden Systeme gerade im Bereich der Rechtswissenschaft deutliche Ähnlichkeiten zutage. Die maßgeblichen DDR-Juristen haben – etwa auf der Babelsberger Konferenz vom 2./3. April 1958 – ihren Beitrag zum Kampf wider die bürgerliche Rechtswissenschaft gelobt.[81] Vor etwa 500 geladenen Gästen wurde mit einer Eröffnungsrede und später anfeuernden Zwischenrufen Walter Ulbrichts die stalinistische Wende in der staats- und rechtswissenschaftlichen Arbeit, vor allem in der personellen Auswahl ihrer Führungseliten eingeleitet. Es ging um die Auslese eines neuen Typs von systemloyalen Juristen. Die Kampagne hatte durchschlagenden Erfolg. Sie erfaßte die Rechtsfakultäten und die Verwaltung, die Justiz und sogar die Bewerber für ein Jurastudium gleichermaßen. Absolute ideologische Verläßlichkeit war ein unverzichtbares Kriterium für die Zulassung zu juristischen Berufen. Das war das strategische Ziel dieser Konferenz. Später wurde sie von Teilnehmern als die «Wyschinskij-Rezeption der Babelsberger Konferenz»[82]

---

[81] Vgl. Staats- und rechtswissenschaftliche Konferenz in Babelsberg am 2. und 3. April 1958, Protokoll, Berlin 1958; dazu jetzt eingehend Hattenhauer, Vorwort zu einem neuen Kapitel deutscher Rechtsgeschichte, in: Jörn Eckert (Hrsg.), Die Babelsberger Konferenz vom 2./3. April 1958, Baden-Baden 1993, S. 143–162.

[82] K. A. Mollnau, Neue Justiz 1991, 94 f.

D. Zur Ideologieanfälligkeit der Rechtswissenschaft

und als «Beginn der Niedergangsjurisprudenz der DDR»[83] bezeichnet.

Man muß sich erinnern: Wyschinskij war der Freisler Stalins, der das Recht in der Sowjetunion für die Ideologie der Partei instrumentalisierte und Chefankläger Stalins in zahlreichen Schauprozessen war. Der Abweichung verdächtige Rechtswissenschaftler, z.B. Paschukanis, wurden auf sein Betreiben liquidiert. Verkündet wurde in Babelsberg getreu der stalinistischen Doktrin die absolute Herrschaft der SED über das Recht. Ulbricht band, unter dem Beifall der Juristenelite der DDR, das Recht unlösbar an die Beschlüsse der SED. Diese seien allein das Fundament, auf dem die Entwicklung des Staates und des Rechts in der DDR erarbeitet werden könne.[84]

Die Partei hatte über den Staat und das Recht gesiegt. Das war keine Erfindung der DDR und in Deutschland nicht neu. In der Sowjetunion hatte Wyschinskij diesen Zustand bereits zu Beginn der 30er Jahre herbeigeführt. In Deutschland war dieselbe Devise von den Vertretern der völkischen Rechtserneuerung verkündet, legitimiert und vollstreckt worden.[85]

---

[83] K.A. Mollnau, Die Babelsberger Konferenz oder vom Beginn der Niedergangsjurisprudenz in der DDR, in: Ralf Dreier (Hrsg.), Rechts- und Sozialphilosophie in Deutschland heute, ARSP, Beiheft 44, 1991, S. 236.

[84] K.A. Mollnau, Neue Justiz 1991, 95 und die Nachweise bei H. Hattenhauer, in: J. Eckert (Hrsg.), Die Babelsberger Konferenz vom 2./3. April 1958, Baden-Baden 1993, S. 143 ff. (153).

[85] Vgl. im Ergebnis ebenso H. Hattenhauer bei J. Eckert (Hrsg.), Die Babelsberger Konferenz vom 2./3. April 1958, Baden-Baden 1993, S. 143 ff. (157); für die NS-Zeit Rüthers, Die unbegrenzte Auslegung – Zum Wandel der Privatrechtsordnung im Nationalsozialismus –, 4. Aufl., Heidelberg 1991; ders., Entartetes Recht, Rechtslehren und Kronjuristen im Dritten Reich, 2. Aufl., München 1989.

2. Die abgebrochene Totalitarismus-Diskussion

Neben dem erkenntnistheoretischen Unsinn des angeblichen Vergleichsverbotes verdient ein anderer Aspekt Aufmerksamkeit. Wenn die totalitären Systeme generell nicht auf die Ähnlichkeit ihrer Strukturen, Herrschaftsmethoden und Instrumentarien verglichen werden, kann die Mär von dem angeblich prinzipiell guten realen Sozialismus oder seiner Basisideologie gegenüber dem bösen Nationalsozialismus etwas länger erhalten bleiben. Die Strategie der Vergleichsverbote ist akademisch unseriös und in der durchsichtigen politischen Tendenz hilflos. Sie wurde inzwischen selbst von engagierten Verfechtern des Kulturbetriebes der DDR und Hoffnungsträgern eines reineren, neuen Sozialismus aufgegeben. Der Dramatiker Heiner Müller, lange die Hoffnung eines erneuerten, eines «neuen» Sozialismus (nach dem «realen» soll nun offenbar der irreale kommen), hat kürzlich[86] selbst Vergleiche zwischen SED-Staat und NS-Staat hinsichtlich ihrer Sicherheitsapparate (also Stasi und Gestapo) gezogen. Er meint, innerhalb der SED habe es eine viel bewußtere Opposition gegen «DDR-Strukturen» gegeben als in der «parteilosen Bevölkerung». Die SED war also das Zentrum des Widerstandes! Welche Ehre, dabeigewesen zu sein! Aber immerhin: Auch bei der parteilosen Bevölkerung habe es sich um eine «feindliche Bevölkerung» gehandelt. Und wegen der feindlichen Gesinnung der eigenen Bevölkerung gegen den Staat, so Müller, habe die DDR einen weit größeren Sicherheitsapparat benötigt als die Nationalsozialisten. Der treuherzige Rechtferti-

---

[86] FAZ vom 22.12.1993, S.25.

gungsversuch Müllers ist wohl ernst gemeint. Er spricht für sich selbst.

3. Deutsche Intellektuelle im mainstream des Anti-Antikommunismus – Der ausgebliebene Widerstand –

Gelegentlich wird die Feststellung, daß der Rückblick auf die Rolle der geistigen Berufe in zwei deutschen Unrechtsstaaten zu einem skeptischen Menschenbild führen könne, ironisch in Frage gestellt.[87] Welche Schlüsse sollen aus der unzweifelhaft aktiven Beteiligung großer Teile der deutschen «gebildeten Schichten» am NS-Staat und SED-Staat gezogen werden? Wie fröhlich und hoffnungsvoll kann uns die Rolle der Juristen und der übrigen deutschen Angehörigen geistiger Berufe in und nach zwei Terrorsystemen stimmen?

Mit W. Lepenies[88] ist festzustellen, daß der Verrat, den Intellektuelle in der Zeit des Nationalsozialismus und des Stalinismus begangen haben, deren besondere moralischen und kognitiven Ansprüche für immer zerstört zu haben scheint. Ihre Rechtfertigung erhofft sich Lepenies aus dem Umstand, daß die Intellektuellen Mittel- und Osteuropas jüngst eine unvergleichliche Anerkennung gefunden haben.

Das ist ganz plausibel für die CSSR, in der es einen Prager Frühling und eine Charta 77 gab. Es trifft zu auf die Widerstandskreise in Jugoslawien, Polen und Ungarn, die sich auch in aussichtslosen Lagen gefestigter kommunistischer Terrorherrschaft nicht zur Anpassung oder gar zu devoten

---

[87] D. Simon, Rechtshistorisches Journal, 12 (1993), 642 ff. (644 f.).
[88] W. Lepenies, Aufstieg und Fall der Intellektuellen in Europa, Frankfurt/Main 1992, S. 56.

I. Drängende Fragen nach zwei Systemzusammenbrüchen 137

Kniefällen bereitfanden. War das nicht in Deutschland ganz anders? Gab es eine deutsche Charta 77 gegenüber dem Terror in der DDR oder galt das als Störung der Entspannung? Wer besuchte die Vertreter der Solidarnosc und das Grab des ermordeten Priesters Popiełuszko bei Polenbesuchen? Wie wurden die Kritiker und die Kritik an den Machthabern der DDR behandelt? Welche Aufnahme fand Reiner Kunze in Teilen der deutschen Medien, als er – geschmäht vom Präsidenten des DDR-Schriftstellerverbandes H. Kant («Kommt Zeit, vergeht Unrat») – die DDR verlassen mußte? Was sagten die damals Großen des VDS von Grass bis Engelmann dazu? Wer hat die DDR – ungeachtet ihres Terrors, ihrer politischen Gefangenen, ihrer Einsperrung der gesamten Bevölkerung hinter Zuchthausmauern und Elektrozäunen – in den deutschen Medien publikumswirksam als einen fast ganz normalen Staat dargestellt? Die beiden deutschen Schriftstellerverbände und die Akademie der Künste werden kaum als Zentren des Widerstandes gegen den Terror des SED-Regimes bezeichnet werden können. Sie waren eher «nützliche Idioten» im Sinne Lenins, und das nur bestenfalls.

Wenn es so war, dann wird man heute fragen dürfen und müssen, wer damals die Meinungsführer waren. Vor allem auch vom Westen ist hier die Rede. Die intellektuellen «Autoritäten» in Ost- und Westdeutschland, die so offenkundig und folgenschwer versagt haben, möchten daran nicht erinnert werden. Sie hatten subjektiv viele Gründe, noch nach 1989 gegen die Wiedervereinigung zu polemisieren. Folgerichtig zeigen sie bis heute Abwehrreflexe, wenn das SED-Regime als Unrechtsstaat qualifiziert wird.

Aber welche andere Definition paßt zu einem Regime, das seine Millionenbevölkerung 40 Jahre wie in einem Gefängnis einsperrt, die Gesinnung mit Terrormethoden indoktriniert, Dissidenten politisch verfolgt, Flüchtlinge erschießt, mit seinen Staatsmedien und seiner politischen Polizei über Jahrzehnte hin das Lügen in der Öffentlichkeit zur Bürgerpflicht erhebt, wirksam sogar für preisgekrönte Schriftstellerinnen und Schriftsteller.

Es ist festzuhalten, daß an dieser Verharmlosung des Unrechtsregimes der SED nicht etwa nur ehemalige Funktionäre und Anhänger des SED-Regimes beteiligt waren oder sind. Die Thesen vom eigentlich «ganz normalen» Staat der DDR kamen in den 70er Jahren auch in Westdeutschland, zuerst in Politikerkreisen (Gaus, Bölling, Bahr), dann in bestimmten Medienbereichen («Zeit», ARD, ZdF) auf.

Die vielfach in einer totalitären Vergangenheit, sei es mittelbar oder unmittelbar, befangene deutsche Intelligenz hat mancherlei zu «bewältigen». Dazu gibt es vielfältige gedruckte Belege, für die Schriftsteller etwa das im Piper-Verlag 1985 erschienene Bändchen «Lieben Sie Deutschland?», eine Frage, auf die J.P. Reemtsma antwortete: «Halten Sie mich für nekrophil?». Seit der Wiedervereinigung ist die Berufsgruppe der im nationalen Selbsthaß erblindeten Literaten und Denker erst recht in Verdrängungsriten erstarrt. Den hier verkündeten Alptraum eines wuchernden Nationalsozialismus spiegelt das von C.O. Conrady herausgegebene Suhrkamp-Bändchen «Von einem Land und vom andern. Gedichte zur deutschen Wende».[89] Die heimatlos gewordene Linke hat dort ihren verzweifelten Frust dokumentiert.

Auch auf einem anderen Feld gibt es Schwierigkeiten mit der historischen «Wahrheit». Es geht darum, wie und von

---

[89] Vgl. dazu Ulrich Schacht, Die WELT vom 5. März 1994, S. G 1.

I. Drängende Fragen nach zwei Systemzusammenbrüchen 139

wem eine verläßliche historische Erfassung und Analyse der jüngeren Geschichte, insbesondere des SED-Unrechts, erwartet werden kann. Hier bahnt sich so etwas wie ein neuer, auf die DDR-Geschichte gerichteter Historikerstreit an. Er begann damit, daß im Sommer 1993 ein 1992 gegründetes, großzügig ausgestattetes Forschungsinstitut für zeitgeschichtliche Studien in Potsdam, das die SBZ/DDR-Geschichte erforschen soll, in eine heftige Kontroverse geriet. Sein Leiter ist Professor Jürgen Kocka, der für das Konzept «Geschichte als historische Sozialwissenschaft» bekannt geworden ist. In dem außeruniversitären Zentrum arbeiteten damals 14 ehemalige DDR-Historiker neben vier Kollegen aus der alten Bundesrepublik. Die Personalauswahl der Mitarbeiter aus der DDR wurde als einseitig und als Begünstigung der ehemaligen DDR-Kader kritisiert.[90] Kocka wies diese Vorwürfe als schädlich und falsch zurück und wurde dabei von Hans Mommsen (Bochum) unterstützt.[91] Darauf meldeten sich zwei Historiker der Humboldt-Universität, A. Mitter und St. Wolle, zu Wort. Sie waren während der DDR-Zeit in ihrem Fortkommen behindert worden und kritisierten scharf die Personalauswahl des Mitarbeiterstabes in Kockas Institut: «Es wimmelt dort von Funktionären und Wasserträgern des SED-Regimes».[92] Kocka widersprach heftig; die ehemaligen DDR-Historiker seien gut evaluiert.[93] Diesmal unterstützte ihn Wolfgang Mommsen (Düsseldorf): Die Angriffe seien schlichtweg unbegründet. Einer der angegriffenen SED-

---

[90] FAZ vom 14. Juni 1993, S. 27.
[91] FAZ vom 30. Juni 1993, S. 8.
[92] FAZ vom 10. August 1993, S. 23.
[93] FAZ vom 25. August 1993, S. 31.

Historiker räumte dann seine Verstrickung in das Regime ein:[94] Wissenschaft sei immer mit Versuchungen verbunden. In der DDR habe man den Preis von Anpassung und Arrangement zu zahlen gehabt. Die Kontroverse entwickelte sich zu einer fast unendlichen, jedenfalls unbeendeten Geschichte.[95]

Ein Risiko ist kaum zu leugnen: Die Geschichte der deutschen Teilung und die Aufarbeitung der Unterdrückungsmechanismen in der DDR könnte stark beeinflußt, ja sogar dominiert werden von ehemaligen SED-Wissenschaftlern und namhaften Kollegen im Westen, die mit jenen ehemaligen DDR-Reisekadern schon während der DDR-Zeit gute, ja freundschaftliche Beziehungen unterhalten haben. Die Wissenschaftler, die der SED nicht zuverlässig genug für Westkontakte erschienen, hatten keinerlei Chancen, solche Verbindungen aufzubauen. Die alten Beziehungen machen jetzt nicht wenige Westpartner geneigt, sich als Sympathisanten und Verharmloser für ihre alten Bekannten zu engagieren. Der Verharmlosung des Unrechts der SED-Diktatur und besonders auch ihrer Universitätspolitik vor 1989 entspricht dabei nicht selten eine vehemente Kritik an der Bundesrepublik und ihrer Vereinigungspolitik.[96] Eine Übersicht über den Stand der Historikerkontroverse bieten die

---

[94] FAZ vom 8. September 1993, S. 36.
[95] Vgl. noch Leserbrief Kocka, FAZ vom 2. Oktober 1993, S. 6; Frankfurter Rundschau vom 11. Dezember 1993, S. 8; Repgen, «Freiheit der Wissenschaft» 1/1994, S. 13 f.
[96] Kennzeichnend etwa Kaelble/Kocka/Zwahr (Hrsg.), Sozialgeschichte der DDR, Stuttgart 1994; vgl. ferner C. Offe, Der Tunnel am Ende des Lichts, Erkundungen der politischen Transformation im neuen Osten, Frankfurt a. M./New York 1994; kritisch dazu Klaus Schroeder, FAZ vom 24. August 1994, S. 6.

I. Drängende Fragen nach zwei Systemzusammenbrüchen 141

Dokumente und Materialien des Unabhängigen Historiker-Verbandes, die 1994 erschienen sind.[97]

Die Solidarität alter und neuer West-Ost-Genossenschaften ist nicht etwa auf die Geschichtswissenschaft beschränkt. Auch die peinlichen Debatten um die Vereinigungen der Akademie der Künste, der Schriftstellerverbände und neuerdings der beiden deutschen PEN-Clubs bilden keine Ausnahmeerscheinungen. Hier soll offenbar zusammenwachsen, was zum Teil schon vor 1989 zusammengehörte. Alte Freundschaften bleiben erhalten.

Auch die erste große Tagung der Internationalen Gesellschaft für Rechts- und Sozialphilosophie nach der Vereinigung hatte als einen Hauptredner jenen Professor Hermann Klenner, der bis zur Wende als vehement-polemischer Kritiker der Bundesrepublik und ihrer Juristen ganz im Dienste des SED-Regimes aufgetreten war. Nicht anders im Arbeitsrecht: Als die deutsche Sektion der Internationalen Gesellschaft für das Recht der Arbeit und der sozialen Sicherheit 1991 ihr hundertjähriges Jubiläum feierte, konnte es nur mit Mühe verhindert werden, daß Professor Fritjof Kunz von der Akademie für Staats- und Rechtswissenschaft der DDR, über Jahrzehnte hin der Nestor des sozialistischen Arbeitsrechts der DDR, leidenschaftlicher Kritiker und Verfälscher des Arbeitsrechts der Bundesrepublik, den Festvortrag übertragen erhalten sollte.

Die Scheuklappen der westlichen Wissenschaftler bei der Wahrnehmung des Unrechts in der DDR und seiner

---

[97] Eckert/Kowalczuk/Stark (Hrsg.), Hure oder Muse?, Klio in der DDR, Gesellschaft für sozialwissenschaftliche Forschung und Publizistik, Berlin 1994.

Schreibtischgehilfen wie Vollstrecker hat vielfältige Ursachen, auf die hier nicht eingegangen werden kann.

Eines der Lockmittel, mit denen die DDR erfolgreich zu Ansehen gelangte, sowohl bei ihren Bürgern wie bei vielen im Ausland, war die permanente Berufung auf den angeblichen «Antifaschismus», den sie als eines der Fundamente ihres Staates ausgab. Das hinderte sie von der Gründung an nicht, sich vieler Instrumente und Strategien zu bedienen, die in den Diktaturen Hitlers und Stalins erfolgreich erprobt worden waren. Der Antifaschismus wurde zu einer «Loyalitätsfalle»[98] für viele DDR-Bewohner wie auch für gläubige ausländische Intellektuelle, die den Terror des Systems nicht sahen oder, wie anfangs E. Bloch mit zahlreichen anderen, verharmlosten.

Dieses Etikett «Antifaschismus» diente als wirksames Tarnnetz beim Aufbau eines perfekten Überwachungsstaates ohne Rechtsschutzgarantien, der so gut funktionierte, daß er, anders als sein sowjetisches Vorbild, auf Massentötungen verzichten konnte, ohne an Effizienz zu verlieren.

Juristen spielten auch beim Aufbau der DDR von Anfang an – man denke nur an die stalinistische Justizreform unter Ulbricht und seiner Justizministerin (1953–1967) Hilde Benjamin – eine maßgebliche Rolle bei der Organisation und Legitimation des staatlichen Unrechts. Ihr Nachfolger Wünsche führte diese Entwicklung weiter. Sie blieb bis zum Ende des Regimes quer durch den gesamten Apparat der sog. Rechtswissenschaft und der Justiz erhalten. Auch eine jetzt oft angedeutete «innere Emigration» einiger führender Wissenschafts- und Justizfunktionäre nach der Mit-

---

[98] Vgl. Annette Simon, Antifaschismus als Loyalitätsfalle, FAZ vom 1. Februar 1993, S. 27.

te der 80er Jahre änderte an der Funktionstüchtigkeit des totalitären SED-Systems bis zuletzt nichts.

II. Recht als normativ verfestigte Ideologie

Die zentrale Aufgabe juristischer Berufe ist die Mitwirkung bei der Normsetzung und bei der Rechtsanwendung. Letzteres bedeutet die Umsetzung von Rechtsvorschriften in gesellschaftliche und politische Wirklichkeit. Gerade die Rechtsanwendung galt in Deutschland lange – das war ein Erbe der Zeit des «klassischen Zivilrechts» und der historischen Rechtsschule des 19. Jahrhunderts – als eine besonders unpolitische und unideologische Tätigkeit. In diesem Sinne wurden viele Generationen der Jura-Studierenden nach 1945 – ungeachtet aller politischen Instrumentalisierungen des Rechts und der Juristen zwischen 1919 und 1949 – unterrichtet.

Demgegenüber ist nach den Funktionserfahrungen mit dem Recht und mit der Rolle der Juristen in den deutschen Systemwechseln dieses Jahrhunderts festzustellen:

Rechtsnormen sind ein Stück normativ verfestigter, dauerhaft gemachter Politik.

Rechtsnormen bewerten immer bestimmte Lebenssachverhalte («Tatbestände») nach den weltanschaulichen («ideologischen») Maßstäben der Normsetzer. Sie enthalten in der verbindlichen Verknüpfung von Tatbeständen mit sanktionierten Rechtsfolgen Werturteile darüber, wie die Bürger handeln sollen. Jede Rechtsnorm enthält ein Werturteil. Werturteile beruhen notwendig auf weltanschaulichen, also im bezeichneten Sinn ideologischen Elementen. Rechtsnormen sind immer ein Stück normativ verfestigter Ideologie. Sie sind der Spiegel der jeweiligen leitenden Interessen, Gerechtigkeitsvorstellungen und Herrschaftsideologien der Normsetzer. Daraus folgt:

Recht ist immer (auch) ideologisch geprägt, ja eine zutiefst ideologische Kategorie. Ideologiefreies Recht kann es nicht geben.

Jeder Rechtsordnung liegt eine bestimmte Wertordnung zugrunde.[99] Jedes Verfassungssystem hat seine spezifische Systemideologie. Die rechtsanwendenden Juristen setzen diese Wertordnungen und Systemideologien in die Praxis des gesellschaftlichen und staatlichen Lebens um. Das galt für das Kaiserreich, für Weimar, für den NS-Staat, für den SED-Staat. Das gilt auch für die Bundesrepublik. Strukturell und formal gesehen geschieht hier jeweils das Gleiche oder doch Ähnliches. Der Unterschied liegt in der Qualität der sehr verschiedenen Systemideologien, die praktiziert werden.

III. Die systembedingten ideologischen Divergenzen der Grundbegriffe des Rechts

Die Verschiedenheit der Wertordnungen («Basisideologien»), auf welche die Rechtsordnungen gegründet sind, bewirkt fundamentale Inhaltsunterschiede der rechtlichen

---

[99] Vgl. Rüthers, Rechtsordnung und Wertordnung, Zur Ethik und Ideologie im Recht, Konstanz 1986.

III. Die systembedingten ideologischen Divergenzen

Grundbegriffe. Das wird bei der sprachlichen Verständigung über Begriffe wie Recht, Rechtswissenschaft, Justiz, Unabhängigkeit der Richter etc. oft übersehen. Dieselben Wörter als Buchstabenkombinationen bezeichnen oft völlig verschiedene, ja gegensätzliche Inhalte und Wertorientierungen. Das gilt für nahezu alle Grundbegriffe des Rechts, wenn sie in Staaten mit gegensätzlichen Wertordnungen verwendet werden.

Die Begriffe «Recht» und «Rechtswissenschaft» stehen in einem demokratischen und liberalen Verfassungsstaat nach Art des Grundgesetzes für wertgebundene Inhalte, die es in der Rechtsordnung einer sozialistischen «Diktatur des Proletariats» nach Art der «Arbeiter- und Bauernmacht» DDR nach deren Selbstverständnis nicht geben durfte. Sie konnten und durften daher in der allein von der SED gelenkten Juristenausbildung auch nicht vermittelt werden. Im Gegenteil: Ihre Verketzerung unter der Devise des Klassenkampfes gegen den Kapitalismus und Imperialismus war ein erklärtes Ausbildungsziel.

Die Differenzen der Begriffsinhalte und der Systemstrukturen können hier nur beispielhaft angedeutet werden. Grundrechte als klagbare subjektiv-öffentliche Rechte des einzelnen Bürgers gegenüber staatlichen und gesellschaftlichen Eingriffen in seine Freiheitsgarantien waren in der DDR unbekannt. Es gab weder eine Verfassungs-, noch eine Verwaltungs-, noch eine Sozialgerichtsbarkeit. Eine Kontrolle staatlichen Handelns durch unabhängige Gerichte war unbekannt. Direkte Anweisungen von Partei- und Staatsinstanzen an Gerichte, wie bestimmte Fälle zu entscheiden seien, sind in Fülle belegt. Die angeblichen Grundrechte der DDR-Verfassung liefen mangels gerichtlicher Gewährleistung und Kontrolle leer. Von Gewissensfreiheit,

Meinungsfreiheit, Pressefreiheit, Vereinigungsfreiheit, Vertragsfreiheit konnte nicht die Rede sein. Die Parteilichkeit des Rechts, der Rechtswissenschaft, der Justiz war ein Grundprinzip der DDR-Rechtsordnung und der Juristenausbildung, in die nur «handverlesene», ideologisch zuverlässige Bewerber Eingang fanden. Auf der Basis des Marxismus-Leninismus als Grundlage der Rechtsphilosophie galt die Solidarität mit der «Arbeiter- und Bauernmacht», also der SED, als Voraussetzung des Wirkens in allen juristischen Berufen. So konnte nach Art. 94 Abs. 1 der Verfassung der DDR vom 6.4. 1968 nur Richter sein, wer dem Volk und seinem sozialistischen Staat treu ergeben war. Das ideologische Dogma von der notwendigen Übereinstimmung aller individuellen und kollektiven Interessen mit den gesamtgesellschaftlichen Erfordernissen – nach deren Definition durch die SED-Führung – bestimmte die gesamte Rechtstheorie und -praxis der DDR. Das Recht hatte eine wichtige «Erziehungsfunktion» gegenüber den Bürgern im Hinblick auf deren Einsatz für den «Aufbau des Sozialismus» und im Kampf gegen den «Klassenfeind».

Konnte man unter diesen Rahmenbedingungen «Rechtswissenschaft» in einem vertretbaren und berufsqualifizierenden Sinne des Wortes studieren, in einem autoritär-polizeistaatlichen System, das alle rechtsstaatlichen Garantien, Grund- und Menschenrechte ablehnte oder mißachtete, das keine Zivilrechtsdogmatik im Sinne der europäischen Rechtskultur kannte, das im Grundstudium die marxistische Ideologie höher bewertete als die Rechtsfächer, und in dem die ideologische Zuverlässigkeit der Studierenden wichtiger war als die fachliche Eignung?

Die vorstehenden skizzenhaften Hinweise auf zentrale Gehalte der Rechtsideologie der DDR sind vielfältigen, vorhersehbaren Mißverständnissen ausgesetzt. Bereits der Versuch einer Beschreibung der semantischen Differenzen zwischen den formal gleichen Grundbegriffen des Rechts wird leicht als Verzerrung und Mißdeutung, ja Diffamierung der Rechtsordnung und der personellen Rechtsstäbe der DDR empfunden. Die Juristen eines abgelebten totalitären Regimes empfinden fast regelmäßig dessen Rechtsordnung überwiegend als «weitgehend unpolitisch und unideologisch», als ziemlich «normal» mit bedauerlichen Fehlentwicklungen nur in Teilbereichen. Solche Reaktionen gab es auch nach dem NS-Regime; sie dauern teilweise bis heute an. Der Sachverhalt unterschiedlicher, ja gegensätzlicher Inhalte der Grundbegriffe und völlig verschiedener Rechtsprinzipien und Rechtsdogmatiken wird dadurch nicht beseitigt. Die scheinbare Übereinstimmung in den Worthülsen kann die Widersprüche in den Wertgehalten nicht beseitigen. Nur eine ahnungslose oder bewußt gespielte Naivität der Betrachtung kann darüber hinwegtäuschen. Zu erinnern ist dabei: Die Genauigkeit der Sprache und die Klarheit der Begriffe sind unerläßliche Voraussetzungen einer Rechtswissenschaft, die diesen Namen verdient.

IV. Der Ideologiebezug juristischer Berufe

1. *Die unentrinnbare Nähe zur Staatsmacht*
 – *Gesetzesbindung als programmierte Systemloyalität* –

Aus der Definition des Rechts als eines politischen, ideologisch ausgerichteten Gestaltungsinstruments ergeben sich Folgerungen für die Rolle der Juristen in Staat und Gesellschaft.

148 D. Zur Ideologieanfälligkeit der Rechtswissenschaft

Juristen sind bei der Anwendung der Rechtsnormen an «Gesetz und Recht» gebunden. Da gilt für alle Staatsordnungen. Das Grundgesetz gebietet das für die Richter in Art. 20 Abs. 3, 97 Abs. 1. In der DDR-Verfassung war die «sozialistische Gesetzlichkeit» mindestens als Lippenbekenntnis ein tragendes Prinzip des sozialistischen Staates.

Gesetzesbindung bedeutet dies: Die Juristen in amtlichen Funktionen sind an die ideologisch begründeten Weisungen der Normsetzer gebunden. Das trifft zu sowohl in einem Rechtsstaat als auch in einem Unrechtsstaat.

In einer Demokratie bedeutet die Abweichung der Richter vom Gesetz nicht nur einen Verstoß gegen die Gewaltentrennung, sondern auch die Usurpation nicht legitimierter Normsetzungsmacht, die allein dem Souverän, vertreten durch das Parlament, zusteht. Unzulässiges Richterrecht, also Entscheidungen von Gerichten, die geltende Gesetze mißachten, sind ein Schritt zum Abbau der parlamentarischen Demokratie.

Die praktische Jurisprudenz hat, realistisch betrachtet, in allen Staatsformen eine affirmative, systemkonservierende Funktion. Sie bestätigt und befestigt die etablierte, besonders die in Gesetzen verbindlich gewordene Wertordnung und Machtverteilung des jeweiligen Systems. Sie verwirklicht zugleich mit der Rechtsanwendung die normativ auf Dauer angelegte Politik der Normsetzer. Daraus folgt:

Juristen leben gefährlich, weil sie professionell in der Nähe, ja im Bannkreis der jeweiligen Systemideologie und der jeweiligen Machthaber handeln. Sie setzen deren generell-abstrakte normative Weisungen durch juristische Entscheidungen und deren Ausführung in konkrete gesellschaftliche und politische Wirklichkeit um. Sie sind nicht

IV. Der Ideologiebezug juristischer Berufe

die Macher, aber die Manager und Vollstrecker der systemspezifischen Gerechtigkeits- und Herrschaftsprogramme.

2. Juristenausbildung als «Ideologie-Training» am Beispiel der DDR

Das Ziel einer systemloyalen Juristenschaft ist in totalitären Staaten mit einer monolithischen, für alle Systemmitglieder vorgeschriebenen Systemideologie ein zentraler Gegenstand der Juristenausbildung. Sowohl der NS-Staat wie der SED-Staat legten großen Wert darauf, vor allem beim juristischen Nachwuchs (Richter, Staatsanwälte, Verwaltungsbeamte, Hochschullehrer) eine möglichst systemreine und geschlossene ideologische «Lagermentalität» mit entsprechender Hingabe und Begeisterung für die großen Ziele der welthistorischen Zeitenwende zu erzeugen. Im NS-Staat sind als Belege anzuführen etwa das «Kitzeberger Lager» junger nationalsozialistischer Dozenten[100] und die im Anschluß daran verordnete, obligatorische Teilnahme aller deutschen Referendare während ihrer Ausbildung an einem zur ideologischen Indoktrination gedachten «Referendarlager» in Jüterbog.

Eine vergleichbare Rolle für die marxistisch-leninistische Ausrichtung der gesamten Justiz und Rechtswissenschaft in

---

[100] Vgl. dazu den engagierten Teilnehmerbericht von Franz Wieakker, in: Deutsche Rechtswissenschaft I (1936), S. 74 ff. mit dem Resümee: «Es sind in einer Lagergemeinschaft die Voraussetzungen für eine gemeinsame (lies: nationalsozialistische, Anm. Rüthers) Grundhaltung festgestellt und an einer Reihe von wesentlichen Fragenkreisen bewährt worden. Es bestand Einigkeit darüber, daß die im Lager gewonnene Gemeinschaft aufrechtzuerhalten und in den nächsten Semestern zu vertiefen sei.»

D. Zur Ideologieanfälligkeit der Rechtswissenschaft

der DDR spielte etwa die schon erwähnte Babelsberger Konferenz am 2. und 3. April 1958. Sie wurde vom Zentralkomitee der SED als «staats- und rechtswissenschaftliche Konferenz» in der Deutschen Akademie für Staats- und Rechtswissenschaft «Walter Ulbricht» in Potsdam-Babelsberg veranstaltet. Der Staatsratsvorsitzende Walter Ulbricht war der Hauptredner zu dem Thema «Die Anwendung der marxistisch-leninistischen Staatslehre in Deutschland». Es ging darum, die vollständige und zuverlässige Unterwerfung von Gesetzgebung, Verwaltung und Justiz sowie der gesamten Rechtswissenschaft unter die Alleinherrschaft der SED (Politbüro und Zentralkomitee) sicherzustellen. Die Konferenz, der von Teilnehmern eine «pogromartige Stimmung» bescheinigt wird, diente nach den Plänen Ulbrichts zugleich der Ausschaltung jeglicher innerparteilicher Opposition im Zusammenhang mit dem Sturz Karl Schirdewans.[101] Einer der Kernsätze Ulbrichts lautete:

«In Wahrheit aber schaffen die Beschlüsse der Partei die Grundlage für die Staats- und Rechtswissenschaft.»

Recht wurde zum beliebigen Willensprodukt der Partei degradiert, die Rechtswissenschaft eines eigenständigen Gegenstandes beraubt – wie weiland im NS-Staat, in dem der Wille des Führers «oberstes Gesetz» war.[102] Nicht mehr das Leitbild unabhängiger Richter, sondern die Vorstellung

---

[101] Vgl. K. A. Mollnau, Die Babelsberger Konferenz von 1958, in: Im Namen des Volkes? – Über die Justiz im Staat der SED, wissenschaftlicher Begleitband zur Ausstellung des Bundesministeriums der Justiz, Forum Verlag, Leipzig 1994, S. 231 ff.

[102] Vgl. Rüthers, Entartetes Recht – Rechtslehren und Kronjuristen im Dritten Reich, 2. Aufl., München 1990, S. 27 ff.; ders., Die unbegrenzte Auslegung, 4. Aufl., 1991, S. 127 ff.

IV. Der Ideologiebezug juristischer Berufe

zuverlässiger politischer Funktionäre sollte künftig für alle Juristenberufe maßgebend sein.

Damit war die Idealvorstellung der SED für die Juristen in der DDR klar umrissen. Sie hatten «der Arbeiterklasse und ihrer marxistisch-leninistischen Partei treu ergebene Kader» zu sein und sich den Weisungen der Partei jederzeit beflissen zu beugen. Der langjährige Präsident des Obersten Gerichts der DDR, Heinrich Toeplitz (CDU), forderte von allen Richtern, «daß der feste Klassenstandpunkt das Wichtigste in der Arbeit ist».[103] Folgerichtig konzentrierte sich die Aufmerksamkeit der SED auf die personelle Auswahl aller juristischen Berufsbewerber. Schon bald nach dem Zusammenbruch formulierte Hilde Benjamin, spätere Justizministerin der DDR, als Ziel der rigorosen Entnazifizierung der Juristen in der sowjetischen Besatzungszone und der damit erstrebten Juristenreform «die Zerschlagung der reaktionären deutschen Richterkaste».[104]

Für die Qualität der Juristenausbildung interessant sind zunächst die Zulassungsvoraussetzungen für Bewerberinnen und Bewerber zum Jurastudium.[105] Ein seit 1970 gülti-

---

[103] Toeplitz, Der Bürger und das Gericht, Berlin 1978, S. 12 – zit. nach H.-H. Lochen, «Nachwuchskader» – zur Auswahl und Ausbildung von Juristen in der DDR, in: Im Namen des Volkes? – Über die Justiz im Staat der SED, Forum Verlag, Leipzig 1994, S. 123.

[104] Hilde Benjamin, Volksrichter, StuR 1970, 727 ff. (729); ferner Geschichte der Rechtspflege der DDR 1945–1949, Berlin 1976, S. 93.

[105] Vgl. zum Folgenden Gräf, Expertise für die Enquete-Kommission des Deutschen Bundestages zum Thema «Rekrutierung und Ausbildung der Juristen in der SBZ/DDR», zitiert nach: H.-H. Lochen, «Nachwuchskader» – zur Auswahl und Ausbildung von Juristen in der DDR, in: Im Namen des Volkes? – Über die Justiz im Staat der SED, Forum Verlag, Leipzig 1994, S. 123 ff. (127, Fn. 18).

ges, nur für den Dienstgebrauch vorgesehenes Merkblatt des Justizministeriums bestimmte, daß für ein Studium der Rechtswissenschaft nur geeignet war, wer

– «der Deutschen Demokratischen Republik treu ergeben und bereit ist, sein sozialistisches Vaterland und die sozialistische Staatengemeinschaft konsequent zu schützen und gegen alle Angriffe zu verteidigen;
– vorbehaltlos die Beschlüsse der Partei- und Staatsführung anerkennt und bereit und fähig ist, sich unter Einsatz seiner ganzen Persönlichkeit für ihre Verwirklichung einzusetzen;
– in seiner bisherigen Entwicklung eine klare politische Grundhaltung zeigt, gesellschaftliche Aktivität entwickelt und sich durch gute Lernhaltung und hohen Leistungswillen auszeichnet;
– sich in seinem ganzen Verhalten von den Grundsätzen der sozialistischen Moral und Ethik leiten läßt, nach ihnen lebt und arbeitet.»[106]

Das Urteil über die Eignung von Bewerbern nach diesen Kriterien war in einem genau geregelten Verfahren organisiert, das bereits lange vor dem Abitur in der Schule begann. Das Lehrerkollegium der «Erweiterten Oberschule» hatte 15 % eines Jahrgangs für die zweijährige Abiturstufe auszuwählen; diese mußten nach schulischer Leistung, gesellschaftlichem Engagement (FDJ, Gesellschaft für Sport und Technik oder Deutsch-sowjetischer Freundschaft) und staatsbürgerlicher Haltung erwarten lassen, daß sie zu «sozialistischen Persönlichkeiten» heranreifen würden. Wer

---

[106] Ministerium der Justiz der DDR, Verfügung und Mitteilungen, 1970, S. 52, zit. nach: H.-H. Lochen a. a. O., S. 123 ff. (128, Fn. 20).

sich aus dieser Elite für ein Studium der Rechtswissenschaft bewerben wollte, wurde vom Klassenlehrer und der FDJ-Leitung auf seine politische und fachliche Eignung geprüft. War das überstanden, so fand im Auftrag des Justizministeriums vor der Kaderleitung des örtlich zuständigen Bezirksgerichts eine protokollierte Aussprache mit dem Bewerber oder der Bewerberin statt. Dabei war ein ausführlicher Lebenslauf vorzulegen, der Angaben bis zur sozialen Stellung der Großeltern enthalten mußte. Männliche Bewerber mußten bereit sein, einen mindestens dreijährigen Wehrdienst bei der Nationalen Volksarmee abzuleisten, Kandidat der SED zu werden und definitiv auf jegliche «Westkontakte» zu verzichten. Frauen hatten statt der Militärzeit ein zweijähriges Praktikum bei einem Gericht, einer Staatsanwaltschaft oder in einem Betrieb abzuleisten. Bei einer späteren Heirat erstreckte sich das Kontaktverbot für Frauen und Männer auch auf den Ehepartner und dessen westliche Verwandte.

Verlief das Auswahlgespräch beim Bezirksgericht erfolgreich, so fand im letzten Jahr vor dem Abitur auf Einladung des Justizministeriums wieder am Bezirksgericht eine Aufnahmeprüfung mit überwiegend politisch-ideologischen Prüfungsthemen statt, die klare politische Loyalitätsbekenntnisse erforderten. Danach folgte ein Gespräch im Justizministerium, das bei positivem Verlauf eine Art Vorimmatrikulation bedeutete. Jetzt schloß der Direktor des Bezirksgerichts mit dem Bewerber einen Studienförderungsvertrag, der die angehenden Jurastudenten schon vor dem Abitur u. a. zu «politischer Wachsamkeit» verpflichtete. Diese besondere Form des «Vertragsstudiums» war in den sechziger Jahren vom Justizministerium speziell für SED-Mitglieder und -kandidaten eingeführt worden. Die auf diese Weise vertraglich Gebundenen erhielten ein Monatsstipendium von 400 Mark und eine garantierte Aufnahme in den Justizdienst nach dem Studienabschluß. Die strikte, unlösbare Einbindung dieser «Vertragsstudenten» in die Ideologie und die Apparatur des SED-Staates ist unübersehbar. Eine Verpflichtung des Bewerbers aus dem Vertrag bestand darin, während der restlichen Schulzeit alle acht Wochen ein Informationsgespräch zu führen, bei dem es auch um die Pflicht zur politischen Wachsamkeit ging.

Nach dem intensiven und inquisitorischen Verfahren der Vorauswahl während der Schulzeit konnten sich die Bewerber im Anschluß an das Abitur beim Kreisgericht um eine Delegierung zur «Grundstudienrichtung Rechtswissenschaft/Rechtspflege» bewerben. Von dort gelangten die Unterlagen mit einer Beurteilung des Bewerbers an das Justizministerium, welches bei positivem Prüfungsergebnis den Vorgang an eine der vier Rechtsfakultäten (Berlin, Leipzig, Halle, Jena) weiterleitete. Hier hatte eine Zulassungskommission das letzte Wort. Sie setzte sich zusammen aus zwei Vertretern der universitären «Sektion Rechtswissenschaft», einem Vertreter des Justizministeriums und einem Vertreter der FDJ. Diese Kommission entschied nach einem Gespräch endgültig über die fachliche sowie charakterliche Eignung und die «politisch-ideologische Reife» des Bewerbers für das Studium. Dabei hatte sie die Vorgaben des Justizministeriums zu beachten. Diese betrafen zunächst die Aufteilung der zahlenmäßig begrenzten Studienplätze nach Geschlecht, Alter, Parteizugehörigkeit und Herkunftsbezirk der Bewerber.

Seit der Babelsberger Konferenz (1958) spielten «kaderpolitische Aspekte» für die Zulassungskommissionen eine entscheidende Rolle. Danach war zu prüfen,

IV. Der Ideologiebezug juristischer Berufe

– ob der Bewerber schon an der Oberschule, an der Arbeiter-und-Bauern-Fakultät oder im Betrieb aktiv gesellschaftlich tätig gewesen war,
– welche ideologische Einstellung, insbesondere zur Kirche, seine Eltern und Geschwister hatten und
– ob er, wenn er nicht aus der Arbeiterklasse stammte, besondere gesellschaftliche Aktivitäten und ein «politisches Fundament» aufwies und ‹die politische Haltung der Eltern einwandfrei› war.

Wer Westverwandtschaft ersten Grades hatte, kam für eine Zulassung zum Studium nur noch ausnahmsweise in Betracht.»[107]

Betrachtet man diese rigorosen Auswahlkriterien und -verfahren im Zusammenhang, so wird verständlich, daß, etwa ab 1970, in der DDR die Angehörigen aller juristischen Berufe – nicht anders als alle übrigen gesellschaftlichen und staatlichen Stabseliten – in ihrer ganz überwiegenden Mehrheit der alles beherrschenden SED angehörten. Die wenigen Alibi-Repräsentanten der Blockparteien in der Juristenschaft hatten zuvor, wie das zitierte Beispiel des OG-Präsidenten Toeplitz (CDU) belegt, ideologische Treuebekenntnisse zur führenden Rolle der SED abgelegt. Die gesamte Juristenausbildung der DDR war in Theorie und Praxis darauf angelegt, linientreue und SED-ergebene Justiz- und Politfunktionäre zu produzieren. Dem entsprachen auch die Studienpläne. Sie waren bereits seit 1950, also sofort nach der Gründung der DDR, und dann stets zunehmend, auf die parteiliche Instrumentalisierung der Ju-

---

[107] H.-H. Lochen, «Nachwuchskader» – zur Auswahl und Ausbildung von Juristen in der DDR, in: Im Namen des Volkes? – Über die Justiz im Staat der SED, Forum Verlag, Leipzig 1994, S. 123 ff. (127).

ristenausbildung ausgerichtet. Dem eigentlichen rechtswissenschaftlichen Fachstudium wurde – für alle Studierende verpflichtend – ein umfangreiches und zeitaufwendiges marxistisch-leninistisches Grundlagenstudium vorgeschaltet, das im Laufe der Zeit immer stärker ausgebaut wurde.

Vom Ministerium für Hoch- und Fachschulwesen wurde zum 1.9. 1982 ein verbindlicher Studienplan für das Studium der Rechtswissenschaft erlassen. Inhalte und Ziele der DDR-Juristenausbildung werden darin so definiert:

«Entscheidende Grundlage der wissenschaftlichen Bildung und kommunistischen Erziehung der Studenten ist das Studium der wissenschaftlichen Weltanschauung der Arbeiterklasse und der Politik ihrer revolutionären Partei. Die Erziehung und Ausbildung ist in allen Phasen des juristischen Studiums durch die Einheit von Wissensvermittlung und Vermittlung politischer weltanschaulicher Überzeugung und durch die Einheit von Theorie und Praxis gekennzeichnet.»[108]

Der verbindliche Studienplan sah für die Vermittlung des marxistisch-leninistischen Grundwissens über 700 Stunden vor. Mehr als ein Studienjahr des vierjährigen Jurastudiums war so der marxistischen Ideologie vorbehalten. Die Themengebiete waren dialektischer und historischer Materialismus, politische Ökonomie des Kapitalismus und des Sozialismus, wissenschaftlicher Kommunismus, marxistisch-leninistische Theorie des Staates und des Rechts sowie Grundlagen der Geschichte der Arbeiterbewegung.

Für das juristische Fachstudium blieben demnach allenfalls drei Jahre. Aber auch insoweit sind die gebotenen

---

[108] Zitiert nach Jürgen Thomas, Die Übernahme von Richtern und Staatsanwälten der ehemaligen DDR in die bundesdeutsche Justiz, in: Im Namen des Volkes? – Über die Justiz im Staat der SED, Forum Verlag, Leipzig 1994, S. 275 ff. (277).

IV. Der Ideologiebezug juristischer Berufe

Lehrstoffe mit dem Lehrangebot einer Juristenausbildung in rechtsstaatlichen Systemen nur begrenzt vergleichbar. Dazu sei auf den Fächerkanon verwiesen, der seit 1970 für das Studium von «Rechtspflegejuristen» verbindlich war.[109] Das gesamte Staatsrecht und Verwaltungsrecht, aber auch große Teile des Zivil-, Wirtschafts- und Arbeitsrechts sowie das LPG Boden- und Kulturrecht, vor allem auch Kriminologie und Strafrecht wurden als «Überbau» im Sinne des Marxismus-Leninismus erfaßt und dargestellt.

Die Studierenden wurden in der Studienphase nicht allein gelassen, sondern ständig politisch-ideologisch angeleitet, kontrolliert und intensiv – nicht zuletzt auch vom MfS – überwacht. Ein Instrument dazu waren die «FDJ-Studiengruppen». Sie sollten das «kollektive Lernen» fördern, welches die erwünschte Kontrolle und Überwachung erleichterte. Die Gruppen befestigten und verstärkten den Einfluß der staatlichen Jugendorganisation in den juristischen Sektionen. Diese verstand sich als «Kampfreserve» der SED und hatte weitgehenden Einfluß auf alle Entscheidungen universitärer Gremien (Stipendien, Wohnheime, Auslandsreisen etc.). Dabei spielte die politisch-ideologische Haltung und das gesellschaftliche Engagement der Studierenden bei allen Fragen eine wichtige Rolle.

Auch während der praktischen Ausbildung junger Juristen war ihre politische Erziehung ein wesentliches Element des Ausbildungskonzeptes. Das galt besonders für den wissenschaftlichen Nachwuchs, der sich nach dem Studienabschluß weiterqualifizieren wollte. So war

«die Assistentenausbildung als Einheit von politischer Erziehung und fachlicher Qualifizierung so zu gestalten, daß die Assistenten befähigt werden,

---

[109] Vgl. H.-H. Lochen, a.a.O., S. 123 ff. (133 f.).

das sozialistische Recht auf der Grundlage der Beschlüsse der Partei der Arbeiterklasse mit hoher Wirksamkeit anzuwenden».[110]

Insgesamt ist festzustellen, daß die scharfe politisch-ideologische Ausrichtung der Juristenausbildung der DDR – sowohl in der theoretischen wie in der praktischen Phase – einschneidende Folgen für die Ausbildungszeit wie für die Ausbildungsinhalte gehabt hat. Das Studium in den juristischen Fächern wurde massiv verkürzt. Die Fähigkeiten zu dogmatischer und methodischer Differenzierung des Rechtsstoffes wurden unzureichend entwickelt. Statt dessen wurde der politischen Linientreue, der Parteilichkeit für den Klassenstandpunkt und der vorbehaltlosen Unterwerfung aller Juristen unter die Beschlüsse der Partei der Vorrang bei den Ausbildungszielen gegeben.

Der Fächerkanon war an den vier Rechtsfakultäten der DDR nicht auf eine einheitliche Juristenausbildung, sondern auf berufsspezifische Befähigungen (Richter und Staatsanwälte, Rechtsanwälte, Notare, Wirtschaftsjuristen) ausgerichtet. Eine einheitliche Erfassung und Analyse der Funktionen des Rechts im Gesamtsystem des Gemeinwesens war nicht das Ausbildungsziel.

3. Zur Übernahme von DDR-Juristen in den Staatsdienst der Bundesrepublik Deutschland

Vergleicht man die Juristenausbildung der DDR mit der in der Bundesrepublik, so ergeben sich grundlegende Unterschiede:

---

[110] § 1 Abs. 2 der Anordnung über die Assistentenzeit für Hochschulabsolventen an den Kreisgerichten der Deutschen Demokratischen Republik vom 24.1.1978 (GBl. I, S. 88).

IV. Der Ideologiebezug juristischer Berufe

In der Bundesrepublik gibt es keine verpflichtende Staatsideologie, welche die gesamte Staats- und Rechtslehre dominiert. Das Recht ist nicht das monopolisierte Herrschaftsinstrument der Diktatur einer Partei oder einer Klasse. Die Definition des Geltungsgrundes der Rechtsordnung liegt nicht bei einer staatlichen Instanz oder den Organen einer herrschenden Partei.

Aber auch wenn man die grundverschiedenen rechtsphilosophischen Grundlagen der Juristenausbildung in der DDR und in der Bundesrepublik außer Betracht läßt, etwa weil sich politisch-ideologische Anschauungen nach Systemwechseln in Deutschland mehrfach als auswechselbar erwiesen haben, bleiben fundamentale Differenzen. Die Grundprinzipien und Kerninstitutionen liberaler und damit pluraler Verfassungsstaaten und ihrer Rechtsordnung sind den DDR-Juristen von ihrer Ausbildung her weitgehend unbekannt und in den dort behandelten Zerrbildern lediglich als Feindobjekte vertraut. Die Studienpläne enthielten keine Dogmatik des demokratischen Rechtsstaates und seiner Institutionen (klagbare Grundrechte, Verfassungs- und Verwaltungsgerichtsbarkeit, Förderalismus etc.), kein auf die Dogmatik eines freiheitlichen, auf Privatautonomie und subjektive Rechte gegründeten Zivilrechts, kein rechtsstaatliches Strafrecht und Strafverfahrensrecht.

Die Rechtsordnungen der DDR und der Bundesrepublik waren spätestens seit der Mitte der sechziger Jahre in allen Teilbereichen so grundverschieden, daß – ungeachtet aller ideologischen Gegensätze beim Grundverständnis des Rechts – die fachlich-juristischen Inhalte der Ausbildungsordnungen nur noch wenige reale Berührungspunkte in ideologiefernen Regelungsbereichen aufwiesen. Selbst bei gleicher Fachterminologie bezeichneten die nämlichen Begriffe oft völlig abweichende, ja nicht selten gegensätzliche Inhalte, wie etwa der Begriff der «richterlichen Unabhängigkeit» zeigt.

So wird verständlich, daß und warum in der DDR ausgebildete Juristen sich nach 1990 in eine für sie völlig neue und fremdartige Rechtsordnung einarbeiten mußten.

Vor diesem Hintergrund des Ausbildungsstandards des Rechtsstudiums in der DDR war die in vielfacher Hinsicht heikle Frage zu beantworten, welche der dortigen Richter und Staatsanwälte nach der Wiedervereinigung in die Justiz der neuen Bundesländer übernommen werden sollten. Dabei ist zu bedenken, daß nach 40 Jahren DDR Anträge auf Übernahme fast ausschließlich von solchen Juristinnen und Juristen gestellt wurden, die in der DDR nach den geschilderten Verfahren ausgewählt und ausgebildet worden waren. Die von der SED gelenkte Zulassung zum Jurastudium hatte zusammen mit allen anderen ideologischen Steuerungsmaßnahmen der Personalpolitik des Justizministeriums dazu geführt, daß zum Zeitpunkt der Wiedervereinigung mehr als 95 % der Richter und Staatsanwälte in der DDR Mitglieder der SED waren.[111] Der Einigungsvertrag sah für die Entscheidung über die Übernahmeanträge in den neuen Ländern Richterwahlausschüsse und Staatsanwaltsberufungsausschüsse vor, die jeden Antrag einzeln auf die fachliche und persönliche Eignung des Antragstellers zu prüfen hatten. Insgesamt sind dabei etwa 53 % der Bewerber, die sich einer Überprüfung stellten, in die Justiz der neuen Länder übernom-

---

[111] Nachweise bei Jürgen Thomas, a.a.O., S. 275 ff. (276 mit Fn. 6 u. 7).

IV. Der Ideologiebezug juristischer Berufe

men worden, nämlich ca. 650 Richter und ca. 400 Staatsanwälte.[112] In den einzelnen Ländern waren die Quoten unterschiedlich. Für Richter betrugen sie in Berlin (Ost) 17% der Bewerber, in Brandenburg 55%, in Mecklenburg-Vorpommern 67%, in Sachsen 63%, in Sachsen-Anhalt 41% und in Thüringen 56%.[113]

Von Kritikern wird dieses auf dem Einigungsvertrag beruhende Verfahren der Einzelfallprüfungen heftig angegriffen unter der Devise «Abwicklung statt Integration».[114] Vielleicht wird die Beurteilung der verschiedenen Autoren zu diesem schwierigen Fragenkomplex auch durch deren jeweilige Einschätzung der Unrechtsqualität der DDR vor deren Zusammenbruch und durch das Verhältnis zu deren juristischen Eliten beeinflußt.

Bedenkt man jedoch den in der DDR während ihrer gesamten Lebenszeit proklamierten und praktizierten, in der Juristenausbildung gelehrten und von den Richtern und Staatsanwälten verlangten Rechtsnihilismus im Sinne einer absoluten Hörigkeit der Justiz gegenüber der allmächtigen Partei, dann kann das staatsvertraglich vereinbarte Übernahmeverfahren vom Grundsatz her nicht nur als sachgerecht und tolerant, sondern als geboten bezeichnet werden. Die Auswahlausschüsse hatten vieles zu bedenken, nicht zuletzt auch die Gefühle der Opfer der Justiz des SED-Staates.

---

[112] Nachweise bei Jürgen Thomas, a.a.O., S.275 ff. (282).
[113] H. Roggemann, Justiz auf dem Prüfstand der Justiz, in: Im Namen des Volkes? – Über die Justiz im Staat der SED, Forum Verlag, Leipzig 1994, S.285 ff. (288 f. mit Fn. 19–22).
[114] H. Roggemann, a.a.O., S.285 ff. (288 f.); ders., NJW 1991, 456 ff.; vgl. ferner auch D. Majer, Zeitschrift für Rechtspolitik 1991, 171 ff.

Gerade die Probleme der Juristenausbildung und der Übernahme von Justizstäben nach Systemwechseln belegen augenfällig den Ideologiebezug (Weltanschauungsbezug) juristischer Berufe.

V. Instrumente und Methoden politisch-ideologisch motivierter umfassender «Rechtserneuerungen»

Jurist in zwei oder drei «Reichen», mit zwei oder drei verschiedenen Amtseiden gewesen zu sein, das ist in unserem Jahrhundert kein Einzelfall, sondern unter deutschen Juristen ein Massenschicksal. Es mag daher naheliegen, nach dem Berufsethos und dem politischen Selbstverständnis der Beamten, Richter und Soldaten, des gesamten öffentlichen Dienstes in Zeiten so rascher mehrfacher Umbrüche zu fragen, also die moralische Frage in den Vordergrund zu stellen. Hier soll der funktionale Aspekt, der Einfluß des jeweiligen Systemwechsels auf den Inhalt der Rechtsordnung in den Blick genommen werden: Wie geht so ein Umbruch in der Rechtsordnung konkret vor sich? Mit welchen rechtstechnischen Instrumenten werden die überkommenen Inhalte der alten Gesetze verändert?

1. *Die Arbeitsteilung zwischen Gesetzgebung, Rechtswissenschaft und Justiz*

Da der Gesetzgeber nach einer politischen Umwälzung in der Regel nicht auf Anhieb eine völlig neue Gesetzesordnung schaffen kann, versucht er, zunächst nur gezielt, an zentralen Schaltstellen in das alte «Normengebäude» einzu-

V. Instrumente und Methoden

greifen.[115] Dies ist eine wichtige Feststellung auch für die Frage nach der ideologischen Anfälligkeit von Juristen. Die folgenden Ausführungen werden zeigen, wer anstatt des Gesetzgebers rechtsändernd tätig wird. Zunächst ist festzustellen:

Die alte Gesetzesordnung wird nach politischen Systemwechseln mit neuen Inhalten gefüllt. Das ist kein automatischer Prozeß, sondern das Ergebnis planvoller und zielgerichteter Strategien.

Dieser Inhaltswandel nach jedem Systemwechsel hat mehrere Urheber und Akteure. Da der Gesetzgeber des neuen Systems kurzfristig nur begrenzt Neuregelungen zustande bringt, der Bedarf an einschneidenden Gesetzesänderungen angesichts völlig neuer politischer Grundwerte aber dringlich ist, gewinnen andere normsetzende Faktoren ein großes Gewicht, nämlich die Gerichte, insbesondere die höheren und letzten Instanzen. Ferner ist die «schreibende» Jurisprudenz zu nennen, die Verfasser juristischer Literatur. Justiz und Jurisprudenz kooperieren und konkurrieren bei solchen inhaltlichen Umgestaltungen der ganzen Rechtsordnung. Da der Gesetzgeber die «Rechtserneuerung» in der Regel nur sehr langsam bewirken kann, entwickeln Gerichte und Wissenschaftler außerordentliche Leistungen im Geiste eines «vorauseilenden Gehorsams».

---

[115] Im Falle des Einigungsvertrages ist es allerdings durch umfassende Verweisungen auf die Rechtsordnung der Bundesrepublik in einem weiten Umfange gelungen, eine fast vollständige Überleitung des geltenden Rechts auf die neuen Bundesländer zu bewirken; vgl. Art. 3, 8–10 EinigV.

Diese Vorwärtsstrategie ist für die anpassungsbereiten Funktionsträger im neuen System in der Regel karrierefördernd oder sichert doch den alten Arbeitsplatz. Systemwechsel entwickeln sich bei der Mehrheit jener Juristen, die sich «auf den Boden der neuen Tatsachen» stellen, oft zu einem Wettbewerb. Wer bietet die wirksamsten Umdeutungstechniken? Es sind dies Zeiten der unbegrenzten Auslegungen oder (besser) Einlegungen.

Unter dem Aspekt der juristischen Organisation der Umwertung der Rechtsordnung lassen sich aus den gewonnenen Erfahrungen verschiedene Typen von Systemwechseln unterscheiden. Systemwechsel sind i.d.R. mit dem Wechsel der maßgeblichen Staatsideologie verbunden.[116] Das trifft auf die Vorgänge in Deutschland 1919, 1933, 1945/49 und – für die DDR – 1989/90 zu. Der juristische Vollzug dieses Austausches der staatstragenden Basisideologien kann jedoch sehr verschieden sein. Nach 1933 und nach 1945/49 wurden weite Teile der überkommenen Gesetzesordnungen zunächst zeitweise oder gar für die gesamte Dauer des neuen Systems übernommen und im Sinne der neuen Wertvorstellungen («Rechtsideale») umgedeutet. Im Gegensatz dazu wurde bei der «Wende» 1990 durch den Einigungsvertrag fast die gesamte Gesetzesordnung der DDR abgelöst und durch das Recht der Bundesrepublik ersetzt. Dadurch entfiel die Notwendigkeit einer umfassenden Umdeutung «alter» Gesetze. Dieser Weg zur Rechtseinheit brachte für die Bevölkerung und für die Justiz und Verwaltungsstäbe der ehemaligen DDR den Zwang zur Aneignung einer völlig unbekannten, sehr komplizierten und zunächst weitgehend unverstandenen Rechtsordnung mit sich, was zu er-

---

[116] Vgl. oben C.I.

heblichen Irritationen, Aggressionen und Frustrationen bei den Betroffenen führte. Der Rechtsstaat erschien ihnen, gerade denen, die nach 40 Jahren der sozialistischen Diktatur des Proletariats voller Hoffnung waren, nicht als der erwartete Luxusdampfer vollkommener Gerechtigkeit. Gegen die Überwältigung mit dem «fremden Recht» gab es deshalb verbreitet offene und – mehr noch – verdeckte Vorbehalte und Kritik.

Andererseits gab es zu dem im Einigungsvertrag gewählten Weg zur schnellen Rechtseinheit durch die Ablösung der DDR-Gesetze keine realistische Alternative. Er war im Ergebnis das notwendige Begleitinstrument der allseits gewünschten Währungs- und Wirtschaftsunion.

Der rechtliche Vereinigungsprozeß nach dem 3.10.1990 wurde maßgeblich dadurch gesteuert, daß eine erhebliche Zahl juristischer Experten (Richter, Staatsanwälte, Verwaltungsbeamte) in die neuen Länder entsandt wurden. Zugleich fanden systematische Schulungskurse der Verwaltungsbediensteten aus den neuen Ländern in ihren westlichen Partner-Ländern zur Einübung in die neue, ganz andere Rechtsordnung statt.

Die deutsche Rechtswissenschaft verfügt über ein reiches historisches Anschauungsmaterial. Wer tiefer einsteigen will, kann etwa nur die jeweils ersten drei Bände juristischer Fachzeitschriften nach 1933 aufschlagen; dort finden die Wettbewerbe um «die beste» nationalsozialistische Interpretation im Sinne der «völkischen Rechtserneuerung» statt. Die Rechtsliteratur der jungen Bundesrepublik und die der DDR nach 1949 lesen sich ähnlich.

Es geht jeweils um die Frage: Wie verändert man den Inhalt einer Rechtsordnung ohne oder nur mit wenigen Eingriffen des Gesetzgebers?

D. Zur Ideologieanfälligkeit der Rechtswissenschaft

Die Antwort auf diese Frage läßt sich verallgemeinern, denn die wesentlichen geeigneten rechtsmethodischen Instrumente zur Umdeutung einer Rechtsordnung sind an den Fingern einer Hand abzuzählen:[117]

– Die Proklamation einer neuen Rechtsidee,
– die Konstruktion einer neuen Rechtsquellenlehre,
– die Konstruktion neuer Rechtsgrundbegriffe und Auslegungsmethoden.

2. Die Proklamation einer neuen Rechtsidee

Die Konstruktion und Verkündung neuer Rechtsideale war nach 1933 fast ausschließlich die Leistung der juristischen Fachliteratur. Die namhaftesten der im Amt verbliebenen juristischen Autoren haben sich darum bemüht. Der zentrale Inhalt dieser neuen Rechtsidee war die «Nationalsozialistische Weltanschauung»; sie war «rassisch», «völkisch» und «blutsbedingt». Dieser NS-«Geist» wurde als «Rechts-Idee» beschworen. Oberstes Ziel des Gesetzes sollte das «Wohl des Deutschen Volkes» im Verständnis der NSDAP sein.

In der DDR verlief die Entwicklung nicht anders. Als zentraler Inhalt der Rechtsidee galt dort der dialektische Materialismus. Er war die weltanschauliche Basis und der zentrale Orientierungsrahmen für alle Wissenschaftsdisziplinen. Das Recht hatte der «wissenschaftlich» erkannten,

---

[117] Die Umdeutungsinstrumente sind für die NS-Zeit ausführlich beschrieben. Vgl. Rüthers, Die unbegrenzte Auslegung, Zum Wandel der Privatrechtsordnung, 1. Aufl. 1968, 4. Aufl. Heidelberg 1991; ders., Wir denken die Rechtsbegriffe um ... Weltanschauung als Auslegungsprinzip, Zürich 1987; ders., Entartetes Recht – Rechtslehren und Kronjuristen im Dritten Reich, 2. Aufl., München 1990.

gesetzmäßig verlaufenden und weltgeschichtlich notwendigen Entwicklung zur Endphase des Kommunismus zu dienen. Jede Auslegung hatte im Geiste des Marxismus-Leninismus zu erfolgen.

3. *Die Konstruktion einer neuen Rechtsquellenlehre*

Rechtsquellen sind jene Orte, an denen die Richter das Recht «finden» und «schöpfen», das sie dann auf die ihnen vorgetragenen Streitfälle anzuwenden haben. Die klassischen Rechtsquellen sind Verfassung, Gesetz, Rechtsverordnung, Satzung und Gewohnheitsrecht. Nach Systemwechseln reichen sie nicht aus. Sie stammen in der Regel aus der politisch-ideologischen Vergangenheit, atmen also den Geist des alten, überwundenen Systems. Jetzt sind andere Quellen gefragt, die es erlauben, neuen Wein in die alten Schläuche der überkommenen Normen zu gießen. Die nationalsozialistischen Rechtserneuerer verkündeten eine ganze Serie neuer Rechtsquellen, die im Falle von Gegensätzen und Widersprüchen zur alten Rechtsordnung den Vorrang hatten:

(1) Das «durch die Vorsehung bestimmte Führertum»

Der «Rechtstheologe» W. Schönfeld erläuterte, warum die Volksgenossen nunmehr «Wissende» seien: «... weil uns ein gottgesandter Führer die Augen über uns geöffnet hat».[118] Ein anschauliches praktisches Beispiel für die Anwendung dieser Rechtsquelle ist der Titelaufsatz der «Deutschen Juristenzeitung» vom 1. August 1934 zu den Morden vom 30. Juni 1934: «Der Führer schützt das Recht» von Carl

---

[118] DRW IV (1939!), 201, 202; vgl. auch Erik Wolf, Das Rechtsideal des nationalsozialistischen Staates, ARSP 28 (1934/35), 348.

D. Zur Ideologieanfälligkeit der Rechtswissenschaft

Schmitt. Der Führerwille galt als oberste «Rechtsquelle» auch dann, wenn dieser Führer Mordbefehle erteilte.

(2) Das rassisch bestimmte Volkstum/die artbestimmte Volksgemeinschaft.[119]

Die neue Losung lautete: Recht ist keine Erfindung des Menschen, sondern «etwas im Blute Lebendes».[120] Die Konsequenz war, daß die zutreffende Rechtsanwendung von einer «Blutprobe» bei den Beteiligten abhängig wurde. Genau so kam es denn auch nach den Nürnberger Gesetzen von 1935. Der ganze, grausige Gedanken- und Sprachschwulst der Epoche findet sich in dem folgenden Zitat:

«Blut muß Geist, Geist muß Blut werden. ... Weil der Geist verfallen kann, muß das Blut den Geist wagen. Der Geist aber wird gewinnen, wo er sich aus dem Blut erneuert.»[121]

Der Geist war, wie die Textstellen zeigen, dem Blut verfallen. Blutiger geht es kaum. Aus Worten wurde bald Realität. Die Vorherrschaft des Blutes galt als ein Teil der Rechtsidee und wurde den Richtern als unmittelbar anwendbare «Rechtsquelle» vorgeschrieben.

(3) Das Parteiprogramm der NSDAP, besonders seine antisemitischen Punkte 4. und 5.

Der «Reichsrechtsführer» hatte eine Gruppe namhafter Professoren beauftragt, «neue Leitsätze für die Rechtspra-

---

[119] W. Schönfeld, DRW IV (1939!), 201; Erik Wolf a.a.O., 348.
[120] Erik Wolf, Richtiges Recht im nationalsozialistischen Staate, Freiburg 1934, S. 3.
[121] Karl Larenz, Volksgeist und Recht, Zeitschrift für deutsche Kulturphilosophie, 1935, 40ff. (42); vgl. ders., Rechts- und Staatsphilosophie der Gegenwart, 2. Aufl. Berlin 1935, S. 163ff.

V. Instrumente und Methoden

xis» zu entwickeln.[122] In diesen Handreichungen für die Gerichte und Staatsanwaltschaften sowie für die Verwaltung wurde das Parteiprogramm ausdrücklich als «unmittelbar geltendes Recht» proklamiert mit dem bewußten Ziel, entgegenstehendes Gesetzesrecht auszuhebeln.[123] Das geschah in der Justizpraxis alsbald auf vielen Rechtsgebieten.[124]

(4) Der «Geist des Nationalsozialismus», die «nationalsozialistische Weltanschauung» und das «gesunde Volksempfinden» als Rechtsquelle.

Jede Rechtsanwendung, jede Gesetzesauslegung sollte im nationalsozialistischen Geist erfolgen.[125]

Das «gesunde Volksempfinden» war nichts anderes als ein demagogisches Synonym für die NS-Ideologie. Mit dieser Konstruktion war die gesamte überkommene Rechtsordnung an die herrschende Weltanschauung der neuen Machthaber angeschlossen. Ein nicht nationalsozialistisch geprägter oder gar dieser Ideologie entgegengesetzter Entscheidungsinhalt konnte von der praktischen Jurisprudenz nicht

---

[122] Zuerst Carl Schmitt, JW 1933, 2793 = DR 1933, 201.

[123] Vgl. die «Leitsätze über Stellung und Aufgaben des Richters» von G. Dahm, K. A. Eckhardt, R. Höhn, P. Ritterbusch und W. Siebert, Leitsätze 2 und 3, DRWI (1936), 123 f.

[124] Einzelheiten vgl. Rüthers, Die unbegrenzte Auslegung, Zum Wandel der Privatrechtsordnung, 1. Aufl. Tübingen 1968, 4. Aufl. Heidelberg 1991.

[125] Vgl. Carl Schmitt, JW 1934, 713 ff. (717); U. Scheuner, AöR 63 (1934), 261 ff. (298); G. Dahm u. a., Leisatz 2, DRWI (1936), 123; H. Stoll, DJZ 1933, Sp. 1229, 1231; G. Boehmer, ZAK DR 1941, 73; vgl. auch J. Rückert, ZS Germ. 103 (1986), 199 ff. (214 ff.); Rspr. Nachweise bei Rüthers, Die unbegrenzte Auslegung, Zum Wandel der Privatrechtsordnung, 1. Aufl. Tübingen 1968, 4. Aufl. Heidelberg 1991, S. 218, 223, 226, 227.

mehr gerechtfertigt werden. Mehr noch: Nur gläubige Nationalsozialisten konnten noch Richter sein. Die vergleichbare These wurde in der DDR nach 1949 gültige Doktrin, nicht nur für Juristen. In allen geistigen Berufen galt der Grundsatz, daß nur überzeugte Sozialisten beim Aufbau des Sozialismus Führungsaufgaben wahrnehmen könnten. Das galt etwa auch für Mediziner.[126] Die Parallele ist für totalitäre Ideologien kennzeichnend.

Im «realen Sozialismus» der DDR war im übrigen die Ausgangslage insofern eine andere, als dort schon im Jahre 1949 eine erste sozialistische Verfassung in Kraft trat. Eine formelle neue Verfassung gab es im NS-Staat nicht. Die zahlreichen unbestimmten Rechtsbegriffe und Generalklauseln dieser ersten DDR-Verfassung veränderten die überkommenen einfachen Gesetze. Mit ihnen ließen sich gemäß dem Vorrang der Verfassung ideologisch-politische

---

[126] So sagte etwa der nach der Wende zunächst noch amtierende Präsident der (ostberliner) Akademie der Wissenschaften Prof. Dr. med. Horst Klinkmann auf dem SED-Parteitag 1976: «Wir Ärzte, Zahnärzte, Apotheker, Krankenschwestern, Pfleger ... der DDR wissen: Unser Platz ist unverrückbar an der Seite der Arbeiterklasse. Wir bejahen aus vollem Herzen die Politik unserer Partei, die uns einen Weg in die Zukunft weist.» (Protokoll des IX. Parteitages der SED, Berlin 1976, Bd. 2, S. 76 ff. (81). Derselbe Klinkmann schrieb noch 1989 über die sozialistische Arztpersönlichkeit: «Individuelles Denken eines fest in der marxistisch-leninistischen Weltanschauung verankerten Wissenschaftlers ist die Voraussetzung für den für die Weiterentwicklung so notwendigen kreativen Prozeß und für den Meinungsstreit in unserem wissenschaftlichen Leben. ... Keine andere Gesellschaftsordnung biete solche Möglichkeiten der Chancengleichheit als (gemeint ist wohl «wie») der Sozialismus für die von ökonomischem Einzelinteresse unbeeinflußte Entwicklung der Persönlichkeit.» («Humanitas» 2/1989, S. 9).

V. Instrumente und Methoden

Gegensätze zwischen dem politischen System und einzelnen «alten» Rechtsvorschriften wirksam ausräumen. Die Verfassung, interpretiert aus dem sie tragenden Geist der marxistisch-leninistischen Weltanschauung, verdrängte entgegenstehende Gesetzesnormen. Ein der NS-Zeit vergleichbarer Katalog neuer, außergesetzlicher Rechtsquellen war deshalb nicht erforderlich, um eine von ideologischen Widersprüchen freie sozialistische Rechtsordnung interpretativ zu gewährleisten. Um das zu garantieren, wurde das Oberste Gericht der DDR mit besonderen Vollmachten und Richtlinienbefugnissen ausgestattet. Die neue Richterschaft der DDR war nach ideologischen Kriterien handverlesen und den Weisungen der SED blindlings ergeben. Die DDR-Justiz war insgesamt – einschließlich der Anwaltschaft – ein verläßliches Instrument des Unrechtssystems.

Ungeachtet dieser Unterschiede gab es parallele Erscheinungen zur NS-Rechtsquellenlehre auch in der Rechtsprechung der DDR-Justiz. Aus der sozialistischen Staats- und Gesellschaftsordnung sowie der ihr zugrunde liegenden vermeintlich «wissenschaftlich begründeten» Weltanschauung des dialektischen Materialismus («Marxismus-Leninismus») wurden, wo immer das bei der Anwendung überkommener Gesetze geboten erschien, «gesellschaftliche Ideale» und Pflichten der Bürger gegenüber der sozialistischen Gesellschaft abgeleitet.[127] Bei der Beurteilung zivilrechtlicher, speziell eherechtlicher Fragen wurden die «moralischen Anschauungen der werktätigen Bevölkerung» zum entscheidenden Wertmaßstab erklärt.[128] Der Begriff entspricht nach

---

[127] Vgl. etwa OGZ 3, 83, 85.
[128] OGZ 5, 107.

Rechtstechnik und Zielsetzung genau dem demagogisch gebrauchten «gesunden Volksempfinden» der NS-Zeit.

Justiz und Jurisprudenz in totalitären Systemen geben die Staatsideologie als Volksbewußtsein aus und deklarieren sie so zur Rechtsquelle.

Natürlich liegt die Frage nahe: Wie war das in der alten Bundesrepublik nach 1949 mit der demokratischen Rechtserneuerung? Der Umbau der überkommenen Gesetzesordnung in der Bundesrepublik mit Hilfe des Grundgesetzes und der obersten Bundesgerichte wäre eine eigene Untersuchung wert. Zu erinnern ist etwa an die richterrechtliche Durchsetzung der Gleichberechtigung von Männern und Frauen im Eherecht und im Arbeitsrecht gegen einen sehr zögerlichen parlamentarischen Gesetzgeber. Der Schutz der Persönlichkeit gegen schwerwiegende Ehrverletzungen, besonders durch die Medien, wurde vom Bundesgerichtshof und vom Bundesverfassungsgericht durch die richterrechtliche Ausdehnung des § 253 BGB unter Berufung auf die Art. 1 und 2 GG entwickelt. Andererseits hat das Bundesverfassungsgericht später mit Art. 5 GG (Meinungs-, Medien- und Kunstfreiheit) weite Teile des zivil- und strafrechtlichen Ehrenschutzes stark eingeschränkt. Das Bundesarbeitsgericht hat mit seiner Auslegung des Art. 9 Abs. 3 GG (Koalitionsrecht) eine neue, in Teilen heftig umstrittene Arbeitskampfrechtsordnung aufgestellt. Das sog. Sozialstaatsprinzip, d.h. die Umdeutung der Adjektive «sozial» in Art. 20, 28 GG zu einem Substantiv, das neben das Rechtsstaatsprinzip getreten ist, hat in der Rechtsprechung – besonders der Arbeitsgerichtsbarkeit – zu erheblichen Umgestaltungen zivilrechtlicher Materien (Kündigungsschutz, freie Mitarbeiter) geführt. Die wenigen Andeutungen stehen für ein weites Feld richterlicher Normsetzungen mit dem Ziel eines Umbaus der Rechtsordnung. Auf die fundamentalen Probleme dieser richterlichen «Ersatzgesetzgebung» kann nicht eingegangen werden. Die Hinweise zeigen: Die generalklauselartig formulierten Grundrechtsbestimmungen der Verfassung waren auch in der alten Bundesrepublik nach 1949 geeignete Hebel zu richterrechtlicher Umgestaltung der überkommenen Gesetze.

4. Die Konstruktion neuer Grundbegriffe und systemfreundlicher Auslegungsmethoden

Der politische Systemwechsel führt zum «Abbruch» einer alten und zur Errichtung und Durchsetzung einer neuen Wertordnung.[129] Seit Lorenz v. Stein sollte es zum Gemeingut rechts- und sozialwissenschaftlicher Erkenntnis gehören,[130] daß alle zentralen juristischen Begriffe «gesellschaftliche Begriffe» sind, also dem sozialen, ideologischen und politischen Wandel unterliegen. Es liegt daher nahe und ist eine auf der Hand liegende, vielfach historisch belegte Tatsache, daß nach Systemwechseln die tragenden Grundbegriffe der Rechtsordnung neu definiert werden. Im Nationalsozialismus fand man für die völkisch-rassische Neukonstruktion der Grundbegriffe so wohlklingende neue Namen wie «konkretes Ordnungsdenken» (Carl Schmitt) oder «konkret-allgemeine Begriffe» (Karl Larenz). Der Sache nach ging es um die Bereitstellung «ideologischer Gleitklau-

---

[129] Vgl. Rüthers, Rechtsordnung und Wertordnung – Zur Ethik und Ideologie im Recht, Konstanz 1986.
[130] Vgl. L. v. Stein, Über Gegenwart und Zukunft der Rechts- und Staatswissenschaft Deutschlands, Stuttgart 1876.

seln» – den bekannten Währungsgleitklauseln nicht unähnlich –, die es erlaubten, die neuen (rassisch-völkischen) Grundwerte der NS-Ideologie ohne Großeinsatz des Gesetzgebers als Bestandteile und Leitsterne des überkommenen Gesetzesrechts auszugeben.

Die juristische Literatur in der DDR in den ersten Jahren nach 1949 weist unter anderen Etiketten dieselben Phänomene einer – dort marxistisch-leninistisch betriebenen – Umdeutung aller Rechtsgrundbegriffe auf.

Die Rechtsprechung zum «Wesen der Ehe» nach dem Ehegesetz von 1938 gibt dazu, wie bereits ausgeführt, frappierende Einblicke, weil seine insoweit unveränderten Vorschriften in vier verschiedenen Staatssystemen (NS-Staat, Österreich, Bundesrepublik und DDR) über Jahre hin mit gegenläufigen Ergebnissen angewendet wurden.[131] Der Vorgang ist in der Rechtsgeschichte alles andere als neu. Im Gegenteil: Alle sog. Wesensbegriffe, Generalklauseln, Argumente aus einer angeblichen «Natur der Sache» sind darauf angelegt, die jeweilige Gesetzesordnung an eine außergesetzliche, weltanschaulich gefüllte Wertordnung anzuschließen. Sie sind nichts anderes als Zuleitungen einer außergesetzlichen Ideologie in die juristische, normative Geltung. Darin liegt die rechtstechnische Funktion solcher Begriffskonstruktionen und -verwendungen, wie immer man ihre Inhalte politisch oder moralisch beurteilen mag.

---

[131] Vgl. dazu Rüthers, Wir denken die Rechtsbegriffe um. – Weltanschauung als Auslegungsprinzip, Zürich 1987; ders., Die unbegrenzte Auslegung, Zum Wandel der Privatrechtsordnung, 1. Aufl., Tübingen 1968, 4. Aufl., Heidelberg 1991, S. 277 ff., 400 ff.

5. Kontinuitäten – Zur Zählebigkeit von Staatsleitbildern

Die Häufigkeit und Geschwindigkeit der Systemwechsel in Deutschland bedeutet nicht, daß die jeweils vorher gültigen Staatsideologien ihren Einfluß auf Rechtswissenschaft und Justiz vollständig verlieren. Neben und hinter der Anpassung an die neu etabilierten, nunmehr «gültigen» Wertetafeln und Grundwerte nach einer Wende bleibt – bisweilen unterbewußt, nicht selten auch gezielt eingesetzt – juristisches («dogmatisches») Gedankengut aus der Vorwendezeit wirksam. So hat etwa die deutsche Staatsrechtslehre sich in maßgeblichen Teilen schwer getan, die Vereinbarkeit von Rechtsstaat und Sozialstaat im Grundgesetz zu verstehen und zu akzeptieren.[132] Es bestanden offenbar ideologisch bedingte Schranken, sich auf die staatsrechtlichen Konsequenzen einzulassen, die sich aus dem Wandel vom Staatsbild der Monarchie und des autoritären («totalen») Staates zur demokratisch organisierten «Industriegesellschaft» ergaben.

Dieser in der frühen Bundesrepublik verbreitete staatsrechtliche Antimodernismus hat ein beredtes literarisches Zeugnis gefunden in der 1971 erschienenen Schrift von Ernst Forsthoff «Der Staat der Industriegesellschaft».[133] Ganz in der Tradition seines Lehrers Carl Schmitt schreibt Forsthoff hier einen larmoyanten Nachruf auf den Staat im herkömmlichen Verständnis seiner Schulrichtung. Die Bun-

---

[132] Zum Ausgangspunkt der Kontroverse, vgl. E. Forsthoff, Begriff und Wesen des sozialen Rechtsstaates, VVDStRL 12 (1954); ebenso ders., Rechtsstaatlichkeit und Sozialstaatlichkeit, Darmstadt 1968, S. 168 ff.

[133] München 1971.

desrepublik sei kein Staat im hergebrachten Sinne des Begriffs. Die «Unfähigkeit zu geistiger Selbstdarstellung» mache offenbar, daß die Republik nicht mehr «das Konkret-Allgemeine» repräsentiere.[134] Hier noch von Souveränität zu sprechen, sei absurd. Und dann die Untergangsmelodie im «crescendo»: «Die Grundlagen politischer Herrschaft, von den Repräsentanten der Bundesrepublik, wenn überhaupt dann doch ohne Überzeugungskraft verteidigt, sind dahin.»[135] Und warum ist das so? Der Staat, die Bundesrepublik, so meint Forsthoff, sei außerstande, Technik und Ökonomie der Industriegesellschaft in die Schranken zu verweisen. Dazu bedürfe es einer eigenständigen Macht, die dem Staat fehlen müsse, der seine Stabilität und Funktionsfähigkeit der Industriegesellschaft verdankte.[136] Das Verhältnis zwischen Staat und Gesellschaft wird noch ganz aus dem Staatsverständnis des 19. Jahrhunderts gesehen und beurteilt:

«Die Ausdehnung der staatlichen Kompetenzen in den gesellschaftlichen Bereich ... ist dann ein Symptom der Schwäche, wenn der Staat lediglich als Nothelfer in Situationen gerufen und akzeptiert wird, welche die Gesellschaft mit eigenen Kräften nicht bewältigen kann. Die der Gesellschaft nicht zugänglichen Möglichkeiten des Staates, kraft seiner Hoheit Mittel aufzubringen und Wirtschaftsabläufe zu steuern, werden auf diese Weise in den Dienst gesellschaftlicher Zwecke gestellt. ...

Dieser Aufgabe kann sich der moderne Staat schlechterdings nicht entziehen, denn an der Funktionsfähigkeit der Industriegesellschaft hängt die

---

[134] Bemerkenswert ist die Unbefangenheit, mit der hier auf die rechtstheoretischen Denkmuster der NS-Rechtserneuerung Bezug genommen wird. Dazu näher Rüthers, Die unbegrenzte Auslegung, 1. Aufl., 1968, 4. Aufl. 1991, S. 302 ff.

[135] Forsthoff, Der Staat der Industriegesellschaft, München 1971, S. 158.

[136] Forsthoff, a.a.O., S. 168.

V. Instrumente und Methoden

Wohlfahrt Aller. Damit ist er an die gesellschaftlichen Machtverhältnisse gebunden und in die politischen Auseinandersetzungen verstrickt, die diese Machtverhältnisse zum Thema haben.

Diese Entwicklung legt die Frage nahe, ob es nicht an der Zeit ist, das überkommene Verständnis des Staates zu verabschieden. Das ist bereits mehrfach geschehen. Radikal in der Feststellung: der Staat ist tot. Differenzierter in der Forderung, ein neues Staatsbild aus den gegenwärtigen Realitäten herauszuheben. ... Die Frage ist allerdings, ob der von den heutigen Realitäten her verstandene Staat noch mit dem traditionellen Staatsbegriff in Verbindung gesetzt werden kann, oder ob er etwas toto coelo anderes ist, ein organisiertes Gemeinwesen, das nur noch kraft eines allgemeinen Konsenses als Staat benannt wird.

Hier steht mehr auf dem Spiel, als das öffentliche Gerede über dieses Thema wahrhaben will. Denn wenn es so sein sollte, daß das, was sich heute als Staat darbietet und auch so benannt wird, von allen traditionellen Staatsvorstellungen gelöst ist, dann ist die Frage zu stellen, wo die Freiheit der Person ihren Beschützer findet, eine Frage, die notwendig ohne Antwort bleiben muß».[137]

Warum diese Frage und ihre möglichen Antworten so vorschnell aufgegeben und ihre historischen Hintergründe oder Abgründe in diesem Jahrhundert nicht ausgeleuchtet werden, das ist mindestens eingehender nachdenkenswert. Allerdings führt diese Nachfrage in historische Phasen der eigenen Disziplin und in unbequeme Fakten und Widersprüche.

Wo war die Mehrheit der deutschen Staatsrechtslehrer und Staatsphilosophen, als es vor und nach 1933 darum ging, ob und wo «die Freiheit der Person» ihre Beschützer finden sollte? Damals wurde von Schmitt, Forsthoff, Maunz und vielen anderen Staatsrechtlern das unbeschränkte Vertrauen in den totalen Führerstaat verkündet, der jegliche Freiheit der Person vernichtete und, unter dem Beifall

---

[137] Forsthoff, a.a.O., S. 25.

der Staatsrechtslehre, sämtliche Grundrechtsgewährleistungen abgeschafft sehen wollte. Wenn 1971 ebenso vollmundig das Ende aller wahren Staatlichkeit beschworen und zusätzlich Industrie und Technik in seltsamer Simplizität primär als Schreckgespenste dargestellt werden, dann bleibt eigentlich zusätzlich zur Vergeßlichkeit gegenüber den historischen Zusammenhängen nur die Kontinuität der Verkennung gegenüber den technisch-industriellen Lebensgrundlagen der gegenwärtigen Welt festzustellen. Diese Generation hatte ihre Staatsideologie verloren und verwechselte ihren Ideologieverlust mit dem Ende des Staates und der Gesellschaft. Sie hatte zugeschaut und mitgeholfen, als eine historische Lebensform zerbrach und verkündete nun das Ende des Staates.

Es ist, um den Zusammenhang gründlicher zu verstehen, nützlich, ja geboten, die Entscheidungsgründe zum ersten und zweiten Beamtenurteil des Bundesverfassungsgerichts von 1953[138] und 1957[139] nachzulesen. Beide Urteile sollten wegen ihres Reichtums an historischem Material zur Rechtsentwicklung im Nationalsozialismus und zum Staatsverständnis im Totalitarismus des NS-Regimes zum Pflichtgegenstand der Juristenausbildung gemacht werden. Eine vergleichbare Aufbereitung zur Rechtsentwicklung im SED-Staat wäre wünschenswert.

Das Bundesverfassungsgericht hat damals – entgegen der Ansicht des BGH[140] – mit ausführlicher Begründung festgestellt, daß alle Beamtenverhältnisse zum Deutschen Reich

---

[138] Urteil des Ersten Senats vom 17. Dezember 1953 – BVerfGE 3, 58 ff.
[139] Erster Senat, BVerfGE 6, 132–222.
[140] BGHZ 2, 117; 10, 30; 12, 265.

V. Instrumente und Methoden

mit dem 8. Mai 1945 erloschen seien. Am konkreten Beispiel des Beamtenverhältnisses eines Mitglieds der Geheimen Staatspolizei behandelt das Gericht die Folgen eines «Wechsels der Staatsform». Höchstrichterliche Stellungnahmen zum Wechsel politischer Systeme und zu ihren rechtlichen Folgen sind äußerst selten. Schon deshalb verdienen die beiden Urteile des Bundesverfassungsgerichts besondere Aufmerksamkeit. Insbesondere die zweite Entscheidung von 1957 ist juristisch, politisch und historisch von herausragender Bedeutung, weil sie in der ausführlichen Begründung eine faszinierende Materialsammlung von Beiträgen aus Gesetzgebung, Literatur und Rechtsprechung zur juristischen Beurteilung des NS-Regimes und seiner Einwirkung auf die Rechtsordnung am Beispiel der Rechtsverhältnisse der Beamten des NS-Staates bietet.

Weil das erste Urteil des Bundesverfassungsgerichts von 1953 in der Literatur und Rechtsprechung auf teilweise heftige Kritik gestoßen war, hat das Gericht in der zweiten bestätigenden Entscheidung die zahlreichen Ungereimtheiten und Widersprüche aufgezeigt, in die sich Träger bekannter Namen der Wissenschaft des öffentlichen Rechts in ihren Beiträgen vor 1945 einerseits und ihrer Urteilskritik nach 1953 andererseits verwickelt hatten, als es darum ging, die Fortdauer ihrer Beamtenverhältnisse nach 1945 zu verteidigen (z.B. Köttgen, Herbert Krüger, Giese, Helfritz, Reinhardt, Fischbach, Pabst, Jerusalem, Koellreutter, Wacke, Werner Weber, E.R. Huber, v. Laun). Das Gericht hat an seiner Auffassung festgehalten,[141] daß die durch die nationalsozialistische Gesetzgebung umgestalteten, auf den Führer Adolf Hitler ausgerichteten Beamtenverhältnisse national-

---

[141] BVerfGE 6, 132, 150f.

sozialistischer Prägung mit dem Zusammenbruch des NS-Staates am 8. Mai 1945 erloschen seien.

Für die übereinstimmenden rechtswissenschaftlichen Meinungen zur spezifisch nationalsozialistischen Umgestaltung des Beamtentums im NS-Staat bringen beide Urteile des Bundesverfassungsgerichts zahlreiche eindringliche Belege namhafter Autoren aus der Zeit vor 1945, die in ihrer Kritik des ersten BVerfG-Urteils entschieden das Gegenteil vertraten. Dazu sagt das Gericht im zweiten Urteil:

«Das Gericht konnte sie nicht als ‹Lügen› oder ‹Unsinn› oder ‹krauses Zeug› abtun, schon deshalb nicht, weil sie zu einem wesentlichen Teil von Verfassern stammen, die auch jetzt das Beamtenrecht wissenschaftlich behandeln, und weil kein Grund ersichtlich ist, ihren damaligen wissenschaftlichen Äußerungen weniger Ernst zuzuerkennen als den heutigen».[142]

Und ferner:

«Der an sich verständliche Wunsch einzelner Autoren, von ihren früheren, jetzt auch von ihnen selbst mißbilligten Äußerungen abzurücken, darf nicht dazu führen, diese Äußerungen auch in ihrem *damaligen* Aussagewert zu verkleinern. Daß die im Urteil angeführten Zitate die damals so gut wie einhellig vertretene rechtswissenschaftliche Meinung richtig wiedergegeben haben, ist für jeden, der die Zeit zwischen 1933 und 1945 in Deutschland miterlebt hat, evident und jedenfalls für das Bundesverfassungsgericht gerichtsbekannt».[143]

Forsthoff wurde vom Bundesverfassungsgericht ebenfalls mehrfach zitiert. In der zweiten Auflage seiner Schrift «Der totale Staat» (1934) hatte er zu der von Hitler befohlenen Mordaktion des 30. Juni 1934 geschrieben, daß «Staat und nationalsozialistische Bewegung ... eine unauflösliche, in dem Vorgehen des Führers gegen die aufrührerischen

---

[142] BVerfGE 6, 132, 167.
[143] BVerfGE 6, 132, 177.

V. Instrumente und Methoden

SA-Führer[144] besonders augenfällig in Erscheinung getretene Einheit gebildet haben» und daß «die Einheit von Partei und Staat ... praktisch bereits verwirklicht (war), ehe sie durch das Gesetz vom 1. Dezember 1933 in aller Form ausgesprochen wurde».[145] 1954 schrieb derselbe Autor, «daß Staat und Partei keine Einheit waren und daß auf dieser Tatsache das Maß der Freiheit beruhte, ... dessen der Einzelne jeweils genoß».[146]

Es ging also nicht nur um die Fortdauer der Beamtenverhältnisse, sondern im Kern um das Staatsverständnis, um die Frage, welcher Natur von Staat die Beamten ihre Treue mit dem Eid auf den Führer Adolf Hitler geschworen hatten.

Die Wunden aus dieser Kontroverse waren 1971, als «Der Staat der Industriegesellschaft» unter großem Beifall der Schulgenossen und Schicksalsgefährten einer Beamten- und Professorenexistenz in zwei bis drei Reichen erschien, noch nicht verheilt. Das Buch war eine epochensymptomatische Kampf- und Rechtfertigungsschrift. Der emotionale Schwung verführte den Autor dazu, offenkundige Widersprüche und Brüche in der eigenen Argumentation zu übersehen oder zu leugnen.

---

[144] Zu den Massentötungen um den 30. Juni 1934 ist festzuhalten, daß sich diese Aktion nicht nur gegen «aufrührerische SA-Führer» richtete, sondern unter den etwa 85 Mordopfern überwiegend Nicht-Nationalsozialisten und potentielle NS-Gegner waren, etwa die Reichswehrgeneräle v. Schleicher und v. Bredow, der führende Repräsentant katholischer Laien in Berlin Erich Klausener und der Sekretär v. Papens Edgar Jung; vgl. Rüthers, Carl Schmitt im Dritten Reich, 2. Aufl., München 1990, S. 76 f.
[145] Forsthoff, S. 10 u. 36; zitiert nach BVerfGE 6, 175.
[146] Zitiert nach BVerfGE 6, 175.

Zunächst wird, wie erwähnt, die anklagende Frage gestellt, «wo die Freiheit der Person ihren Beschützer findet», und insoweit dem neuen Staat dauerhafte Inkompetenz bescheinigt.[147]

Wenig später wird – höchst beiläufig – die Frage gestreift, ob es einen Grad der Medienkonzentration (damals vor allem der Pressekonzentration) gibt, bei dessen Eintreten der Staat von Verfassungs wegen gehalten ist, die Vielfalt der Presse durch geeignete Maßnahmen gegen die Konzentration zu schützen. Forsthoff meinte dazu lapidar, das Bundesverfassungsgericht habe einen solchen Verfassungsauftrag in Art. 5 GG hineingelesen, «obgleich in dieser Vorschrift davon mit keiner Silbe die Rede ist». Daran ist zweierlei interessant. Das erste ist seine immanente These, die Verfassungsauslegung habe sich auf das zu beschränken, was in den «Silben» des Verfassungstextes ausdrücklich erwähnt ist. Das würde hermeneutisch den Rückfall in die Primitivität bedeuten. Denn schon die Lehren seines Lehrers Carl Schmitt von den «institutionellen Garantien der Weimarer Reichsverfassung»[148] gingen bewußt weit über den Verfassungstext hinaus. Dasselbe gilt heute etwa für die zahlreichen Einrichtungsgarantien (Tarifautonomie, Verbot der Zwangsschlichtung, Arbeitskampf) in Art. 9 Abs. 3 GG oder in Art. 5 GG («Institut freie Presse»).

Zum zweiten: Ist es nicht verwunderlich, daß Forsthoff sich in der damaligen Debatte um Maßnahmen gegen die

---

[147] Forsthoff, Der Staat der Industriegesellschaft, München 1971, S. 25.
[148] Carl Schmitt, Freiheitsrechte und institutionelle Garantien der Reichsverfassung (1931), in: Carl Schmitt, Verfassungsrechtliche Aufsätze, Berlin 1985, S. 140–173.

V. Instrumente und Methoden

zunehmende Pressekonzentration auf der Seite der Gegner einer gesetzlichen Regelung engagierte. Gerade hier wäre die Chance gewesen, seine feurige Beschwörung des Staates als «Beschützer der Freiheit der Person» einzulösen. Denn wo ist diese Freiheit und die Lebensgrundlage einer kommunikationsfähigen Demokratie mehr gefährdet als durch unkontrollierte Medienmonopole? Nicht allein Art. 5 GG, auch die Grundsätze der Art. 1, 2, 3, 4, 9, 12 und 20 GG können durch sie in Gefahr geraten. Wurden solche Gefahren nicht gesehen? Der Konflikt mit der sich damals abzeichnenden Konzeption der Verfassungsauslegung durch das Bundesverfassungsgericht hatte einen tiefer liegenden Grund.

Das Gericht hatte in mehreren Entscheidungen die Verfassung des Grundgesetzes als ein Wertesystem definiert. Die Verfassung enthielt danach immanent den Auftrag, solche Wertvorgaben, etwa die der Grundrechte und der Staatszielbestimmungen, auch zu verwirklichen.

Nach zwei früheren Auftritten in seinem «Ebracher Seminar» seit 1957 hatte Forsthoff seinen Lehrer Schmitt 1959 vor dem kleinen privaten Seminarzirkel zu einem Vortrag mit dem Thema geladen «Die Tyrannei der Werte».[149] Der Angriff Schmitts richtete sich gegen das Verfassungsverständnis des Bundesverfassungsgerichts im Sinne einer objektiven Wertordnung und eines Wertsystems.[150] Diese Ebracher Seminare Forsthoffs gehörten zu den wenigen Foren, die Schmitt, der nach 1945 keinen Lehrstuhl mehr erhielt, verblieben wa-

---

[149] Carl Schmitt, Die Tyrannei der Werte (Manuskript 1960), in: Säkularisation und Utopie, 1967.
[150] BVerfGE 5, 85, 139; 7, 198, 205; std. Rspr.

ren.[151] Forsthoff folgte Schmitts Polemik gegen die Deutung des Grundgesetzes als Wertsystem im vollen Umfang. Für einen Autor seines Ranges ist das bemerkenswert, zeigt wohl zugleich die epochenbedingten Befangenheiten dieser am NS-System maßgeblich beteiligten Juristengeneration. Zwei Aspekte verdienen Beachtung.

Die Staatsrechtslehre des NS-Staates – unter maßgeblicher Beteiligung von Schmitt, Forsthoff, Maunz, E. R. Huber u. v. a. – hat sich fast ein Jahrzehnt lang beflissen gezeigt, die Werte der NS-Weltanschauung und zusätzlich jede beliebige Umwerterei des Tyrannen getreulich in juristische Dogmatik und handhabbare justizielle Praxis umzusetzen. Ausgerechnet diese Stabselite des Öffentlichen Rechts der NS-Zeit hält sich Ende der 50er Jahre für berufen, das Bundesverfassungsgericht, den demokratisch legitimierten Hüter der Verfassung, vor der «Tyrannei der Werte» zu warnen.

Der zweite Aspekt betrifft die unlösbare Zuordnung jeder Rechtsordnung zu einer ihr zugrunde liegenden Wertordnung.[152] Recht ist zu allen Zeiten nichts anderes als der Versuch, als wertvoll angesehene Rechtsgüter durch Normen zu schützen. Der unlösbare Zusammenhang von Rechtsnormen und Werten ist in jeder Einzelnorm offenkundig. Sie soll nach dem Willen des Normgebers, dem «Normzweck», bestimmte, für «wertvoll» und «gerecht»

---

[151] Vgl. Dirk van Laak, Gespräche in der Sicherheit des Schweigens – Carl Schmitt in der Geistesgeschichte der frühen Bundesrepublik, Berlin 1993, S. 200 ff.; dazu Rüthers, Kontinuitäten – Zur Wirkungsgeschichte von Carl Schmitt in der Bundesrepublik Deutschland, Rechtshistorisches Journal 13 (1994), S. 142 ff. (158 f.).

[152] Vgl. Rüthers, Rechtsordnung und Wertordnung – Zur Ethik und Ideologie im Recht, Konstanz 1986.

V. Instrumente und Methoden

gehaltene Zwecke verwirklichen und gewährleisten. Wer versucht, die Rechtsordnung (insgesamt) von der Wertordnung zu trennen, der das Recht zu dienen bestimmt ist, macht das Recht buchstäblich wert-los.

Die deutschen Systemwechsel dieses Jahrhunderts haben ihre Dramatik gerade darin, daß weithin unverändert übernommene Gesetzesmaterien mit jedem Systemwechsel auf völlig neue Wertgrundlagen gestellt und ausgewechselt wurden.[153]

Die maßgeblich von Schmitt und Forsthoff betriebene Polemik gegen das Verständnis der Verfassung als Wertsystem, die in der Staatsrechtslehre bis heute fortwirkt, kennzeichnet also einen Irrtum über die Grundlagen und Funktionsweisen jeder Rechtsordnung im Hinblick auf das von ihr verwirklichte und geschützte Wertsystem. Sie zeigt zugleich, in welchem Ausmaß uneingestandene persönliche Rechtfertigungsbedürfnisse die Wahrnehmungsfähigkeit in wissenschaftlichen Fragen einschränken können.

Das ist kein nur historisches Problem der Zeit nach 1945 in der Bundesrepublik. Es ist vielmehr zeitlos. Gegenwärtig hat es in den Debatten um die Rolle der Wissenschaften und Wissenschaftler im real existierenden Sozialismus und nach seinem Zusammenbruch erneut Hochkonjunktur.

An der gesamten Schrift Forsthoffs verdienen mehrere Aspekte Beachtung:

Nur ein Staat, der dem «traditionellen Staatsbegriff» (also dem seiner Generation und seiner Prägung) entspricht, ist ein guter Staat. Der Staat als die Selbstorganisation einer

---

[153] Musterbeispiel ist das Ehegesetz des NS-Staates von 1938; vgl. dazu Rüthers, Wir denken die Rechtsbegriffe um ... Weltanschauung als Auslegungsprinzip, Zürich 1987.

Gesellschaft freier Bürger liegt außerhalb dieser Vorstellung. Die nur vage umschriebene «Industriegesellschaft» erscheint als ein durch und durch dubioses, furchterregendes Gebilde, vor dem der nach Forsthoff degenerierte, weil gesellschaftsabhängige Staat versagt. Die Kriterien für dieses Urteil findet Forsthoff in den Lehren seines Lehrers Carl Schmitt. Der «traditionelle Staatsbegriff» Forsthoffs hat zwei fundamentale Umwälzungen dieses Jahrhundert nicht zur Kenntnis genommen und verarbeitet: die Wende vom autoritären Staat zur pluralen Demokratie und die expansive, staatsprägende Rolle der Wirtschaftsentwicklung in den modernen Industriestaaten. Kennzeichnend ist insoweit, daß Forsthoff in seiner Schrift zwar zwei Kapitel der «technischen Realisation», aber keines der Wirtschaftsverfassung, dem Wettbewerb und der Rolle der Marktwirtschaft in einer freien Gesellschafts- und Staatsordnung widmet.

Auf die Schrift Forsthoffs wird hier so ausführlich verwiesen, weil sie als repräsentativ gelten kann für seine Generation der deutschen Staatsrechtslehrer nach 1945 und weil diese Generation das Staatsbild mehrerer Generationen von Juristen maßgeblich – teilweise bis heute – beeinflußt hat. Wir haben insoweit ein eindrucksvolles Beispiel für das lange Nachwirken vorgängiger Rechts- und Staatsideologien in nachfolgenden politischen Systemen vor Augen. Verwurzelte ideologische Grundvorstellungen sind zählebig; das gilt nicht nur für diesen Fall, sondern generell. Die Nachwirkung der Ideologien reicht weit über die Lebenszeit der politischen Systeme hinaus, in denen sie herrschend waren.

Kennzeichnend ist bei Forsthoff – das Beispiel weist auch insoweit über den einzelnen Autor hinaus – die Neigung zur Verabsolutierung überkommener juristisch-dogmatischer (also staatsideologischer) Kategorien und die daraus folgende Fremdheit und Distanz zu den gewandelten gesellschaftlichen und wirtschaftlichen Realitäten. Sie werden gemieden oder abgewertet, wenn sie nicht in die traditionellen juristischen Begriffe und Vorstellungen passen. Die tradierte Ideologie triumphiert über die ungeliebte Wirklichkeit.

Zur Persönlichkeit Ernst Forsthoffs ist, um Fehldeutungen und Mißverständnissen vorzubeugen, ein Hinweis geboten. Sein Schrifttum zum «totalen Staat» zu Beginn der NS-Zeit zeigt eine weitgehende Identifikation mit der NS-Ideologie. Aber bereits ab 1936 – nach seiner Teilnahme an der von seinem Lehrer Carl Schmitt organisierten Tagung zum «Kampf der deutschen Rechtswissenschaft wider den jüdischen Geist» – hat er nicht nur (bis 1946) mit Carl Schmitt gebrochen, sondern auch der NS-Ideologie zunehmend kritisch gegenübergestanden. Er leistete der Evangelischen Kirche juristischen Beistand gegen das Vorhaben des Reichsführers Himmler, aus dem Quedlinburger Dom eine SS-Weihestätte zu machen. Ein Ruf nach Marburg wurde ihm als «nicht berufungswürdig» verwehrt. In Wien, wohin er schließlich berufen wurde, erhielt er ein Vorlesungsverbot. In der Wiener Zeit teilte er mit einer dort untergetauchten Jüdin aus Köln (Lily Wolf) seine Lebensmittelkarte. Sein Weg bestätigt die Risiken, denen Juristen in und nach Systemwechseln, insbesondere aber in totalitären Systemen ausgesetzt sind. Sein Kollege, der Völkerrechtler Karl Doehring hat es an seinem Grab wohl treffend formuliert: «Er hat seine Vergangenheit bewältigt, als es noch lebensgefährlich war.»

VI. Systemwechsel als Rechts- und Juristenkrisen

1. *Die Zeitgeistabhängigkeit von Recht und Juristen*

Es ist an die oben unter C.IV. gewonnenen Einsichten zur Rolle der öffentlich tätigen Berufsgruppen zu erinnern. Sie gelten gerade für Juristen:

Gesetzesgebunden tätige Juristen sind in jedem System gleichsam «Systemfunktionäre». Sie stehen im Dienst der jeweiligen konkreten Rechts- und Herrschaftsordnung, sei sie gerecht oder ungerecht.

Diese Dienstrolle tritt in der Ausnahmesituation eines Systemwechsels deutlicher zutage, gilt aber ebenso für Juristen in der staatsrechtlichen Normallage; sie wird dann nur oft nicht wahrgenommen. Die systemspezifischen individuellen Handlungs- und Entscheidungsfreiräume für Juristen sind in der Regel verfassungsgesetzlich begrenzt. Das Grundgesetz sagt dazu in Art. 97 Abs. 1:

«Die Richter sind unabhängig und nur dem Gesetz unterworfen.»

Der Satz ist im Indikativ formuliert, aber er ist als ein Imperativ gemeint. Die Erfahrung der geschilderten Systemwechsel in Deutschland könnte eine andere Aussage nahelegen:

«Die Richter sind unabhängig, nur dem Gesetz und dem Zeitgeist unterworfen».

Allerdings ist zu fragen: Gilt das nur für Juristen? Immerhin scheinen sie besonders zeitgeistgehorsam oder doch -gefährdet zu sein. Etwa das Arbeitsrecht aller genannten Epochen, auch das gegenwärtige in seiner maßgeblichen Ausprägung durch das häufig wechselnde Richterrecht des Bundesarbeitsgerichts, bietet eindrucksvolle Belege für diese Aussage.

Ferner bestätigen die Erfahrungen in und nach Systemwechseln die bereits genannte fundamentale Verknüpfung der geschriebenen Rechtsordnung mit einer ihr zugrundeliegenden weltanschaulich (= ideologisch) begründeten Wertordnung. Recht und Basisideologie sind untrennbar. Der Kontext dieser Wertordnung bestimmt maßgeblich den konkreten Textinhalt der jeweiligen Gesetzesordnung, d. h.: Der Wortlaut der Gesetze hat keinen festen Inhalt. Das gilt in jeder Staatsordnung – in der rechtsstaatlichen Demokratie ebenso wie im totalitären Unrechtsstaat. Der Text der Rechtsnormen wird mitgeprägt durch den Kontext der politischen Situation.

2. Konsequenzen für die Juristenausbildung – Die Bedeutung der juristischen Methoden

Die wissenschaftstheoretische, vielleicht auch die berufsethische Aufarbeitung des außergewöhnlichen Potentials von geschichtlicher Erfahrung und methodischem Knowhow verdient Beachtung. Im vorliegenden Zusammenhang können dazu nur wenige Anmerkungen und Hinweise gegeben werden. Es wäre jedoch verhängnisvoll, wenn weiterhin, wie bislang in Deutschland, die Bedeutung dieser Fragen für die Gegenwart und Zukunft der Rechts- und Staatswissenschaft verkannt, verdrängt oder vernachlässigt würde.

Das gilt vor allem für die Ausbildung der künftigen Juristengenerationen. In den maßgeblichen Unterrichtsmaterialien der Rechtswissenschaft haben die Erfahrungen deutscher Juristen mit staatlichen Unrechtssystemen bisher keinen, jedenfalls keinen der Aktualität und der Tragweite der Problematik angemessenen Platz gefunden. Das gilt für nahezu alle Teildisziplinen der Rechtswissenschaft, insbesondere aber für die Rechtstheorie, die Rechtsgeschichte und die juristischen Methodenlehren. Hier wird in den maßgeblichen Lehr- und Handbüchern teilweise bis heute so getan, als habe es sich etwa bei der Rechtsperversion im Nationalsozialismus um einen bedauerlichen kleinen Betriebsunfall gehandelt, über den man nach dem Zusammenbruch 1945 so hinweggehen könnte, wie man gelegentlich den vereinzelten Fehltritt von Söhnen oder Töchtern aus ehrbaren Familien zu vertuschen sucht.

Das hat plausible Gründe. Die selbst in die nationalsozialistische Rechtserneuerung verstrickten Autoren der Nachkriegszeit haben sich überwiegend einer zunächst nicht ganz erfolglosen, insgesamt eher hilflosen Strategie des Verschweigens und Verdrängens verschrieben. Alle dunklen Vorgänge, alle Zweifelsfragen und Unrechtsbeihilfen in der Epoche zwischen 1933 und 1945 wurden entweder ausgelassen oder verharmlost, nicht selten gar verklärt. Die «Zunft» der Kollegen, auch die wissenschaftlichen Vereinigungen, hielten und halten sich behutsam und kollegial bei solchen Themen zurück. Heute üben dabei einflußreiche Schüler- und Jüngerscharen der großen Meister von ehedem einen beträchtlichen Einfluß aus. Sie meinen, ihre verehrten Lehrer und Vorbilder zu schützen, wenn sie deren Beteiligung an der NS-Rechtsperversion zu verheimlichen oder zu verharmlosen suchen.

Diese Fragen sind mit dem Zerfall der DDR seit 1989 aus der vermeintlich schon vergehenden Vergangenheit in die brennende Aktualität der Gegenwart gerückt. Erneut geht

VI. Systemwechsel als Rechts- und Juristenkrisen

es um die Konkursabwicklung eines Unrechtsstaates, an dessen Legitimation und Organisation Juristen aller Berufssparten einen maßgeblichen Anteil hatten. Alle Phänomene des Verschweigens, Verdrängens und Verharmlosens wiederholen sich. Erneut wird die nüchterne Erfassung dessen, was in Justiz und Rechtswissenschaft real geschehen ist und wie es dazu kommen konnte, vielfältig behindert. Bereits die Formulierung von Fragen zum Unrechtscharakter des Systems gilt als anstößig, als unzulässige Einmischung oder Besserwisserei. Wer die vergleichbaren Erfahrungen mit dem NS-Unrecht vor Augen hat, ist nicht verwundert.

Ein spezielles, besonders augenfälliges Anwendungsfeld von Umdeutungsstrategien bei System- und Ideologiewechseln sind die Lehren von den juristischen Methoden. Aus der Literatur dazu kann man lernen, wie man mit der Geschichte dieser Disziplin und ihrer Autoren in wechselhaften Zeiten umzugehen pflegt.

Das Fach «Juristische Methodenlehre» hat es, soweit ersichtlich, in den Studienplänen deutscher juristischer Fakultäten vor 1945 als ein selbständiges Lehrgebiet mit eigenen Veranstaltungen kaum gegeben. Auch in der ersten Zeit nach 1945 gehörte es nicht zum Kanon der Ausbildungsfächer. 1960 erschien dann ein Werk mit dem Titel «Methodenlehre der Rechtswissenschaft» von Karl Larenz. Es gab einen Überblick über den historischen und systematischen Stand der juristischen Methodendiskussion. Angesichts der anfänglichen Monopolstellung des Buches in der Literatur, der Kompetenz und Formulierungskraft des Autors sowie des Bedarfs an methodischer Argumentation in der frisch etablierten Bundesrepublik Deutschland wurde das Buch bald zum vielzitierten «Klassiker» der Methodenliteratur, auf den sich auch oberste Bundesgerichte in methodischen

Fragen gern und oft abstützen. Das Buch erlebte mehrere Neuauflagen, in denen die rechtsphilosophischen Grundpositionen teilweise unauffällig modifiziert und korrigiert wurden, soweit die oft unzitiert bleibende historisch-politische Kritik das erforderte. 1991 ist die sechste, «neubearbeitete» Auflage erschienen. Die rechtstheoretische Grundstruktur des Buches ist in den Kernfragen unverändert geblieben. Da es sich um ein Musterbeispiel für den Umgang von Teilen der (west-) deutschen Jurisprudenz mit der NS-Vergangenheit ihrer Disziplin handelt, verdient dieses Werk besondere Aufmerksamkeit.

Ähnliches ließe sich übrigens für bestimmte Lehrbücher zur «Privatrechtsgeschichte der Neuzeit», zur Staats- und Verfassungslehre, zum Strafrecht, zum Arbeitsrecht und zu anderen Teildisziplinen der Rechtsordnung darstellen.

Die juristische Methodenlehre erlebte etwa ab 1960 in Theorie und Praxis, auch in den dogmatischen Diskussionen, einen bemerkenswerten Aufschwung. Der Vorgang läßt sich nicht trennen von dem wachsenden Einfluß, den mit der Rückkehr eines Teils der Emigranten und der zunehmenden Öffnung der Grenzen für Westdeutsche die Rechtsvergleichung auf die Entwicklung der Rechtswissenschaft in Deutschland gewann. Der literarische Markstein, teils auch Wegweiser für diese Entwicklung, war die erste Auflage des Werkes «Grundsatz und Norm in der richterlichen Fortbildung des Privatrechts» von Josef Esser, die 1956 erschien. Damit wurde zum ersten Mal nach dem Krieg die herausragende Rolle der richterlichen Normsetzung im Wechsel der politischen Epochen in das öffentliche Bewußtsein der deutschen Jurisprudenz gehoben. Die juristischen Methodenfragen wurden in der Folge zum zentralen Diskussionsgegenstand in allen Teildisziplinen, zumal die klassische Lehre von der Rechtsphilosophie aus Gründen, die eine eigene Untersuchung rechtfertigen würden, deutlich in den Hintergrund trat. Das gilt vor allem für den Rechtsunterricht nach dem Abklingen der Epoche der Naturrechtsrenaissance, also etwa ab 1955.

In diese Situation hinein erschien die «Methodenlehre» von Larenz. Er war bei denen, welche die Methodenliteratur der zurückliegenden Epochen kannten, fachlich ausgewiesen durch zahlreiche einschlägige Publikationen, etwa über «Grundfragen der neuen Rechtswissenschaft» (1935), «Über Gegenstand und Methode völkischen Rechtsdenkens» (1938), «Zur Logik des Konkreten Begriffs» (DRW V, 1940) und «Wegweiser zu richterlicher Rechtsschöpfung» (Nikisch-Festschrift, 1958). Das neue Buch konstituierte das Fach «Methodenlehre» bis in die Namensgebung hinein. Der Zeitpunkt war kein Zufall.

Etwa um das Jahr 1960 war in der deutschen Jurisprudenz allgemein bewußt geworden, daß die Juristen hierzulande mit den Kodifikationen des 19. Jahrhunderts (BGB, ZPO, StGB, StPO, HGB, GewO etc.) inzwischen das fünfte politische System insgesamt zufriedenstellend und erfolgreich «bedienten», d.h. die Gesetzestexte jeweils systemkonform zu interpretieren oder umzudeuten wußten. Eine systematische Bestandsaufnahme der Entwicklung der Methoden und der verwendeten Interpretationsfiguren und -instrumente war also (über-)fällig.

Das Buch von Larenz war die erste und umfangreichste historisch-systematische Untersuchung ihrer Art. Es enthielt von Anfang an einige Merkwürdigkeiten. Der Nationalsozialismus kam weder im Stichwortverzeichnis noch im Inhalt vor. Das ist doppelt erstaunlich. Der Beginn der «völkischen Rechtserneuerung» im Geiste der nationalsozialistischen Weltanschauung war von einer leidenschaftlich geführten Methodendiskussion begleitet. Sie begann 1934[154] und wurde bis zuletzt mit Heftigkeit, ja persönlicher Aggressivität geführt.[155] Es gäbe dazu historisch Fesselndes, Wichtiges und Lehrreiches zu berichten. Schon dieser Methodenstreit blieb völlig ausgeblendet.

Wichtiger noch ist der Umstand, daß die erste Erfahrung einer gezielten, rechtsmethodisch betriebenen Umdeutung einer Gesamtrechtsordnung als Folge eines politischen System- und Ideologiewechsels in dem Buch ebenfalls völlig unter den Tisch fällt. Damit wurde und wird bei den Generationen der Juristen nach 1960 der Eindruck erweckt, die Rechts- und Methodenentwicklung im Nationalsozialismus sei für das Verständnis der Methodenprobleme in der Rechtswissenschaft bedeutungslos und vernachlässigenswert – eine verhängnisvoll falsche Suggestion.

Das Gegenteil trifft zu. Die Erfahrungen gerade der Jahre zwischen 1933 und 1945 in der Interpretationstheorie und in der Anwendungspraxis des Rechts haben die unersetzliche Rolle einer gediegenen Analyse der juristischen Methoden neu erkennbar und bewußt gemacht. Seitdem wissen wir, daß die richterliche Methodenwahl eine vorweggenommene Entscheidung für oder gegen bestimmte Rechtsinhalte sein kann. Das Buch von Larenz war und ist, wie aus jedem Kapitel ersichtlich wird, auch eine Summe der juristischen

---

[154] K. Larenz, Deutsche Rechtserneuerung und Rechtsphilosophie, Tübingen 1934; C. Schmitt, Über die drei Arten rechtswissenschaftlichen Denkens, Hamburg 1934; Ph. Heck, Rechtserneuerung und juristische Methodenlehre, Tübingen 1936.
[155] Nachweise bei B. Rüthers, Die unbegrenzte Auslegung, Zum Wandel der Privatrechtsordnung, 4. Aufl. 1991, S. 270 ff.

VI. Systemwechsel als Rechts- und Juristenkrisen

Erlebnisse und Erfahrungen in der NS-Zeit. Gleichwohl wird dieser historische Quellgrund gegenwärtiger methodischer Leitvorstellungen an keiner Stelle deutlich gemacht. Diese Auslassung in einem Lehr- und Handbuch kommt objektiv einer Geschichtsfälschung nahe.

Daneben fallen andere Lücken der Darstellung auf, die, mindestens zum Teil, in eine ähnliche Perspektive historischer Verkürzungen weisen.

Seit der Mitte des vorigen Jahrhunderts ist eine rechtstheoretische Grundströmung wirksam, welche die rechtstheoretische und rechtspolitische Entwicklung, ja die Konstitution und Dynamik von Staat und Recht auf die soziale Schichtung der Gesellschaft und auf die Interessengegensätze der Klassen zurückführt. Man kann sie als «gesellschaftliche Rechts- und Staatswissenschaft» bezeichnen. Ihre revolutionäre Variante ist der Marxismus-Leninismus, die evolutionäre Richtung repräsentierte im 19. Jahrhundert vor allem Lorenz v. Stein.[156] Beide Richtungen haben nicht nur die rechtsphilosophischen Grundlagen, sondern mindestens ebenso das Methodendenken der Juristen seither maßgeblich beeinflußt. Man denke etwa nur an die Aussage v. Steins, daß alle rechtlichen Grundbegriffe im Kern gesellschaftliche und damit wandelbare Begriffe seien. Wer sich über Inhalt und Rang der davon auf die Methodenlehre ausgehenden Einflüsse informieren will, sucht bei Larenz wiederum vergeblich. Das ist umso schwerer verständlich, als die (zutreffend) ausführlich behandelte Interessen- und Wertungsjurisprudenz ohne ihre Wurzeln in der gesellschaftlichen Rechtswissenschaft gar nicht erklär-

---

[156] L. v. Stein, Gegenwart und Zukunft der Rechts- und Staatswissenschaft Deutschlands, Stuttgart 1876.

bar ist. Auch hier ist ein Zufall kaum zu vermuten. Die Beschränkung der historischen Darstellung auf die Wurzeln des Rechtsdenkens im deutschen Idealismus und in der historischen Rechtsschule ist der ebenso geschichtswidrige, wie hilflose Versuch einer Entpolitisierung der Jurisprudenz, noch dazu in einer Epoche ständig neuer Politisierungen.

Die Reihe der Merkwürdigkeiten in der verkürzten Darstellung der Geschichte und der Instrumente juristischer Methodik ließe sich fortführen, etwa bei der mehrfachen Modifizierung der Darstellung erfolgreicher Umdeutungsmittel nach Systemwechseln in den verschiedenen Auflagen des Buches. Larenz war immerhin der unbestrittene Urheber jener «konkret-allgemeinen Begriffe», mit denen nach der Art ideologischer Gleitklauseln jede Rechtsordnung auf beliebige neue Wertordnungen (etwa nach Systemwechseln) umorientiert werden kann.[157]

Der Versuch absolut «unpolitischer» juristischer Methodenuntersuchungen ist kein Einzelfall. Er hat bis heute auch die Schülergenerationen der in der NS-Zeit tätigen Professoren geprägt. So kommt es, daß die jungen Juristen gegenwärtig überwiegend nach Lehrbüchern lernen, welche die ideologischen und politischen Verflechtungen juristischen Arbeitens weitestgehend auslassen. Das bedeutet im Ergebnis eine Anleitung zum historischen und politischen «Blindflug» von Juristen. Es verhindert ein zutreffendes Selbst- und Wirkungsverständnis ihres Berufes und begünstigt die Wiederholung von Fehlentwicklungen. Dasselbe gilt für jene Senate oberster Bundesgerichte, die das

---

[157] Vgl. dazu Rüthers, Wir denken die Rechtsbegriffe um – Weltanschauung als Auslegungsprinzip, Zürich 1987.

VI. Systemwechsel als Rechts- und Juristenkrisen

Buch als letzte wissenschaftliche Instanz zitieren und damit ihre eigene rechtspolitische Rolle mißverstehen oder kaschieren.

Alles in allem ist zu sagen, daß die «Methodenlehre» von Larenz wertvoll ist in ihren historischen Nachweisen und Analysen. Das für die juristische Praxis wichtige methodische Gesamtkonzept des Buches, die fehlende Darstellung der rechtspolitischen Rolle und Verantwortung der Justiz und der Jurisprudenz für die Entwicklung und die Folgen der Rechtsumdeutungen, ja -perversionen in diesem Jahrhundert machen das Buch problematisch. Es ist insoweit das Denkmal einer unverdauten Methoden- und Wirkungsgeschichte der deutschen Jurisprudenz in diesem Jahrhundert.

Nicht nur vereinzelt werden nach dem Zerfall der DDR von den bisher dort führenden Juristen und ihren ideologischen Gesinnungsgenossen im Westen ähnliche Strategien versucht. Auch dort wartet ein weites, zerklüftetes Feld methodischer Erfahrungen aus einem Unrechtsstaat. Es blieb bisher ebenfalls weitgehend ungenutzt. Auch seine Aufarbeitung kann dazu beitragen, Fehlentwicklungen auf dem Gebiet juristischer Auslegungspraxis früher erkennbar zu machen.

Das hier Gesagte ist ausschließlich eine Funktionsbeschreibung. Es besagt allein noch nichts über die individuelle und moralische Position der Beteiligten, der Betroffenen und der Verstrickten. Auch das gilt nicht nur für Juristen.

3. Schuldfrage und Systemzwänge im Vergleich

> «Shen Te spricht:
> «Oh, ihr Unglücklichen!
> Eurem Bruder wird Gewalt angetan, und
> ihr kneift die Augen zu!
> Der Getroffene schreit laut auf, und
> ihr schweigt?
> Der Gewalttätige geht herum und
> wählt seine Opfer
> Und ihr sagt: Uns verschont er,
> denn wir zeigen kein Mißfallen.
> Was ist das für eine Stadt, was seid
> ihr für Menschen!
> Wenn in einer Stadt ein Unrecht
> geschieht, muß eine Aufruhr sein
> Und wo keine Aufruhr ist, da ist
> es besser, daß die Stadt untergeht.
> Durch ein Feuer, bevor es Nacht wird.»
>
> Bertholt Brecht, Der gute Mensch von Sezuan, Frankfurt 1957

Die Beurteilung der individuellen Moralität oder schuldhaften Verstrickung von einzelnen Angehörigen intellektueller, «öffentlicher» Berufe in Zeiten staatlichen Unrechts ist äußerst schwierig.

a) Die Fragwürdigkeit von Pauschalurteilen

Pauschale Verurteilungen oder pauschale Rechtfertigungen ganzer Berufsgruppen im Sinne von die «furchtbaren Juristen» oder die «gesetzestreuen Juristen» werden der Komplexität der Handlungszwänge und der Rahmenbedingungen in totalitären Systemen nicht gerecht.

VI. Systemwechsel als Rechts- und Juristenkrisen

Solche Pauschalurteile beruhen in der Regel auf Unkenntnis der realen Handlungssituation und der begrenzten Widerstandsmöglichkeiten oder aber auf «nachgeholtem» Widerstand. Dieser ist oft auch der Versuch, eigenes Versagen durch «Bewältigungsoffensiven» bezüglich der Vergangenheit anderer zu verdecken. Ein Motiv kann ferner die Instrumentalisierung der historischen Fakten zu tagespolitischen Zwecken der Gegenwart sein. Geschichte als politisches Argument ist eine beliebte, regelmäßig mißbrauchte Vielzweckwaffe im öffentlichen Meinungskampf. Viele solcher Pauschalbeschimpfungen verfolgen den Zweck, die dahinter stehenden Institutionen der Gegenwart zu treffen. Eine mögliche Ursache von Pauschalurteilen liegt endlich in dem simplen intellektuellen Ungenügen selbsternannter Ankläger. Man fühlt sich an das Gedicht Bert Brechts «An die Nachgeborenen» erinnert und darf fragen, ob die «später (oder anderswo) Geborenen» immer von Natur aus die «bessere» Generation sind.

Vielleicht kann man annehmen, daß die jungen Juristengenerationen von 1920, 1930, 1950, 1970 und 1990, (also in der Weimarer Republik, im NS-Staat, in der Bundesrepublik und auch in der DDR) im Grundsatz von durchaus gleicher oder mindestens vergleichbarer moralischer Qualität der Einzelpersonen gewesen sein dürften. Ihr Schicksal war allerdings grundverschieden, denn sie wurden in total unterschiedliche historische Situationen hineingestellt. Um es mit Brecht zu sagen: «Die Verhältnisse, die waren nicht so». Sie waren für diese Generationen eben nicht gleich. Besonders die Auswahlkriterien für juristische Karrieren waren höchst unterschiedlich. Juristen – und nicht nur sie – hatten «Ja» zu sagen zum jeweils neuen politischen System, wenn sie in ihrem Beruf bleiben wollten. Welcher eben Ausgebildete, intelligent und ehrgeizig zudem, ist schon bereit, auf seine Karrierechance in einem aufstrebenden System bewußt zu verzichten, besonders wenn junge Fachleute dringend gebraucht werden?

Sind die Juristen also die Repräsentanten des «Jeweiligen», der jeweiligen Machtlage im Staate? Hier ist nach allen Erfahrungen eine Zusatzfrage geboten: Für welche öffentlich tätige und systemabhängige Berufsgruppe gilt diese Frage nicht? Bei der Frage nach persönlicher Schuld der einzelnen, am staatlichen Unrecht Beteiligten sind sehr sorgfältig der jeweilige Handlungsrahmen, die suggestive oder auch physische Macht, die Verlockungen und Drohungen des totalitären Systems in Rechnung zu stellen.

Mit vorschnellen und schneidigen Pauschalthesen sollte man vorsichtig sein. Andererseits gilt: Wer individuell um seiner Karriere oder anderer persönlicher Vorteile willen Menschen- und Freiheitsrechte anderer beeinträchtigt oder elementare Regeln menschlichen Anstands verletzt hat, muß als moralisch defekt angesehen werden. Die Frage bleibt, ob bei einem Totalverzicht auf alle moralisch Defekten oder Zweifelhaften auch im liberalen Verfassungsstaat der Bundesrepublik alle Führungspositionen besetzt werden könnten. Die wirkliche moralische Qualität zeigt sich in der Regel erst in der Extremsituation.

b) Der totalitäre Kollektivismus des NS-Staates und des SED-Staates

Will man die Vergangenheit der deutschen Unrechtsstaaten dieses Jahrhunderts (NS-Staat und SED-Staat) zutreffend erfassen und verarbeiten, so ist es erforderlich, die Totalität der Einbindung des Einzelnen in den Überwachungs- und

VI. Systemwechsel als Rechts- und Juristenkrisen

Zwangsapparat des jeweiligen Systems zu bedenken. Beide erhoben unverhüllt den Anspruch, der Mensch gehe im Kollektiv auf. («Du bist nichts – dein Volk ist alles!» – «Die Partei, die Partei, sie hat immer recht!»). Das gesamte tradierte Wertesystem der europäischen Kultur wurde in den beiden Staat gewordenen kollektivistischen Ideologien auf den Kopf gestellt. An die Stelle der Würde, Freiheit und Gewissensgebundenheit der Einzelpersönlichkeit trat das von den jeweiligen Machthabern ideologisch-politisch manipulierte Kollektiv, die «artgebundene Volksgemeinschaft» der Nationalsozialisten einerseits und die «sozialistische Menschengemeinschaft» im real existierenden Sozialismus andererseits. Beide versprachen soziale Geborgenheit, gewährten sie sogar in ihrem ideologischen Verständnis; vor allem praktizierten sie Indoktrination, Überwachung und Unterdrückung von der Kinderkrippe bis zur Bahre. Beide wollten und gebrauchten willfährige, ihrer eigenen Willens- und Entscheidungsfähigkeit entwöhnte Untertanen, um ihren Wahnvorstellungen von einer Weltherrschaft der nordischen Rasse bzw. der Weltdiktatur des Proletariats nachjagen zu können. Jeder hatte sich an dem ihm vorgeschriebenen Platz als ein Rädchen in das jeweilige totalitäre System einzufügen.

Das zeigte sich auch bei der Zulassung zum Kulturleben. Im NS-Staat mußte man der Reichsschrifttums- oder der Reichsmusikkammer angehören, wenn man als Schriftsteller oder Musiker eine Chance haben wollte. Rassisch oder politisch Unerwünschte wurden nicht zugelassen oder ausgeschlossen. Sie erhielten Schreibverbote, Auftrittsverbote oder Malverbote.

In der DDR war der Umgang mit mißliebigen Künstlern und Schriftstellern sehr ähnlich. Der DDR-Schriftstellerverband war – je länger, je mehr – ein Disziplinierungsinstrument der Partei- und Kulturbürokratie des SED-Staates. Gleichfalls in ähnlicher Weise wurden Abschiebungen und Ausbürgerungen eingesetzt, wenn sich die jeweilige Diktatur unliebsamer Kritiker oder Dissidenten entledigen wollte.

Ebenso verhielten sich beide Systeme ähnlich, wenn es um die Konfiszierung und Enteignung der Vermögen von Ausgebürgerten ging. Auch der Menschenhandel der DDR mit politischen Häftlingen («Freikauf» durch die Bundesrepublik) hatte in den berüchtigten Tauschgeschäften der Gestapo und SS mit inhaftierten Juden seine Vorläufer.

Ein anderes wichtiges Feld ähnlicher Techniken bei der Konsolidierung der etablierten Machtmonopole in den deutschen Diktaturen war die Zugangsregelung zu weiterführenden Schulen und zum Hochschulstudium. Hier war die DDR schon wegen ihrer weit längeren Lebensdauer dem NS-Staat in der Effizienz einer weltanschaulich orientierten Auslese des Führungsnachwuchses erheblich überlegen. Das begann mit der Privilegierung der Klassenherkunft der Schüler («Arbeiter- und Bauernfakultäten») und wurde verschärft bei der Zulassung zu solchen Studiengängen, die zu Leitungspositionen im Staatsapparat führten, wie etwa das Studium der «sozialistischen Rechtswissenschaft». Hier war ideologische Zuverlässigkeit und Bewährung (verlängerter Dienst bei der NVA) regelmäßig Zulassungsvoraussetzung (vgl. oben IV.2.).

Die vorstehend genannten Ähnlichkeiten in der Ideologie (Proklamation des Kollektivismus), in der Unterdrückungs- und Überwachungsmechanerie und in der auf ideologische Zuverlässigkeit ausgerichteten Führungsauslese sollen und können nicht etwa die «Gleichheit» der beiden Unrechtssysteme belegen. Sie waren in vieler Hinsicht, aber insbesondere in ihrem weltanschaulichen Kernbestand *ungleich*.

Der Nationalsozialismus beruhte auf einer von der Wurzel her menschenverachtenden, verbrecherischen Grundentscheidung: Die arische Herrenrasse war zur Weltherrschaft berufen. Das nichtarische «Ungeziefer» (auch Rechtsphilosophen verwendeten diese Vokabel) war zum Sklavendienst bestimmt (Polen und Russen) oder durfte, ja mußte prinzipiell «ausgerottet» werden (Juden).

Der Marxismus-Leninismus ging im Gegensatz dazu von der grundsätzlichen Gleichheit der Menschen aus. Alle sollten gerecht an den Gütern der Erde teilhaben. Die marxistische Vision einer klassenlosen Gesellschaft, in der Gleichheit, soziale Gerechtigkeit, materieller Überfluß und sozialer Friede herrschen sollten, griff auf archaische Endzeitvisionen zurück und war geeignet, den Leidensdruck der Gegenwart, nicht zuletzt auch der realsozialistischen Misere, durch die Hoffnung auf ein künftiges Reich der Seligkeit erträglich erscheinen zu lassen. Das ersehnte Stadium des Kommunismus, in dem die Gleichheit und Würde aller Menschen uneingeschränkte Wirklichkeit werden würde, übte eine emotional plausible Faszination nicht nur auf im Elend lebende Massen des internationalen «Proletariats», sondern ebenso auf nicht kleine privilegierte Schichten von Intellektuellen, nicht zuletzt von Kirchenvertretern aus. «Kirche im Sozialismus» oder auch für den Sozialismus war für viele kein Programm des inneren Widerstandes, sondern der überzeugten Zustimmung.

Die hier nur angedeuteten Unterschiede zwischen der NS-Ideologie und dem Marxismus-Leninismus sowohl in der logisch-philosophischen Stringenz als auch in der sozial-ethischen Grundlegung sind ganz unbestreitbar. Das macht die geistige und moralische Unterwerfung breiter Bildungsschichten und vor allem führender Köpfe in Deutschland unter die Primitivität des nationalsozialistischen Rassenbiologismus bei einem historischen Vergleich der Wirkungen beider Ideologien noch schwerer verständlich und noch peinlicher, zumal sich dieser Prozeß vor und nach 1933 überwiegend ohne unmittelbaren Zwang, allerdings unter deutlich erkennbaren Signalen der Nützlichkeit für die Schaffung oder Fortsetzung günstiger Karrierechancen vollzog.

Die Glückseligkeitsversprechen der transzendentalen Geschichtsphilosophie des Marxismus-Leninismus wurden allerdings, soweit es um die gleiche Freiheit und Würde des Menschen ging, sofort in doppelter Hinsicht systemimmanent eingeschränkt:

Nur in der Einordnung in das Kollektiv, in das Klasseninteresse, hatte der Mensch seine gesellschaftliche und rechtliche Daseinsberechtigung. Der Klassenkampf war das die Weltgeschichte bewegende Grundprinzip. Die Wahrheit stand unter dem Definitionsmonopol der kommunistischen Partei; sie hatte immer und gegen alle Feinde ein absolutes Recht, nämlich das der wissenschaftlich verbürgten «Wahrheit».

Aus dieser hybriden Verblendung ergab sich – in der stalinistischen Phase auch in der DDR – eine breite Blutspur. Gleichwohl bleibt festzuhalten: Eine dem Holocaust und den Vernichtungslagern des NS-Staates vergleichbare planmäßige Ausrottung von «Feinden» hat es in der DDR – anders als in der UdSSR – nicht gegeben.

Die Ähnlichkeit der Strukturen der Überwachungs- und Unterdrückungsapparate ist andererseits ein Kennzeichen und Beweis der prinzipiellen Unrechtsqualität beider politischen Systeme. Ihre Erforschung und Offenlegung darf nicht dadurch be- oder verhindert werden, daß über die Errichtung des SED-Staates der Nebel des «Antifaschismus» gelegt wurde oder ihre poststalinistische «Milde» als Rechtfertigung mißdeutet wird.

Die mit verschiedenen Mitteln arbeitende, aber vergleichbar perfekt wirkungsvolle Unterdrückung in beiden totalitären Systemen ist in Rechnung zu stellen, wenn nach der individuellen Rolle, der moralischen Schuld der einzelnen Beteiligten und deren Verstrickung in die Systemhierarchie gefragt wird. Wer nach der persönlichen Schuld fragt, muß auch nach der Entscheidungsfreiheit des einzelnen und der Zumutbarkeit von existenzgefährdenden Nachteilen fragen. Wer als Bürger in einem solchen System zu leben gezwungen ist, muß, wenn er beruflich im öffentlichen Leben stehen will, Kompromisse schließen. Es gibt nicht nur die völlig zutreffend so genannte «Gnade der späten Geburt». Es gibt daneben auch die Ungnade des falschen Geburtsortes. Das sollten vor allem Westdeutsche bedenken. Moralischer Radikalismus derer, die vergleichbare Situationen nicht zu bestehen hatten, ist billig, rechthaberisch und oft heuchlerisch oder eine Selbsttäuschung.

Das gilt für die moralische Beurteilung der Betroffenen in beiden Systemen. Den «guten» und den «bösen» Totalitarismus hat es nie gegeben. Nur die in einer ideologischen Variante immer noch totalitär Gesinnten gaukeln ihn sich vor. Die Devise «Wo (revolutionär) gehobelt wird, fallen Späne» (i.S. vermeintlich unvermeidbarer Menschenopfer) ist grausig, auch wenn sie von namhaften deutschen Intellektuellen (Schriftstellern und Philosophen) vertreten wurde.

c) Die begrenzten Handlungs- und Entscheidungsräume

Bei der Frage nach der Schuld von Juristen in totalitären Unrechtssystemen ist demnach zuerst der reale individuelle Entscheidungsspielraum festzustellen. Erinnern wir uns: Alle in öffentlichen Funktionen Tätigen sind – unentrinnbar – «Systemfunktionäre», also Verkünder und Vollstrecker der staatlich als verbindlich erklärten Wert- und Herrschaftsprogramme.[158] Das gilt in besonderem Maße für die – von totalitären Systemen in der Regel besonders ungeliebten – Juristen. Der Juristenhaß Hitlers wie auch Stalins ist keine zufällige Parallele. Recht und Gerichte behindern Willkür auch noch im totalitären Staat.

Für eine sachgerechte Einschätzung der Rolle der Wissenschaften und der Wissenschaftler in totalitären Systemen ist es nützlich, sich einiger genereller Thesen der Systemtheorie Niklas Luhmanns zu erinnern.[159] Die Wissenschaften stehen danach nicht oberhalb der jeweiligen gesellschaftlichen Ordnung, sondern sind ein Subsystem derselben, das einerseits der Wissensförderung und -vermittlung dient, andererseits sich selbst in dieser Ordnung vermehrt ausdifferenziert. Setzt man an die Stelle des in der Regel diffusen und bei Soziologen oft in magische Unbestimmtheit gehüllten Begriff der «Gesellschaft» den des (jeweiligen) Staates, also der konkreten Macht- und Verfassungslage, so tritt das Beziehungsgeflecht zwischen Staat und Wissenschaften mit den jeweils systemspezifischen Handlungsspielräumen der Wissenschaftler deutlicher hervor.

---

[158] Vgl. oben IV.
[159] N. Luhmann, Die Wissenschaft der Gesellschaft, Frankfurt a. M. 1990.

VI. Systemwechsel als Rechts- und Juristenkrisen

Eine zweite These der Systemtheorie verdient in unserem Zusammenhang wegen der Funktion intellektueller Eliten Beachtung. Gesellschaftliche Systeme und auch Subsysteme, wie etwa die Wissenschaften, sind «sinnverwendende» Systeme. Sie gehen also von bestimmten Werten und Zielen aus, die zuvor aus einer großen Menge anderer möglicher Werte und Ziele in einem voluntativen Entscheidungsakt ausgewählt und als für das System verbindlich festgelegt worden sind. Im Rahmen dieser vorentschiedenen Sinngebung vollzieht das jeweilige soziale System oder Subsystem einen Prozeß der Selbsterzeugung und der Selbsterhaltung durch stetige Ausdifferenzierung. Interne Probleme werden durch innere Lernprozesse in Schritte zur Systemstabilisierung verwandelt. Was bei Luhmann als gleichsam «automatischer» gesellschaftlicher Prozeß dargestellt wird, ist in der Realität die kreative und konstruktive Leistung von jeweiligen Führungseliten.

Kennzeichnend für die Systemtheorie sind Luhmanns Aussagen zum Verhältnis des Systems zur (realen) Umwelt, sein erkenntnistheoretischer Skeptizismus. Die Möglichkeit, daß wissenschaftliche Erkenntnis einen objektiven Wirklichkeitsbezug habe, wird radikal in Frage gestellt. Die Wissenschaften beschäftigen sich danach nicht mit der Wirklichkeit, der realen «Welt», wie sie ist, sondern mit ihren eigenen verschiedenen Beschreibungen von Welt. Luhmann nennt diese erkenntnistheoretische Position «das Beobachten des Beobachters». Der Kern der Aussage geht dahin, daß die Wissenschaften zwar ständig mit der Unterscheidung «wahr./. unwahr» arbeiten, aber über keine letzte Wahrheit als Bezugsgröße verfügen, welche diese Unterscheidung gesellschaftlich wirksam machen könnte. Wahrheit ist also nur im Sinn-Rahmen des jeweiligen Systems möglich. Eine objektive Wahrheit wird erkenntnistheoretisch ausgeschlossen.

Übertragen auf die Jurisprudenz wird die Aktualität dieser generellen Aussagen für unser Thema augenscheinlich: Die Rechtswissenschaft arbeitet ständig mit der Unterscheidung «Recht ./. Unrecht», «rechtmäßig ./. unrechtmäßig»; sie verfügt aber nicht über einen absoluten systemneutralen Rechtsbegriff als Bezugsgröße. Was als Recht gelten soll, wird mit der Sinngebung des jeweiligen gesellschaftlichen und politischen Systems vorgegeben.

Die Beschreibung unseres Problems «Recht und Rechtswissenschaft in von totalitären Ideologien geprägten Staaten» in der Begriffswelt der Systemtheorie bringt als Erkenntnisfortschritt die Einsicht, daß das Recht und die Jurisprudenz systemgebundene Kategorien sind. Die Systemtheorie ist eine andere Ausdrucksform für einen radikalen juristischen «Systempositivismus». Der Jurist, der das Recht aus der Bindung an die Systemideologie herausbrechen will, muß bereit sein, als einzelner oder als Gruppe gegen den Sinn, die Logik und die Teleologie des herrschenden Systems anzutreten. Es geht also um das Problem des juristischen Widerstandes gegen totalitäre Unrechtssysteme.

d) Juristischer Widerstand?

Warum kam es nicht zu einem nennenswerten Widerstand, vielleicht gar zu einem Aufstand oder Streik der amtierenden Juristen in den jeweiligen Systemen?

In der Tat sind spektakuläre Widerstandshandlungen von Juristen in den hier fraglichen Systemen zahlenmäßig selten. Spezifisch juristische Widerstandsgruppen hat es wohl nicht gegeben. Wirksamer Widerstand, der mehr als eine

Demonstration sein will, benötigt eine Machtbasis, die den Erfolg wenn nicht aussichtsreich, so doch möglich erscheinen läßt. Die potentielle Machtbasis von Juristen ist allein ihr mögliches gesellschaftliches Ansehen, also das Echo von Dienstverweigerungen oder bewußt gesetzwidrigen Handlungen und Entscheidungen in der öffentlichen Meinung. Reale, eigene, zur Systemveränderung einsetzbare Machtinstrumente haben sie nicht.[160] Sie können in Diktaturen beliebiger Prägung nur einmal antiautoritär und gegen die Staatsideologie entscheiden. Danach sind sie aus dem Amt.

Daraus folgt:

Die Erfolgschancen eines wirksamen juristischen Widerstandes in einmal fest etablierten Unrechtsstaaten sind gering. Widerstand ist dann wohl nur als individueller Berufs- oder Karriereverzicht praktikabel, wenn nicht im Extremfall das Märtyrerschicksal einkalkuliert sein soll.

Wir wissen aus Erfahrung, daß die Märtyrerquote in Unrechtsregimen statistisch weit unter einem Promille liegt. Das ist kein Freibrief für das willfährige Verhalten von

---

[160] Deshalb sind Formen juristischen Widerstandes auch in der jüngeren Vergangenheit – etwa die Blockade-Richter von Mutlangen gegen atomare Waffen – außerordentlich medienorientiert. Die Machtbasis sind die Medien. Was nützt die schönste Blockade, wenn das Fernsehen nicht zuschaut. Das gilt natürlich nicht nur für Juristen, sondern auch für Pfarrer, Schriftsteller und Rhetorikprofessoren. Am Amtsgericht Schwäbisch-Gmünd, das für Mutlangen zuständig war, gab es Amtsrichter, die solche Täter verurteilten, andere, die sie freisprachen. Die jeweils anderen wurden dann in den Medien «verurteilt». Den Akteuren geht es oft gleichermaßen um die «Sache» und die persönliche Publizität.

Richtern in beiden deutschen Unrechtsstaaten. Es erklärt nur, warum auch hier der sichtbare Widerstand die seltene Ausnahme war. Welche Aussicht hat ein Widerstand im Amt, der sich darauf beschränkt, das erkannte totalitäre Unrecht des Systems durch eine einschränkende Auslegung der Unrechtsgesetze abzumildern? Der «gute» Richter, der versucht, das Schlimmste zu verhüten, läßt sich notwendig auf ambivalente Kompromisse mit dem Unrecht ein. Er läuft dadurch Gefahr, das «Gerechtigkeitsansehen» des Unrechtsstaates ungewollt noch zu befestigen.

e) Zur Rolle der Anwaltsberufe

Die vorstehenden Beobachtungen und Analysen haben beamteten Juristen gegolten. Das große Berufsfeld der Rechtsanwälte blieb außer Betracht. Die Abhängigkeitsprobleme der Anwälte im und vom gesellschaftlichen und politischen System sind von denen der Richter, Staatsanwälte und Rechtsprofessoren grundverschieden. Das im einzelnen darzulegen und zu analysieren erfordert eine selbständige Untersuchung.

Ein Irrtum wäre die Annahme, Rechtsanwälte seien, zumal in totalitären Systemen, eine völlig systemunabhängige Berufsgruppe. Die Geschichte lehrt das Gegenteil. Rechtsanwälte sind – nicht zuletzt nach ihrem verbandspolitisch wirksam definierten und proklamierten Selbstverständnis – nicht irgendein «freier Beruf» wie etwa Architekten, Ingenieure oder Tierärzte, sondern sie sind «Organe der Rechtspflege». Das sichert ihnen in allen politischen Systemen die besondere Aufmerksamkeit der Systemträger. Die «Rechtspflege» ist ein maßgeblicher Sektor der jeweiligen Staatsgewalt. Schon deshalb muß aus der Sicht der jeweils

VI. Systemwechsel als Rechts- und Juristenkrisen

politisch Mächtigen eine systemverträgliche Organisation und Ausübung der Anwaltsberufe gewährleistet sein.

Totalitäre Systeme haben an dem systemkonformen und möglichst reibungslosen Funktionieren der Justiz ein besonderes Interesse. Sie brauchen Rechtsanwälte, schon um scheinbar vorhandene rechtsstaatliche Verfahrensgewährleistungen zu dokumentieren, etwa bei politischen Prozessen. Dadurch werden Anwälte in totalitären Systemen oft in eine schwierige Rolle gedrängt. Sie dürfen einerseits fundamentale Ziele und Prinzipien des Regimes nicht in Frage stellen. Sie haben andererseits den Auftrag und die Chance, unter den Rahmenbedingungen eines unfreien Staates für ihre Mandanten so viele Erleichterungen und Vorteile zu erwirken, wie das der ihnen von der Gesetzesordnung gewährte Handlungsspielraum zuläßt.

Die Berichte von Anwälten aus dem Alltag des NS-Staates und des SED-Staates bieten hier ein buntscheckiges Bild, bis hin zu den Milliardengeschäften des Gefangenenfreikaufs durch die Bundesrepublik, die seitens der DDR durch Anwälte ihres besonderen Vertrauens abgewickelt wurden. In den politischen Strafprozessen der DDR haben die Pflichtverteidiger aus den sozialistischen Anwaltskollektiven durchweg keine Helden- oder Widerstandsrolle gespielt. Das war in den Strafprozessen der NS-Zeit nicht anders. Dabei ist zu beachten, daß die Zulassungen zum Studium und zur Anwaltschaft sowie die «Säuberungen» der Anwaltschaft von politischen Gegnern in totalitären Systemen ähnlich gehandhabt wurden wie bei Richtern und Staatsanwälten.

Zu beachten ist ferner, daß die Kandidaten für den Anwaltsberuf in der DDR schon bei der Zulassung zum Studium denselben intensiven politisch-ideologischen Zuverlässigkeitsprüfungen unterworfen waren wie alle übrigen Bewerber um ein Jurastudium. Seit 1953 wurde die freie Advokatur von einer ständig zunehmenden Kollektivierung nach sowjetischem Vorbild weitgehend verdrängt. 1989 gab es in der DDR knapp 20 Einzelanwälte mit überwiegend fragwürdigen Sonderaufgaben, wie etwa denen des Wolfgang Vogel. Von allen Anwälten wurde eine klare Parteinahme für den Sozialismus gefordert. Die Vorsitzenden der sozialistischen Anwaltskollegien sind sorgfältig auf ihre Systemtreue überprüft worden. Der Zugang zum Anwaltsberuf wurde strikt von der SED kontrolliert.

Für die frühere Anwaltschaft der DDR gibt es eine bemerkenswert offene Rückschau auf ihre Funktionsweisen von einem ihrer prominenten Repräsentanten. Dr. Friedrich Wolff, Vorsitzender des Rates der Vorsitzenden der sozialistischen Anwaltskollektive, hat auf dem ersten und einzigen Juristentag der DDR im April 1990, also nach der «Wende», das Selbstverständnis seines Berufsstandes erläutert. Sein Vortrag «Überlegungen eines Rechtsanwalts zur Verantwortung des (DDR-)Juristen für die deutsche Rechtsangleichung» fand den langanhaltenden Beifall der anwesenden etwa 400 DDR-Juristen, die besorgt in ihre sozialistische Vergangenheit und ihre marktwirtschaftliche Zukunft schauten. Seine Ausgangsbasis umriß Wolff so:

«Ich spreche aus der Erfahrung meiner Tätigkeit als Rechtsanwalt seit 1953, als dreimaliger und zum Teil langjähriger Vorsitzender des Berliner Anwaltskollegiums und der damit verbundenen Nebenfunktionen, aus der Erfahrung meiner Tätigkeit in der Abteilung Justiz des Magistrats von Groß-Berlin von 1951–53 und aus je sechsmonatiger Tätigkeit als Richter kraft Auftrags in Zivilsachen beim Amtsgericht und in Strafsachen bei einer großen Strafkammer des Landgerichts Berlin, die im Schwerpunkt Delikte nach dem Kontrollratsgesetz 10 und der Direktive 38 des Kontrollrates zu beurteilen hatte. Ich spreche auch aus meiner Erfahrung als Mitglied der

KPD/SED seit 1945 und muß gestehen, daß ich zu meiner Grundüberzeugung stehe. Wie viele andere, wie auch Gorbatschow und Nelson Mandela, halte auch ich den Sozialismus nicht für eine freiheitsfeindliche Gesellschaftsordnung, sondern für eine immer noch nicht widerlegte Alternative zu Arbeitslosigkeit, Obdachlosigkeit und anderem Elend von Südafrika bis Moskau. Ich tröste mich selbst damit, daß trotz aller dunklen Seiten in der Geschichte der Kirche die moralische Autorität der Kirche nach wie vor unzweifelhaft feststeht und leite daraus ab, daß die Lebenskraft von humanistischen Ideen auch dann erhalten bleibt, wenn sie sich in ganzen geschichtlichen Epochen in ihr Gegenteil verkehrt hatten. Dies zum Verständnis meiner Position und der sich daraus ergebenden Perspektive.»

Die Gleichsetzung der stalinistischen Diktatur mit der Kirche ist bemerkenswert. Noch charakteristischer sind seine Bemerkungen zum Ablauf von Strafverfahren in der DDR und zur Rolle der juristischen Berufsgruppen in diesen Verfahren:

«Im Vergleich zum Strafrichter und zum Staatsanwalt ist der Strafverteidiger zweifellos in einer günstigeren Situation. Er muß sich jedoch sagen und sagen lassen, daß er eine Alibifunktion für nicht rechtsstaatliche Verfahren erfüllte. Er trägt auch dafür Verantwortung. Darüber hinaus gibt es aber auch Fälle, in denen den Strafverteidiger die gleiche Verantwortung wie den Richter oder Staatsanwalt trifft. So z.B. im Harich-Prozeß, der 1957 vor dem Obersten Gericht stattfand.

Die Angeklagten bekannten sich sämtlich schuldig, der Staatsanwalt beantragte ihre Verurteilung. Die Verteidiger beantragten keinen Freispruch, die Richter verurteilten sie. 1990 kassierte das Präsidium des Obersten Gerichts dieses Urteil, weil die eingestandene Tat kein Strafgesetz verletzt habe. Das hätten die Richter, Staatsanwälte und Verteidiger (zu denen ich auch gehörte) gleichermaßen schon 1957 erkennen können und müssen. Sie erkannten es aber alle aus dem gleichen Grund nicht. Alle nahmen sie damals eine andere Grundposition ein. Aus dem Geist der damaligen Zeit subsumierten alle die sogenannte ‹Tat› als eine Straftat nach Artikel 6 der Verfassung von 1949, der von seinen Schöpfern überhaupt nicht als konkrete Strafrechtsnorm gedacht und geschaffen worden war. – Wir wurden also unserer Verantwortung nicht gerecht, weil wir im Geist dieser Zeit befangen waren. Wir – das heißt auch die Angeklagten, die ihr Geständnis nicht auf Grund einer Folterung abgaben, sondern als Ergebnis einer ‹Einsicht›, die sie in den von ihnen selbst als ‹Diskussion› bezeichneten Vernehmungen erlangt hatten. –»

Man muß das zweimal lesen! Verteidiger und Angeklagte in solchen Säuberungsprozessen kamen gemeinsam (!) zur «Einsicht» (!), daß politische Dissidenten, wie der jeweilige Angeklagte, Verbrecher seien. Werden die vielen politischen Häftlinge Herrn Wolff das glauben? Auch Walter Janka, der fünf Jahre in Bautzen abzusitzen hatte, auch Rudolf Bahro, der 1978 wegen seiner Arbeit an einer mißliebigen Dissertation zu acht Jahren Zuchthaus verurteilt wurde?

Weitermachen wollten neben Friedrich K. Wolff, der nach 1990 auch in Strafprozessen gegen DDR-Prominente, z. B. im Honecker-Prozeß, auftrat, viele andere seiner Kollegen, die dann bald von ihrer Vergangenheit eingeholt wurden. Mit der Öffnung der Stasi-Akten wurde offenkundig, daß die Berufsgruppe der Rechtsanwälte ein bevorzugtes Ziel erfolgreicher Abwehraktivitäten des Ministeriums für Staatssicherheit gewesen ist. Zahlreiche und namhafte Bewerber aus den Anwaltskollektiven der DDR, die nach der Wende eine Politikerkarriere anstrebten, sahen sich bald mit belastendem Aktenmaterial konfrontiert, das den Verdacht der Spitzeldienste für das MfS begründete. Er verdichtete sich bei den Rechtsanwälten Schnur, Diestel und de Maizière so, daß sie ihre Karrierehoffnungen in der Politik aufgeben mußten. Gegen den Repräsentanten der DDR beim Verkauf politischer Häftlinge läuft ein umfangreiches Strafverfahren. Der Rechtsanwalt und PDS-Vorsitzende Gysi wurde mit der Akte «IM-Notar» in Verbindung gebracht und steht bis heute unter dem eher verstärkten Verdacht, viele vertrauliche Gespräche mit seinen von der

VI. Systemwechsel als Rechts- und Juristenkrisen

DDR verfolgten Mandanten unverzüglich der Stasi bekanntgemacht zu haben.

Alle genannten verdächtigten Anwälte räumen ein, mit der Stasi regelmäßige Gesprächskontakte gehabt zu haben. Der Anwalt politisch Verfolgter in totalitären Systemen lebt insoweit in einer besonders prekären und gefährlichen Grauzone zwischen Mandantentreue und Systemloyalität. Nimmt man die bereits geschilderten, sehr rigiden Auswahlkriterien für die Zulassung zum Jurastudium hinzu, so ist die Systemnähe der Anwaltschaft in der DDR für die Mehrheit der dort tätig Gewesenen kaum zweifelhaft.

Insoweit ist auch auf einen Unterschied der ideologischen Durchdringung der Juristenberufe zwischen NS-Staat und SED-Staat hinzuweisen. Er beruht u. a. auf der verschiedenen Lebensdauer der beiden Diktaturen von einerseits 12, anderseits 40 Jahren. Die rabiate, weltanschaulich dominierte Justizpersonalpolitik beider Systeme kam in der DDR zu wesentlich größeren Erfolgen, weil sie sich die Funktionseliten der Justiz und Jurisprudenz 40 Jahre hindurch selbst heranbilden konnte. Das blieb auch im Anwaltsberuf – wie die Befunde zeigen – nicht ohne Wirkung.

Alles in allem läßt sich sagen: Die Geschichte der Anwaltsberufe nach 1933 in Deutschland liegt bisher überwiegend in der Schilderung von Einzelschicksalen vor. Eine systematische Gesamtdarstellung steht aus. Sie wird, wenn sie erarbeitet werden sollte, wohl die Verflechtung der überwiegenden Teile auch dieser Berufssparten in ein einmal etabliertes totalitäres System erweisen. Eine staatsfreie Anwaltschaft kann es nur in liberalen Verfassungsstaaten geben. Daß es daneben in diesem Beruf besonders tapfere Einzelkämpfer gab, wahrscheinlich sogar – bedingt durch die speziellen Handlungsfreiräume, die das politische System ihnen aus propagandistischen Gründen einräumte – in größerer Quote als in anderen juristischen Berufen, bestätigt in dieser Ausnahmerolle die prinzipielle Bindung an jene Systeme, welche die Anwaltschaft als «nationalsozialistische Rechtswahrer» und als «sozialistische Anwaltskollektive» organisierten.

f) Folgerungen

Juristen sind nicht generell verführbarer als andere intellektuelle Berufe. Sie unterliegen bei Systemwechseln besonderen Berufsrisiken wegen ihrer professionellen Nähe zur jeweiligen Staatsmacht. Sie haben nach jedem Systemwechsel besondere Anpassungsleistungen zu erbringen. Sie müssen bereit sein, von Berufs wegen einer neuen Wertordnung zu dienen. Das kann nachsichtig stimmen.

Juristen wirken bei der Gestaltung und Vollstreckung des jeweiligen politischen Systems entscheidend mit. Sie tragen daher eine besondere Verantwortung, einzeln wie als Gruppe, der sie sich nicht mit dem Verweis auf die ähnliche ideologische Anfälligkeit anderer Berufe entziehen können. Ihr Beruf verlangt im Gegenteil nach der eigenen Aufgabendefinition eher strengere Maßstäbe.

E. Zu den Vor- und Nachwirkungen von Ideologien

Die wechselvolle und zerklüftete Geschichte der deutschen Rechtswissenschaft in diesem Jahrhundert gibt Anlaß, durch Aufklärung die Gefahr der Wiederholung zu mindern. Sie beginnt zuallererst dort, wo absolute, immer ideologisch gestützte Wahrheitsmonopole beansprucht werden. Deshalb sei der Versuch gewagt, aus den geschilderten Vorgängen einige allgemeine Einsichten und Folgerungen zu den Vor- und Nachwirkungen von Ideologien zu ziehen.

I. Ende der Geschichte, der Ideologien und Utopien?

Wir Deutsche leben seit Jahrzehnten in Zwischenreichen vor- und nachwirkender Ideologien. Es geht bei diesem Thema um uns selbst, um einen jeden von uns, nämlich um die schwankenden, brüchigen und fragwürdigen Fundamente unserer geistigen und nationalen Existenz, um die ideologischen Eisschollen, auf denen wir im Zeitstrom treiben, auch wenn viele ihre Scholle für ein sicheres geistiges Festland halten.

Gerade in ideologischen Fragen ist der fromme Irrtum, die aktive und fröhliche Selbsttäuschung Trumpf. Als 1989/90 der real existierende Sozialismus ökonomisch, politisch und moralisch zusammenbrach, gab es bemerkenswerte

Thesen, etwa vom Ende der Geschichte, der Utopien und der Ideologien.

Zeitwenden regen Endzeitvisionen an. Wenn mit großen Erschütterungen ein scheinbar mächtiges und gefestigtes Weltreich zusammenbricht, bedeutet das für die Zeitgenossen – unabhängig von ihrem Standort, sei es in Freundschaft oder Feindschaft zum abgelebten System – einen tiefen Einschnitt in ihre Weltsicht und ihre Zukunftserwartungen. Das Ableben einer «großräumig» wirksamen Herrschaftsordnung wird von den Siegern wie von den Verlierern gern mit dem «Ende der Geschichte»[161] verwechselt. Das Großreich, das zeitweilig als unbesiegbar galt, repräsentiert die vertraute Weltordnung. Wenn es zusammenbricht, erscheint dieser Vorgang nicht nur als Endpunkt einer Herrschaftsepoche. Der damit eingeleitete neue Geschichtsabschnitt wird von vielen durch die Erschütterung ihres Weltbildes betroffenen Beobachtern als endgültig, buchstäblich als «Ende der Geschichte» aufgefaßt. In Wirklichkeit ist das Gegenteil zu verzeichnen: Eine Ideologie, die sich und ihren Staat als die Endstation der Menschheitsgeschichte verstand, ist von der Geschichte selbst widerlegt worden. Mit dem Zusammenbruch der marxistischen Ideologie und ihrer staatlichen Ausprägungen ist die Offenheit der Geschichte wiedergewonnen worden. Solche irrigen Endzeitprognosen sind ihrerseits Nachwirkungen einer Ideologie, die sich selbst als die einzig wahre, meist vermeintlich «wissenschaftlich» begründete, «endgültige» Weltordnung verstand. Wenn eine solche «Wahrheit» zerbricht, liegt es nahe, das Ende der Geschichte, der Ideolo-

---

[161] Francis Fukuyama, The End of History? in: The National Interest, Summer 1989, deutsch, in: Europäische Rundschau 1989, 4.

I. Ende der Geschichte, der Ideologien und Utopien?

gien und Utopien schlechthin für gekommen zu halten. Es ist dies aber immer, wie die geschichtliche Erfahrung zeigt, nur das Ende eines Irrtums. Die vermeintlich geschichtsvisionäre Deutung vom Ende der großen Veränderungen griff kurzfristig auch nach dem Zerfall der real-existierenden, zuletzt ökonomisch nur noch vegetierenden sozialistischen Staaten um sich. Nicht wenigen schien es, daß mit dem Ende des grausamen und blutigen Sozialismusexperiments samt seiner verheerenden Folgelasten, mit dem «Sieg des Westens» der Wettlauf der Systeme nun endgültig entschieden sei – zumindest in den Grundfragen der Staats- und Gesellschaftsordnung (Demokratie, Grund- und Menschenrechte, Privateigentum, Marktwirtschaft). Unbefangen wurde nicht nur das «Ende der Geschichte», sondern auch das Ende der Ideologien und Utopien[162] verkündet.

Solche Folgerungen aus dem Zusammenbruch von großen Imperien sind nicht neu, eher eine historisch gängige Begleiterscheinung von Zeiten des Umbruchs. Statt vielfältiger, aus verschiedenen Epochen vorhandener Belege für solche Endzeitvisionen an «Zeitwenden» sei hier nur auf das am Jahresbeginn 1945 unmittelbar bevorstehende Ende des NS-Regimes und seiner Schreckensherrschaft in Europa verwiesen. Die Sieger (Roosevelt, Stalin und Churchill) versammelten sich vom 4. bis 11. Februar 1945 in Jalta. Roosevelt sah die Vernichtung der «Reiche des Bösen» (Deutschland und Japan) als den endgültigen Sieg des Entwurfs einer freien Welt nach amerikanischem Muster an. Er glaubte an das Ende der Geschichte im Sinne eines Reiches der Frei-

---

[162] Vgl. J. Fest, Der zerstörte Traum – Vom Ende des utopischen Zeitalters, Berlin 1991.

heit unter der Führung der Vereinten Nationen, die wiederum von den vier Weltmächten (er zählte China dazu) im Sinne von «Weltpolizisten» geleitet werden sollten. In einer aus heutiger Sicht erstaunlichen Naivität verkannte Roosevelt die absehbare Labilität der weltpolitischen Lage nach dem bevorstehenden Sieg – ganz im Gegensatz zu Churchill, der allerdings ohnmächtig zusehen mußte, wie Stalin große Teile Europas seiner Einfluß- und Herrschaftssphäre einverleibte.

Auch Stalin hatte seine endzeitliche Vision. Für ihn war dieser Sieg über das Hitlerreich ein endgültiger Schritt auf dem Weg zum Sieg der kommunistischen Weltrevolution in Europa und in Fernost. Auch er träumte vom Ende der Geschichte im Sinne einer kommunistischen Welt. Beide (Roosevelt und Stalin) irrten.

Alle historischen Träume vom Ende der Geschichte in und nach weltgeschichtlichen Epochenschnitten und Zusammenbrüchen von Großreichen haben sich stets als falsch erwiesen. Die nämlichen Erfahrungen sind zu beachten, wenn es um die Frage des Überlebens von staatstragenden Ideologien und Utopien geht. Die offenkundige, für jedermann sichtbare, militärisch bewirkte Niederlage des Nationalsozialismus und das unbestreitbare ökonomische wie wissenschafts- und geschichtstheoretische Versagen des Marxismus-Leninismus lassen keinerlei generalisierende Schlüsse über die künftige Rolle von Ideologien und Utopien in der Menschheitsgeschichte zu, wie das von manchen Zeitdeutern versucht wird.[163] Die Erwartung, Europa stehe vor einer Epoche ohne Ideologien und Utopien, und das Leben ohne Ideologie sei der Preis der Modernität und

---

[163] Vgl. z.B. J. Fest, a.a.O.

I. Ende der Geschichte, der Ideologien und Utopien?

die Frucht der vollendeter Aufklärung,[164] hat sich bereits als Irrtum erwiesen. Sie wird von der europäischen Wirklichkeit widerlegt.

Hier besteht die Gefahr einer doppelten Fehleinschätzung. Selbst die m.E. von Grund auf historisch wie theoretisch widerlegten, ja ad absurdum geführten Weltanschauungen des Nationalsozialismus wie des Marxismus-Leninismus sind dadurch nicht von vornherein politisch unwirksam geworden, also künftig unbeachtlich. Sie haben ihre suggestive Wirksamkeit unter bestimmten extremen gesellschaftlichen und politischen Rahmenbedingungen des 19. und des 20. Jahrhunderts gewonnen. Schon jetzt – in geringen Abständen von dem Zerfall jener Staatssysteme, die sie trugen und verkündeten, finden sie – wenn ihre neuen demagogischen Verkünder bei verbitterten Gruppen ein Echo haben – neue fanatische Anhänger. Für diese gilt eine Parole, die im Winter 1994/95 in manchen deutschen Universitäten auf Plakaten auftauchte: «Utopien sind die einzige Realität!».

Damit ist eine zweite Problemschicht angesprochen. Es geht noch einmal[165] um die Rolle von Ideologien und Utopien in der menschlichen Existenz, auch bei wissenschaftlichen Fragestellungen. Diese Rolle wird von jenem Faktum bestimmt, welches in wissenschaftlichen, auch in philosophischen Erwägungen heute eine scheinbar unscheinbare Existenz führt. Das Leben jedes Menschen ist endlich und für seinen Lebens- und Wissensdurst in der Regel viel zu kurz.[166] Sofern er das Denken als eine Chance seiner Fähig-

---

[164] Vgl. J. Fest, a.a.O.
[165] Vgl. oben B. und C.
[166] Vgl. Odo Marquard, Skepsis und Zustimmung, 1994, S. 45 ff.

keiten betrachtet, fragt der Mensch sich unausweichlich: Woher komme ich? Wohin gehe ich? Die Antwort oder Nichtantwort auf diese Frage, wie immer sie begründet wird, ist ein die Weltsicht jedes Einzelnen bestimmender Faktor. Diese Antwort oder Nichtantwort ist aber unvermeidlich der Ausdruck eines weltanschaulich, also in meinem Sprachgebrauch «ideologisch»[167] bestimmten Vorverständnisses. Viele Menschen suchen nach einer Perspektive für ihre Zukunft und die Zukunft ihrer Gattung. Solche Perspektiven beruhen auf weltanschaulichen («ideologischen») Grundlagen, nicht selten auf utopischen Erwartungen. Ohne Ideologien und Utopien in diesem allgemeinen Sinne ist eine humane und «Sinn-volle» (!) Existenz für viele Menschen nicht denkbar. Daraus folgt die allgemeine These:

Die Menschen sind in ihrer großen Mehrheit «ideologisch» und «utopisch» beeinflußte Wesen in der nämlichen Weise wie sie (nach Aristoteles) rationale und soziale Wesen sind.

Die Gegenvorstellung vom «Ende der Ideologien und Utopien» geht von einem ganz anderen, «neuen Menschen» aus. Ihr Menschenbild wird allein oder mindestens dominant von der Fiktion eines reinen Verstandeswesens i. S. eines «homo logicus» geprägt. Diese anthropologische Verkürzung leugnet, daß die Menschen von Gefühlen, von Sehnsüchten, Hoffnungen, Ängsten und offenen Fragen angetrieben und bedrängt werden. In der Welt, wie sie ist, mit ihrer Offenheit von Herkunft und Zukunft sucht der Mensch, wie die geschichtliche Erfahrung, wie Religionen und Weltanschauungen zeigen, nach Orientierung, Halt und Trost in Ideologien und Utopien. Die Rede vom Ende

---

[167] Vgl. oben B. II.

I. Ende der Geschichte, der Ideologien und Utopien?

der Geschichte, der Ideologien und der Utopien ist somit ein intellektuelles Kunstprodukt. Sie wird auch heute – nach dem Zerbrechen der beiden totalitären Ideologien des Marxismus-Leninismus und des Nationalsozialismus mit ihren Herrschaftssystemen – von der Wirklichkeit widerlegt. Aus den Trümmern widerlegter Ideologien und Utopien werden alsbald neue «wahre» Ideengebäude gebastelt.

Der Wettstreit um die ideale Gesellschafts-, Staats- und Weltordnung, die das höchste Glück der Menschen gewährt, ist also auch nach 1989 nicht zu Ende. Er beginnt nach den großen Katastrophen stets aufs Neue. Man mag das bedauern und kritisieren. Auch die Sehnsucht nach einer rein rationalen, ideologiefreien Weltordnung ist eine Utopie. Sie bestätigt die Lebenskraft und existentielle Notwendigkeit von Ideologien und Utopien für eine humane Existenz.

Der Mensch bleibt – auch und gerade nach großen Ent-Täuschungen – ein ideologisches Wesen. Offenbar braucht die Menschheit Ideologien und Utopien, um leben zu können.

Man mag hoffen, daß totalitäre Ideologien von der staatlich sanktionierten Vorherrschaft einer *Rasse,* einer *Klasse* oder einer *Religion* im Sinne eines Zwangsbeglückungssystems in Europa auf absehbare Zeit keine Chance haben, weil die vielfachen Erfahrungen des Terrors nachwirken und eine neue Nüchternheit fördern könnten. Aber sicher ist das – wie die Konflikte nach der Wende von 1989 zeigen – keineswegs.

Ideologien und Utopien versuchen, die Sinnfrage zu beantworten. Diese läßt sich, gerade in der Erschütterung epochaler geistiger und politischer Umbrüche, nicht einfach ausschalten wie ein elektrisches Aggregat oder zudecken durch Technologie, Zivilisation und Wohlstand.

II. Heimatlosigkeit der enttäuschten Intellektuellen

Der Zusammenbruch totalitärer Systeme und Ideologien hinterläßt geistige, moralische und psychische Trümmerlandschaften und zerbrochene Träume.

Systemwechsel bewirken individuelle und kollektive Identitäts- und Existenzkrisen. Wir kennen das aus der Zeit nach 1945. Wir beobachten das gegenwärtig landauf und landab in vielen Lebensbereichen, in Ost und West. Ein bemerkenswertes Beispiel war etwa der schon erwähnte erste DDR-Juristentag in Strausberg 1990, als ca. 400 Richter, Staats- und Rechtsanwälte gemeinsam Rückschau und Vorschau hielten. Sie wollten zu guten Teilen unbeirrt ihre vermeintlichen sozialistischen Errungenschaften der Rechtsprechung retten, an denen wenig zu retten war. Da war im Mai 1991 die erste gemeinsame Schriftstellertagung des VDS in Travemünde mit der quälenden Frage, welche der politisch belasteten DDR-Schriftsteller in den Verband aufzunehmen seien. Eine heikle Frage: Erich Loest und Hermann Kant im selben Verband, am selben Vorstandstisch vielleicht? Der Austritt Kants aus dem Verband hat das Problem nicht gelöst. Die Versuche, es durch pauschale Vereinigungen der beiden Kunstakademien oder der beiden Pen-Clubs[168] zu lösen oder besser: unter den Teppich zu kehren, haben gezeigt, daß darin keine Lösung liegt.

---

[168] Vgl. dazu Thilo Koch, FAZ vom 25.2.1995, S.27.

II. Heimatlosigkeit der enttäuschten Intellektuellen

Der leidenschaftlich geführte Literaturstreit und vorher der ebenso heftige sog. Historikerstreit sind vielleicht zu einem Teil als Versuch zu verstehen, die Trümmer eines epochalen Zusammenbruchs dem ideologischen Gegner vor die Haustür zu schütten. Zum anderen Teil sind sie ein Beweis dafür, wie schwer und schmerzlich für Intellektuelle der Abschied von der eigenen Ideologie sein kann.

Ideologien sind für ihre gläubigen Anhänger ein Stück geistige und seelische Heimat. Sie sind, nach L. Kolakowski, der Versuch, den metaphysischen Kinderglauben in das Erwachsenendasein nach der Aufklärung hinüberzuretten. Sie geben, wenn sie geglaubt werden, Daseinsvertrauen und Zukunftsgewißheit. Wer sucht das nicht?

Die *zerbrochene* Ideologie macht ihre Anhänger geistig heimatlos, seelisch obdachlos und verzweifelt. Der individuelle Traum einer besseren, reineren, gerechteren Welt, wie falsch und verlogen er objektiv gewesen sein mag, wird zerstört. Die Folgen sind Vereinsamung und Niedergeschlagenheit bis zur Verzweiflung, Berufsängste und Perspektivlosigkeit von ehemals gläubigen Intellektuellen. Manche suchen die Öffentlichkeit und beginnen alsbald, ihre Trauerarbeit und ihren Seelenschmerz in den Medien larmoyant und gewinnträchtig zu vermarkten. Die aus der DDR verdrängte Schriftstellerin Monika Maron hat treffend darauf hingewiesen, daß es für ehemalige Nutznießer totalitärer Systeme sinnvoll sein könnte, wenigstens «eine Zeit lang zu schweigen». Beherzigt wird dieser Ratschlag freilich kaum. So haben sich etwa auch H. Kant, G. Schabowski, P. Przybulski, H. Gerlach, ja selbst Eduard von Schnitzler zu Wort gemeldet und ihre vermeintlich «neue» Sicht der «alten» Dinge vorgebracht. Auch Markus Wolf und Egon Krenz gingen unter die Literaten.

Das Zeitalter der neuen Ideologien begann mit der Verdrängung der Religion aus ihrer Rolle der einheitlichen Sinnstiftung für breite Schichten der Bevölkerung. Wo der religiöse Glaube schwindet und damit die Sinnfrage plötzlich offen ist, entfalten sich säkulare Ideologien als Religionsersatz. Es wird schwer, zwischen Religion, Ideologie und Utopie zu unterscheiden, weil alle drei auf geglaubten Prämissen beruhen. Psychologisch fesselnd ist der Umstand, in welchem Maße die Skepsis der Aufklärung gegenüber jeder Art von Religion sich heute mit naiver Zuwendung zu alternativen Ideologien und Utopien fast beliebiger intellektueller Qualitäten vereinbaren läßt.

Der Zerfall von Ideologien und politischen Systemen hat gelegentlich auch skurrile Nebenwirkungen, etwa am Kunstmarkt. Allgemein bekannt ist die Verschleuderung moderner Kunstwerke in den dreißiger Jahren, die von den Nationalsozialisten als «entartet» eingestuft worden waren. Weitgehend unbemerkt von der Öffentlichkeit blieb ein anderer Vorgang. Ein Lieblingsmaler Hitlers war Carl Spitzweg. Die Stadt Linz plante damals, ihrem Führer eine Spitzweg-Sammlung in einem eigens dafür zu errichtenden Museum zu verehren. Nach dem Zusammenbruch des Nationalsozialismus auch in Österreich 1945 glaubte man, für die schon vorhandene beträchtliche Gemälde-Sammlung keine Verwendung zu haben und warf sie auf den Markt. Die Zuneigung Hitlers zum Werk Spitzwegs drückte jedoch in den fünfziger und sechziger Jahren auf die Preise. Einem privaten Sammler mit ausreichenden Geldmitteln war es so möglich, in kurzer Zeit weit über hundert Arbeiten von Spitzweg, darunter edelste Werke des Meisters, zu heute unvorstellbar günstigen Preisen zusammenzutragen. Auch das sind Neben- und Nachwirkungen von Ideologien.

III. Überlebensstrategien

Die ideologische Heimat- und Obdachlosigkeit nach Systemzusammenbrüchen führt zu bemerkenswerten Überlebensversuchen. Das verzweifelte Sich-festkrallen der trotzig Unbelehrbaren an der zerstörten Wunschwelt setzt sich über die entgegenstehenden Tatsachen mühelos hinweg. «Marx wir brauchen Dich», so heißt ein beschwörender neuer Buchtitel,[169] der exemplarisch die Haftfähigkeit von ideologischen Trugbildern in den Köpfen gläubiger Intellektueller belegt. Das Überlebenstraining derer, die ihre ideologischen Überzeugungen gegen alle ersichtlichen Fakten sorgfältig abschotten, zeigt vielfältige Formen. Dazu gehören auch Sprachstrategien. Gescheitert ist in den Augen derer, die unbeirrt an ihrer marxistischen Orthodoxie festhalten möchten, nicht etwa der Sozialismus. Die Diktaturen des Proletariats, die als Systeme des Unrechts zusammengebrochen sind, sollen jetzt *«Früh»*-Sozialismus heißen. Nur dieser «frühe» real existierende Sozialismus ist gescheitert. Der späte, reife, reine Sozialismus soll so eine neue Chance für die Zukunft bekommen.

In ähnlicher Weise wird die alte DDR jetzt als ein «pseudosozialistisches Land» etikettiert. Nicht die marxistische Ideologie, sondern weit mehr der Imperialismus Stalins sei ihre wichtigste Existenzgrundlage gewesen. Die sprachstrategischen Kunstgriffe sind durchsichtig. Die Hinzufügung der Vorsilben «Früh-» und «Pseudo»- soll den wah-

---

[169] Jean Ziegler/Uriel da Costa, Marx wir brauchen Dich – Warum man die Welt verändern muß, München 1992.

ren, noch ausstehenden Sozialismus marxistischer Prägung retten, seinen Charakter als überzeitliche Heilslehre bewahren und seine Überlebenschance, ja -notwendigkeit durch die Abtrennung von seiner blutigen Vergangenheit glaubhaft machen. Der pseudoreligiöse Heiligenschein der von der Geschichte widerlegten Kirchenväter Marx und Engels soll neu vergoldet werden.

Auf solchen und ähnlichen Wegen werden die geistigen, moralischen und ökonomischen Trümmerfelder der weltweit gescheiterten realsozialistischen Experimente erhofften geistigen Wiederaufbereitungsanlagen zugeführt. Ideologisches Recycling ist das Programm der Nostalgie. Einsatzwillige nostalgische Altmarxisten, alte Fakultäten und neue Institute sind durchaus aufzutreiben. Man sieht, wie schwer verführte Intellektuelle sich von ihren vertrauten ideologischen Lieblingsspielzeugen verabschieden.

Günter Kunert hat es auf den Begriff gebracht:

«Trotz überwältigender Kenntnis der trostlosen Lage und ihrer kaum minder trostlosen Ursachen wird die längst mumifizierte Utopie beschworen. ... Der deutsche Intellektuelle nebst seinen Visionen vom Guten, Schönen und Humanen ist durch keine noch so massive Tatsachenfülle widerlegbar».[170]

Der unbestreitbare Sachverhalt wird verständlicher, wenn man die Funktion der marxistischen Lehre für ihre Anhänger in den Blick nimmt. Sie gab eine pseudoreligiöse, transzendentale Geschichtsdeutung mit der Verheißung eines goldenen Zeitalters, einer klassenlosen Gesellschaft, die alle erstrebenswerten Güter jedem nach seinen Bedürfnissen gewähren könnte. Sie konnte sowohl die materiellen als auch die ideellen Zukunftssehnsüchte ihrer Gläubigen befriedi-

---

[170] Zitiert nach D. Röckel, FAZ vom 30. 3. 1992, S. 11.

gen. Sie gab Geborgenheit und Vertrauen in den Verlauf der Weltgeschichte. Sie stillte das intellektuelle Orientierungsbedürfnis für die noch leidige Gegenwart, indem sie im Kapitalismus ein totales Feindbild errichtete und die Gesetzmäßigkeit des Weltgeschehens rational zu erklären schien, ja alle Fragen nach Herkunft und Zukunft scheinbar gültig («wissenschaftlich») beantwortete. Sie war der perfekte Religionsersatz für Intellektuelle. Wie sollte da der Abschied nicht schwerfallen?

Liberale Gesellschaften müssen solche Überzeugungen, auch wenn sie augenfällig widerlegt sind, tolerieren. Wer meint, er brauche weiterhin Marx, um diese Welt zu verändern, wer die furchtbare Hinterlassenschaft dieser Lehren in den Staaten des realen Sozialismus wegtheoretisieren zu können meint, der mag seinen Glauben haben. Als politisches Programm hat der Marxismus, überall wo er ausprobiert wurde, das Gegenteil seiner hehren Ziele bewirkt: Unfreiheit und Diktatur, Verelendung der Massen und Klassenherrschaft der Nomenklatura, ökonomische und ökologische Katastrophen, Massenmorde und andere Verbrechen von teilweise unvorstellbaren Dimensionen. Wer weiterhin nach dieser Theorie mit Menschen experimentieren will, sollte sich dazu Freiwillige suchen und mit ihnen auf eine Insel ziehen.

Insgesamt bestätigt sich hier eine alte Erfahrung. Intellektuelle lieben es zu allen Zeiten, sich in ihren Gedankengebäuden einzuschließen wie in einem frei gewählten Ghetto. Die Realität geht verloren, wird gemieden und als störend empfunden. Der Effekt wird durch die Kontaktbeschränkung auf Gleichgesinnte gesteigert. Im Ergebnis verwechseln sich die so ghettoisiert lebenden intellektuellen Zirkel mit dem Volk, ihre ideologischen Scheuklappen mit der Realität.

Schon finden internationale Kongresse über die «Zukunft des Sozialismus» statt. Auf dem Weltkongreß der Internationalen Vereinigung für Rechts- und Sozialphilosophie August 1991 in Göttingen sprach als ein Hauptredner der Altmarxist und bewährte Kämpfer gegen Demokratie, Pluralismus und Menschenrechte Hermann Klenner zu dem Thema: «Was bleibt von der marxistischen Rechtsphilosophie?».[171] Ja, was bleibt? Die Antwort ist kurz: Eine grausige Blutspur von den Millionen der Opfer dieser Ideologie. Es ist etwa so, als hätte man 1947 Reinhard Höhn über die Errungenschaften der NS-Rechtstheorie reden lassen. Die westlichen Organisatoren solcher Kongresse haben für die Sicht und die Gefühle der Opfer dieser Regimes offenbar weder Blick noch Verständnis. Das zahlreiche Publikum applaudierte. Einige Klarsichtige waren vorher abgereist.

Über Klenners Rolle während der DDR-Zeit gibt es inzwischen genauere Informationen, die zugleich einen Einblick in das Spitzelwesen des MfS bieten. Guntolf Herzberg, selbst Philosoph in der DDR, hat als Betroffener die einschlägigen Akten in der Gauck-Behörde untersucht.[172] Allein in diesen Stasi-Akten (die Akten der Hauptverwaltung Aufklärung – HVA – waren von dieser sorgfältig vernichtet worden) existierten 90 Akten über 57 Philosophen. Ergebnis: 46 informelle Mitarbeiter hatte die Stasi auf das

---

[171] Siehe Werner Maihofer, Gerhard Sprenger (Hrsg.), Praktische Vernunft und Theorien der Gerechtigkeit, ARSP, Beiheft 50, 1992, S. 11 ff.

[172] Guntolf Herzberg, Erkenntnis und operatives Interesse – Wie die Stasi die akademische Disziplin der Philosophie einspannte und aushorchte, FAZ vom 30. September 1994, S. 42.

kleine akademische Fach der Philosophie angesetzt, davon 13 Institutsdirektoren, eine größere Zahl von Bereichsleitern, Arbeitsgruppen- und Forschungsgruppenleitern sowie Lehrstuhlinhabern, Dekanen, auch Akademie-Mitglieder waren darunter.[173]

Unter den aktiven Mitarbeitern der Stasi entdeckte Herzberg auch Professor Dr. Hermann Klenner. Dieser schrieb im Auftrag des MfS im Zusammenhang mit dem Prozeß gegen Rudolf Bahro eine Analyse über dessen Buch «Die Alternative». Klenner erhielt dafür vom MfS («das sonst mit Geld sehr geizig ist») 1000,- Mark Prämie. Die neueste Publikation Klenners findet sich im Rechtshistorischen Journal, Bd. 13 (1994, S. 131), herausgegeben von Dieter Simon. Sie trägt den Titel «Ein Blick ins Buch, und zwei ins Leben ...». Schon das stimmt nachdenklich. Einfallsreich ist auch die redaktionelle Komposition des Rechtshistorischen Journals. Der folgende Beitrag (von mir) heißt: «Kontinuitäten. Zur Wirkungsgeschichte von Carl Schmitt in der Bundesrepublik Deutschland».

Der Fall Klenner ist noch in einer anderen Hinsicht beispielhaft für das «Nachwende-Verhalten» ehemals prominenter Autoren in totalitären Systemen. Im Herbst 1994 publiziert er unter dem neutralen Titel «Rechtsphilosophie» bei Rotteck/Welcker einen 500 Seiten-Band von Texten aus dem Staatslexikon 1834–1847. Wen mag es wundern: Jetzt

---

[173] Im Hinblick auf die «Reisekader» der DDR-Wissenschaftler, zu denen Klenner gehörte, aber auch im Hinblick auf die Kontroverse Kocka./. Mitter/Wolle über die einseitige personelle Auswahl bei Forschungsprojekten ist noch eine andere Information Herzbergs beachtenswert: Zur «Feuerbach-Konferenz» in Bielefeld 1973 wurde eine Delegation von fünf DDR-Wissenschaftlern («Spezialisten») entsandt. Alle fünf waren informelle Mitarbeiter des MfS.

hat Klenner scheinbar das liberale, rechtsstaatliche Verfassungsdenken, das er viele Jahre bekämpft hat, zum neuen Lebensthema erhoben und betätigt sich als Herausgeber der Klassiker-Texte des 19. Jahrhunderts. Klenner hatte in der DDR ein wechselhaftes Schicksal – wie übrigens viele Juristen in totalitären Staaten, etwa C. Schmitt, E. Forsthoff, O. Koellreutter, K. A. Eckhardt, R. Höhn unter dem NS-Regime.[174] Unter Ulbricht wurde er zeitweilig strafversetzt, stieg aber bald wieder zur Prominenz der Rechtsphilosophie in der DDR auf. Der nach 1990 «abgewickelte» Klenner sieht sich selbst larmoyant als Opfer der Wende. Seine «Einführung» zu den Texten, die Michael Stolleis treffend als «marxistische Spätlese» kennzeichnet,[175] widmet er seinen «seit 1989 abgewickelten Kollegen in Recht und Philosophie», was die Frage nahelegt, welche Rolle der Autor Klenner wohl gespielt haben würde, wenn die Wiedervereinigung nach den Geschichtsprophetien des Marxismus-Leninismus umgekehrt verlaufen wäre. Er sympathisiert zwar formal mit Rotteck, der von seiner Regierung aus dem Amt gedrängt worden war, als mit einem «in jeder Beziehung Abgewickelten». Gleichzeitig aber hält er unbeirrt von den Folgen des realen Sozialismus und vom Lauf der Geschichte das Banner des Marxismus hoch, als wäre nichts geschehen.

Literarische Produktivität von systemtreuen juristischen Autoren nach einer Wende ist nichts Neues. Das gab es auch nach 1945 zuhauf. Es sei nur an die eilfertige «theologische Rechtsbegründung» des schwärmerischen NS-Au-

---

[174] Vgl. dazu Rüthers, Carl Schmitt im Dritten Reich, 2. Aufl., 1990, S. 89 ff.

[175] FAZ vom 23. 2. 1995, S. 37.

tors Walther Schönfeld[176] nach 1945 oder an das «Liebesrecht» von Günther Küchenhoff[177] erinnert, der zuvor die «völkische Rechtserneuerung» begeistert begleitet hatte. Der Eifer dieser «bekehrten» Autoren – und sie stehen für viele nach 1945 – war jedoch frei von Versuchen, die abgelebte Ideologie des zerbrochenen Systems noch nachträglich zu verbreiten. Die Einsicht allerdings, daß Juristen in Unrechtssystemen mitverantwortlich sind für das Unrecht und die Verbrechen der Machthaber, ist auch bei bekehrten Mitläufern selten. Die Haltung der Spätmarxisten der DDR nach 1990 ist überwiegend ganz anders. Sie waren und sind – von Wolfgang Harich, Walter Janka und Stefan Heym bis zu Uwe Jens Heuer, Heiner Müller und Hermann Klenner – weiterhin voller Begeisterung zur Fortsetzung ihrer kostspieligen ideologischen Irrwege bereit. Und ihre ungewendeten solidarischen Medienkumpanen von ehedem geben jede denkbare Unterstützung. Die Blutspur, die ihre Ideologie durch dieses Jahrhundert gezogen hat, hat ihre Überzeugung nicht erschüttert.

Vielleicht ist es für die Einsicht in die deutsche Bewußtseinslage nach der Wende hilfreich, sich die unterschiedliche Entwicklung der Regimetreue und der Ideologietreue in der DDR im Vergleich zu anderen Satellitenstaaten der Sowjetunion, etwa Polens, Ungarns oder der CSSR vor Augen zu führen. Andrzey Szczypiorski[178] hat die sehr unterschiedlichen Formen des real existierenden Sozialismus und der Opposition in den Ostblockländern eindrucksvoll ge-

---

[176] Grundlegung der Rechtswissenschaft, Stuttgart 1951.
[177] Naturrecht und Christentum, Düsseldorf 1948; ders., Naturrecht und Liebesrecht, Hildesheim 1962.
[178] «Mein Irrtum», FAZ vom 4. 3. 1995 (Bilder und Zeiten).

schildert. In seiner Sicht haben – im Gegensatz zu Polen, Ungarn und der CSSR – viele Leute in der DDR, vor allem die Führungseliten, sich bis zuletzt eine aufrichtige prinzipielle Bindung an die kommunistische Ideologie und Herrschaftspraxis bewahrt. Niemand habe sich – bei einer Betrachtung des Gesamtverhaltens der Bevölkerungen im Ostblock – so sehr seinen kommunistischen Pflichten gewidmet wie die Deutschen. Sie hätten

«die besten Häuser gebaut und am nachhaltigsten die natürliche Umwelt zerstört, sie hatten die beste Sozialfürsorge und die wachsamste, allgegenwärtige politische Polizei, die solidesten industriellen Erzeugnisse und die solidesten Stasiakten, die großartigsten Musikensembles, die lakaienhafteste, höfischste staatstreue Literatur, sie hatten das beste Verkehrswesen, die am besten funktionierenden Fernmeldeanlagen ... und gleichzeitig das am besten funktionierende Netz von Polizeispitzeln, die unterwürfigste Zensur und Selbstzensur.»

Die geistigen Eliten der DDR, so fährt er fort,

«wahrten eine große Anhänglichkeit an das kommunistische System und bekundeten eine erstaunliche Loyalität. Ich bezweifle, daß die geistigen Eliten die notwendige Wachsamkeit angesichts der bösen, gemeinen und den Interessen der deutschen Nation abträglichen kommunistischen Praktiken an den Tag gelegt haben. Sie haben sich erheblich mehr um ihre Privilegien gekümmert, statt für Staatsbürgerrecht auf Freiheit und persönliche Würde einzutreten.»

Scharf kritisiert der polnische Beobachter auch den schwachen Widerstand der Deutschen und ihren geringen Beitrag zum Sturz der kommunistischen Tyrannei. Wie immer man zur Schärfe und Pauschalität dieser Kritik stehen mag – sicher fehlen ihm Kenntnisse von wichtigen Fakten (etwa vom kirchlichen Widerstand) und Rahmenbedingungen (die ganz anders waren als in Polen) –, aber unwillkürlich drängt sich die Erinnerung an viele vergleichbare Strukturen und Prozesse während des NS-Regimes auf. Auch damals war der intellektuelle deutsche Widerstand eher gering und unentschlossen. Der Nationalsozialismus wurde 1945 durch die Armeen der Alliierten militärisch besiegt. Der Zusammenbruch des SED-Regimes wurde – auch darauf weist Szczypiorski im Kern zutreffend hin – in einem erheblichen Ausmaß wiederum von außen bewirkt, durch den Kollaps der Sowjetunion, die schnell reagierenden Polen und Tschechen, die mutige Öffnung der Grenzen durch die Ungarn.

Die westdeutschen Führungseliten stehen bei einer nüchternen Bestandsaufnahme ihres Verhaltens gegenüber der imperialen Ideologie des Kommunismus und der Repräsentanten des SED-Regimes nicht sehr viel glänzender da. Für allzu viele gilt – wie etwa für maßgebliche Vorstandsmitglieder des westdeutschen Verbandes der Schriftsteller –, daß sie soweit sie nicht mit den Wölfen geheult, so doch zu ihnen geschwiegen, ja sie kollegial gestreichelt haben. Die Krisen um die Vereinigung der Verbände, der Kunstakademien und der Pen-Clubs sprechen insoweit für sich selbst. Zeitungen und Rundfunkanstalten, Schriftstellerverbände, Kunstakademien, manche Gewerkschaften, viele Universitäten und Fakultäten, auch große wissenschaftliche Institute hätten Anlaß zu bescheidener und demütiger Besinnung. Da solche Haltung schwerfällt, überwiegt vielfach die Neigung zu eilfertiger Vertuschung unter dem Etikett einer fragwürdigen «Versöhnung» zu Lasten derer, die vom SED-Staat unterdrückt und um Jahre ihrer Lebenszeit betrogen wurden. Von ihnen ist in der Regel nur noch die Rede, wenn sie von ehemals systemloyalen Funktionären oder von zweifelhaften Westvertretern zum Vergeben und Vergessen aufgerufen werden, nicht selten von solchen, die bis 1989 innige Beziehungen zu den Mächtigen der SED oder gar des MfS unterhielten.

Der Zerfall zweier totalitärer Ideologien ist ein Anlaß zur Genugtuung und Freude. Zweimal sind in Deutschland tyrannische Unrechtssysteme zerbrochen. Leider ist das kein Anlaß zu gelassener politischer Pausenruhe. Die aus beiden Zusammenbrüchen herrührenden materiellen, geistigen und seelischen Verwüstungen bleiben – teils sichtbar, teils nicht einmal wahrgenommen – für Jahrzehnte ein zerklüftetes Problemfeld, das den inneren Frieden des vereinigten Landes belastet. Die geistige und seelische Orientierungs- und Heimatlosigkeit vieler Menschen in Ost und West, gerade auch vom Führungspersonal beider Systeme, birgt erhebliche Gefahren für die Stabilität einer neuen Ordnung. Der Ungeist totalitärer Staaten wirkt auch nach ihrem Zusammenbruch lange und vielfältig nach.

IV. Zu Begriff und Funktion der «Vergangenheitsbewältigung»

In den Wortschatz der deutschen Sprache ist nach 1945 die Vokabel von der «Vergangenheitsbewältigung» eingegangen. Sie enthielt den moralischen Appell, sich mit der jüngsten Geschichte auseinanderzusetzen; sie richtete sich aber von Anfang an auf ein illusionäres Ziel.

Die Vergangenheit will erkannt und erinnert sein. Sie kann auf keine Art «bewältigt», etwa gar im Sinne von überwältigt werden. Wir müssen sie annehmen, wie sie war. So bleibt sie uns erhalten.

Das Wort von der «Bewältigung» hatte von Beginn an eine personelle, moralisierende Zielrichtung. In der Regel war es ein selbstgerechter moralischer Appell an andere. Es

IV. Zu Begriff und Funktion

suggeriert zudem eine scharfe Trennlinie zwischen den generell und pauschal «bösen» Systemverstrickten, den Tätern, und den generell und pauschal «guten» Opfern des jeweiligen Systems. Die Freund-Feind-Konstellation eines totalitären Begriffs des Politischen lebt in dieser Vorstellung fort. Sie enthält eine verderbliche Vereinfachung. «Bewältigung», das Wort hat, bei einigen Verwendern durchaus bewußt und gewollt, ein Element der Gewalt in sich, das zu moralischen Pauschalurteilen tendiert. Der fortdauernde Gebrauch der Vokabel von der Vergangenheitsbewältigung sagt etwas aus über die Gesprächssituation. Die Adressaten der Aufforderung dieser Appelle empfinden sie – heute wie damals – in der Regel als Versuche der Demütigung durch selbsternannte Moralprediger.

Nach zwei leidvollen Abwicklungsphasen totalitärer Ideologien und Systeme könnten wir wissen:

Die scharfen und sauberen Grenzlinien zwischen Gut und Böse, Recht und Unrecht sind oft ihrerseits ideologische Konstrukte. In der Realität des Alltags totalitärer Systeme sind nicht wenige Menschen Opfer und Täter zugleich. «17 Mio. Opfer suchen 17 Mio. Täter» – so lautet ein sarkastischer Witz in der ehemaligen DDR.

Das war auch nach 1945 so. Wir brauchen zum Gelingen einer neuen menschenwürdigen Ordnung Augenmaß, Behutsamkeit der Analysen und die Entschlossenheit, absoluten Wahrheitsansprüchen von Anfang an zu widerstehen. Wo totalitäre Ideologien einmal staatlich etabliert sind, nimmt das Unheil seinen Lauf.

Das ist kein Problem allein der ehemaligen DDR-Bürger. Auch der Westen ist betroffen. Insgesamt erweist sich, daß die Eule der Minerva auch bei Ideologie-Umbrüchen erst am Abend ihren Flug beginnt. Die bemerkenswerten Reaktionen westlicher Meinungsmacher zeigen es. Gerade die nicht sehr kleine Gruppe derer, die über Jahrzehnte hin schon das Wort Wiedervereinigung mieden, ja dieses Ziel des Grundgesetzes nicht nur für unrealistisch, sondern für unmoralisch, weil «entspannungsfeindlich» hielten und es aus der Verfassung gestrichen sehen wollten, seine Erwähnung für «kalten Krieg» erklärten, sie lamentieren jetzt unbekümmert um ihre Irrtümer von gestern, daß es in Bonn zwar perfekte Pläne für den Verteidigungsfall, nicht aber für den Vereinigungsfall gegeben habe. Auch das ist wohl als eine Form subjektiver «Vergangenheitsbewältigung» zu verstehen. Oder soll man es als Wendehals-Leistung in Westmanier bzw. als perfekten politisch-moralischen Selbstbetrug einordnen? Jedenfalls waren die Kollaborateure des SED-Regimes nicht nur in der DDR zuhause.[179]

Insgesamt läßt sich anläßlich des Systemwechsels 1989/90 feststellen, daß gerade diejenigen intellektuellen Zirkel und Publikationsorgane, die sich über Jahrzehnte hin als Vorhut des sozialistischen Fortschritts verstanden und gebärdet hatten, von einem Tag auf den anderen zur Nachhut der Geschichte geworden sind. Sie haben sich in ihrer Anbiederungspraxis an den vermeintlich so «normalen» und «stabilen» SED-Staat als objektive Stabilisatoren eines Unrechtsregimes und als Repräsentanten eines überholten, reaktionären Zeitgeistes erwiesen, der «realer Sozialismus» hieß und sich über Nacht als Kartenhaus, als Selbstbetrug entpuppt hatte. Die Parole «Wandel durch Annäherung» wurde als Täuschung, wenn nicht Schlimmeres enttarnt. «Wandel durch Wiedervereinigung» hieß die Lehre der Geschichte.

---

[179] Cora Stephan (Hrsg.), Wir Kollaborateure – Der Westen und die deutschen Vergangenheiten, Hamburg 1992.

IV. Zu Begriff und Funktion

Wer mit einer Schamfrist des Schweigens gerechnet hatte, sah sich allerdings bald getäuscht.

Mißverständlich bis anstößig wird die Kritik westdeutscher Intellektueller, wenn sie heute aus ihrer niemals gefährdeten Position den Dissidenten in der ehemaligen DDR einen (angeblichen) «Politikverzicht» vorwerfen, der eine wirksame Oppositionspolitik verhindert habe. Hier werden die engen Spielräume politisch wirksamer Oppositionen in einem perfekt überwachten totalitären Regime gründlich verkannt. Das beruht in der Regel auf der westdeutschen Unkenntnis von den realen Existenzbedingungen oppositioneller Kräfte in der DDR. Die meisten westlichen Führungseliten unterhielten Kontakte fast ausschließlich mit etablierten, ideologietreuen Regimevertretern. Vom Leben der Oppositionellen und Unterdrückten in der DDR hatten sie keine reale Vorstellung. So mögen solche Fehleinschätzungen zustande kommen. Verzeihlich wird die Leichtfertigkeit solcher Irrtümer dadurch nicht.

Aus allem wird deutlich: Die Aufarbeitung dessen, was in der DDR geschah, ist nicht allein eine Sache derer, die dort leben mußten. Erinnern wir uns daran, wieviele westliche Intellektuelle, wieviele Professoren, Journalisten, Schriftsteller und Künstler in der Blüte des bundesdeutschen Neomarxismus freiwillig jene Bekenntnisse zu dieser Ideologie ablegten, die in der DDR staatlich gefordert wurden? Wieviele sahen im Terrorstaat der DDR ein hoffnungsvolles Experiment mit kleinen Fehlern? Die Rückschau auf diese gemeinsame Vergangenheit ist schon deshalb kein Anlaß, daraus eine völlig verfehlte Konfrontation zwischen West und Ost konstruieren zu wollen, wie das gelegentlich von Thierse über Grass bis Gaus versucht wird. Dieser Versuch hat bei den westlichen Beteiligten nicht selten die Funktion, von ihrer eigenen Rolle in der Vergangenheit, speziell in Fragen der Deutschlandpolitik und der Wiedervereinigung, abzulenken. Das Urteil über die Summe der Unrechtstaten des realen Sozialismus betrifft auch jene, die durch unkritisches, voreiliges Nachgeben, durch ideologische Blindheit das System dort aufgewertet, stabilisiert, verlängert haben. Verlängert wurden so die Leiden der Unterdrückten, der politischen Gefangenen und Entrechteten. Eine Entschuldigung dieser westlichen Akteure steht noch aus.

V. Rückblick und Ausblick

Betrachtet man die Vorgänge des Wechsels der Systeme und der Ideologien dieses Jahrhunderts in ihren Auswirkungen auf das Recht, die Justiz und die Jurisprudenz im Zusammenhang ihrer Verwerfungen, Verirrungen und Widersprüchlichkeiten, so erinnert die Rechtsgeschichte, besser: die Unrechtsgeschichte dieses Jahrhunderts in Deutschland an die Erlebnisse des «Abenteuerlichen Simplizissimus Teutsch» im 30jährigen Krieg. Es fehlt noch an einem juristischen Johann Jakob Christoffel von Grimmelshausen für dieses Jahrhundert. Die ganze Wirrnis der Epochen spiegelt sich in diesem schmalen Zeitausschnitt einer Disziplin. An einer Stelle seines Buches sagt Grimmelshausen: "‹Dannenhero halten wir die Welt für einen Probierstein Gottes.» Sollte die Abfolge der Systeme und Ideologien auch ein Prüfstein für unsere Wissenschaften gewesen sein? Wie haben die Juristen diese Umbrüche und ihre Prüfungen bestanden? Was haben sie, soweit lernfähig und lernwillig, daraus gelernt? Was leistet unsere Juristenausbildung, damit wir für eine mögliche Wiederholung des Versuchs einer Rechtsperversion besser gerüstet sind?

Es bleiben viele Fragen offen. Nicht zuletzt diese: Hat sich der Versuch einer Bestandsaufnahme der geisteswissenschaftlichen Erfahrungen und Einsichten nach fünf verschiedenen Systemen und Basisideologien gelohnt?

Das Thema «Ideologie und Recht» ist ebenso unerschöpflich wie das größere Themenfeld «Ideologie und Wissenschaft». Auch die Erscheinungsformen der Folgeprobleme und der Verhaltensweisen von Juristen oder – umfassender betrachtet – von Geisteswissenschaftlern und anderen Intellektuellen bei politischen Systemwechseln sind so vielfältig wie das Leben selbst.

Jeder Versuch einer vollständigen Erfassung oder gar einer schlüssigen Lösung der damit angesprochenen Probleme ist zum Scheitern verurteilt. Gleichwohl ist die Frage gerechtfertigt, ja geboten, ob es in und nach Systemwechseln zu wiederkehrenden, strukturell ähnlichen Sachverhalten und Problemlagen kommt, aus deren Vergleich, auch aus dem Vergleich der Lösungsversuche, nützliche Einsichten und Erfahrungen für Jurisprudenz und Justiz gewonnen werden können. Ein typisierender Analyseversuch erscheint daher über diesen Ansatz hinaus sinnvoll.

Systemwechsel stellen in der Regel nicht nur die Angehörigen systemnaher, systemverschränkter geistiger Berufe in oft ausweglose Situationen. Auch die für den Neubau der gesellschaftlichen und staatlichen Ordnung Verantwortlichen geraten in allein rational nicht lösbare Zielkonflikte. Optimierungskalküle und Kompromisse sind dabei unvermeidlich. Was immer die neuen Eliten analysieren, empfehlen oder entscheiden mögen, es wird der Anlaß zu neuen Verletzungen sein, sei es bei den Opfern, sei es bei den Mitläufern und Werkzeugen des abgelebten Systems, besonders wenn diese in ihren Augen gutgläubig oder im Befehlsnotstand gehandelt haben. Diese Einsicht mag zunächst als ein geringer Ertrag erscheinen. Sie ist jedoch für eine menschen- und sachgerechte Verhaltensweise in solchen Situationen notwendig und hilfreich.

Bisher wurde bei den Versuchen zur angeblichen «Bewältigung» der Vergangenheit in der Regel nur ein einzelner, isoliert betrachteter System- und Ideologiewechsel in den Blick genommen. Hier wurde der Versuch einer vergleichenden Betrachtung gemacht. Daran knüpft folgerichtig die Frage an, ob dieser Vergleich die Möglichkeit eröffnet, zu einer Typisierung der Probleme bezüglich der Ideologieanfälligkeit der Geistes- und Sozialwissenschaften sowie anderer intellektueller Berufe zu kommen.

Ein wichtiges Hilfsmittel, ja eine Voraussetzung für einen unbefangenen Problemzugang ist der hier verwendete wertneutrale Ideologie-Begriff (oben B.). Er führt zu der Einsicht, daß der Mensch nicht nur ein rationales, soziales und geschichtliches, sondern auch ein ideologisches Wesen ist. Seine individuellen und kollektiven Weltbilder, besser: Welt-Deutungen, beruhen notwendig auf Werturteilen, auf geglaubten Prämissen und auf dem Vertrauen in die Erkenntnisse und Aussagen anderer. Damit ist auch sein wissenschaftliches Bemühen unvermeidbar ideologischen Einflüssen unterworfen.

Die Intensität dieses Ideologiebezuges ist bei den einzelnen Wissenschaftszweigen deutlich verschieden. Das hängt von verschiedenen Faktoren, insbesondere vom Wert- und Politikbezug der jeweiligen Wissenschaft ab. Diese Einsicht legt es nahe, über die Ausbildungskonzepte ideologie-bezogener Disziplinen und Berufe neu nachzudenken. Läßt sich das Risiko der besonderen Ideologieanfälligkeit bereits in der Ausbildung so deutlich machen, daß die Gefahr einer möglichen Perversion, einer demagogischen Verfälschung der Wissenschafts- und Berufsinhalte von den Berufsangehörigen früher und besser erkannt werden kann? Hier kommen der jeweiligen Wissenschaftstheorie und den Methodenlehren der Einzelwissenschaften und -berufe entscheidende Bedeutung zu.

Ein Haupteinwand gegen diese Darstellung des Ideologieeinflusses auf bestimmte Wissenschaften und Berufe kann sich gegen den Skeptizismus und Relativismus richten, den eine unbefangene Bestandsaufnahme und Analyse der Rollen von Intellektuellen in den mehrfachen Umbrüchen der jüngeren deutschen Geschichte nahezulegen scheint.

In der Tat ist zuzugeben, daß die analysierte Epoche ein skeptisches Gesamtbild von den Angehörigen vieler geistiger Berufe vermitteln kann. Dazu ist vorab festzustellen, daß die nüchterne Erfassung der Geschichte, besonders der deutschen in diesem Jahrhundert, keinerlei Anlaß zu romantischen Idealisierungen speziell hinsichtlich der Rolle der deutschen Intellektuellen bietet. Noch bei einem Vergleich der jüngsten Umwälzungen in Mittel- und Osteuropa fällt der geringe Anteil der geistigen Berufe in Deutschland an diesen Entwicklungen deutlich auf. Für den 17. Juni 1953 ist das ebenfalls erwiesen.

Geradezu beispielhaft für gespaltenes Bewußtsein von Intellektuellen in Systemkrisen ist der Roman Stefan Heyms «Fünf Tage im Juni», der wegen der stupiden Torheit der Zensur in der DDR nicht erscheinen durfte. Er stellt den Aufstand der Arbeiter gegen das verlogene Ausbeutungs-Regime Ulbrichts so dar, als sei er maßgeblich von verworfenen Agenten westlicher Geheimdienste inszeniert worden, die sich berechtigte Unzufriedenheiten der Werktätigen zunutze gemacht und für den Versuch einer Konterrevolution mißbraucht hatten. So bleibt im Romanbild Heyms die edle Reinheit und historische Größe des «wahren» Marxismus voll erhalten. Nur die Parteiführung muß ein wenig umlernen.

Der literarischen Solidarisierung mit der Tyrannei Ulbrichts war die politische vorausgegangen. Nach der militärischen Niederschlagung des Arbeiteraufstandes meinte Heym in der «Berliner Zeitung», ohne das Eingreifen der Sowjetarmee hätten die amerikanischen Bombennächte schon angefangen. Die Schüsse auf die Aufständischen seien gefallen, um den Krieg zu verhindern. Im Juli 1953 beschwor Heym ein «unzerreißbares Band zwischen den Werktätigen und ihrer Regierung». Nach dem Tod Stalins feiert Heym den Mann, der in den Lagern des Gulag viele Millionen Sowjetbürger ermorden ließ, in einer Kolumne «Offen gesagt» in der Berliner Zeitung als den «meistgeliebten Mann unserer Zeit». Die Niederschlagung des Ungarn-Aufstandes kommentiert Heym im Dezember 1956 dahin, es sei sittlich und menschlich, dem dortigen «Ausbruch der Anarchie und der irregeführten Leidenschaften energisch zu begegnen».[180]

Heym ist ein Beispiel für viele arrivierte Kulturrepräsentanten jener Epoche, die sich gelegentlich über die Dummheit und Brutalität der offiziellen Politik der DDR mokierten, aber durch dick und dünn der «Arbeiter- und Bauernmacht» die ideologische Treue hielten – wie die NS-Kulturträger vor 1945. War die Parallele reiner Zufall? Oder besteht Anlaß, die Mehrheit von Intellektuellen im Zweifel

---

[180] Zitate nach «Im Kopf sauber», in: SPIEGEL 13/1994, S. 228 f.

V. Rückblick und Ausblick

bei den Zeitgeistverstärkern zu vermuten? Ist also Skepsis eine realistische Folgerung aus diesen Erfahrungen?

Angehörige geistiger Berufe genießen in der Öffentlichkeit häufig Führungsrollen. Sie beanspruchen und erhalten die Wortführerschaft in der veröffentlichen Meinung. Wer gar mehrfach in Leitmedien auftritt, hält sich und gilt auch bald als Kapazität in Fragen der öffentlichen Moral einer medial verwalteten Gesellschaft. So kann aus dem Nachrichtenmoderator oder dem anpassungsbereiten Talkshow-Professor schnell ein Sozialphilosoph oder Politprophet werden. Das entspricht dem erreichten Zustand der Realverfassung einer plebiszitären Mediokratie.

In diesem – nicht unlohnenden – Medientheater mitzuwirken, möglichst in Haupt- und Dauerrollen, hat für Intellektuelle aller ideologischen Schattierungen einen drogenähnlichen Reiz gewonnen. Die Rollenverteilung liegt bei den Mediengewaltigen, mögen sie von ideologisch-politischen Strategien (in Funkmagazinen, «Nachrichten»-Sendungen etc.) oder von derb-dümmlichen Unterhaltungsmaximen (in Talkshows) geleitet sein. Kaum jemand ist sich zu schade, auch den windigsten Einladungen primitiver Talkmaster/innen zu widerstehen, bis hin zur Präsidentin des höchsten Gerichts.

Der Einfluß dieser Medienschickeria auf die öffentliche Meinung und die politische Willensbildung ist beträchtlich. Er wird gesteuert über die Zugangsprivilegien zu den Leitmedien und die Mediengeilheit der politischen und der intellektuellen «Klasse», die sich dort nicht selten deklassiert. Der permanente politische Machtkampf um die Spitzenplätze am Bildschirm ist ein Spiegel der in den Leitmedien vorhandenen politischen Machtballungen und Privilegierungen.

E. Zu den Vor- und Nachwirkungen von Ideologien

Privilegien waren in früheren Zeiten regelmäßig mit moralischen Pflichten verbunden. Der heute altertümliche Grundsatz «Noblesse oblige» erinnert daran. Wer Privilegien genoß, von dem wurde Bereitschaft zum Einsatz für das gemeine Wohl auch unter persönlichen Risiken und bei Verzicht auf eigene Interessen erwartet. Wer dagegen verstieß, war gesellschaftlich geächtet. Die Intellektuellen in West und Ost haben in ihren Systemen vor der Wende 1989 ein jeweils hohes Maß von Privilegien und öffentlicher Anerkennung genossen, im Westen als Medienstars, Hüter der öffentlichen Moral oder Experten für alle Lebensfragen, im Osten als Reisekader, Nationalpreisträger und «frei» schaffende Staatsrentner mit vielfältigen Sonderrechten bis hin zur «Intelligenzrente».

Wie stand es mit der Wahrnehmung der aus den Privilegien zu folgernden öffentlichen Verantwortung? Was sagte das eigene Gewissen denen, die sich nicht selten als Gewissen der Nation aufspielten? Auch hier sind Pauschalurteile so wenig möglich wie zulässig, jedenfalls soweit es um die Verurteilung ganzer Berufsgruppen oder Schichten geht. Jeder Einzelne hat sein eigenes, auch sein moralisch spezifisches Schicksal. Daraus folgt allerdings auch, daß pauschale Lobpreisungen der Intellektuellen Mittel- und Osteuropas, die jüngst eine «unvergleichliche moralische Anerkennung gefunden» hätten,[181] für Deutschland mit großer Zurückhaltung aufzunehmen sind.

Das Verhalten der geistigen Eliten Deutschlands in zwei Tyranneien läßt bei einer Gesamtbetrachtung leider wohl

---

[181] D. Simon, Rechtshistorisches Journal 12 (1993), 642 ff. (645) unter Berufung auf W. Lepenies, Aufstieg und Fall der Intellektuellen in Europa, 1992, S. 52.

mehr Bereitschaft zur Anpassung an die jeweiligen Machthaber und zum Verrat am Geist erkennen als Bereitschaft zum Widerstand gegen offenbares Unrecht und zum persönlichen Risiko. Eine weitgehende Neigung zu Mitläufertum, Loyalität, nicht selten beflissener kollektiver Anbiederung, allenfalls lautloser Resignation gegenüber den braunen und roten Unterdrückern war die verbreitete Haltung leider auch der «führende Köpfe» in den meisten Disziplinen und Berufssparten. Das ist die nüchterne Tatsachenfeststellung; sie gilt für die Deutschen in West- und Ostdeutschland.

Die Bereitschaft zum dezidierten und artikulierten Widerstand gegen den totalitären Meinungsterror und das staatlich organisierte Unrecht des NS-Staates und des SED-Staates hielt sich, soweit es um intellektuelle Kreise geht, in engen Grenzen. Man schaute insgesamt schweigend zu, als unmittelbar nach 1933 hunderte von Kollegen als «Feinde» aus den geistigen Berufen verdrängt wurden, Professoren, Schriftsteller, Musiker, Schauspieler und viele andere. Innerhalb weniger Monate gelang es dem Hitler-Regime, einen großen Teil der geistigen Elite Deutschlands aus Wissenschaft, Kultur, Kunst und Politik zu verjagen. Kaum jemand wagte es, sich öffentlich zu empören. Im Gegenteil, man war nicht selten auch noch bereit, die Vertreibung von Wissenschaftlern und Künstlern, die weltweit anerkannt waren, in primitiven Ergebenheitsadressen an die Diktatur zu rechtfertigen. Was da zweimal in Deutschland geschah, sollte nicht vergessen werden. International berühmte Gelehrte wie Kelsen, Heller, Nawiasky, Apelt, Anschütz, Jellinek u. v. a. wurden nach 1933 aus ihren Ämtern, oft auch aus dem Land vertrieben. Carl Schmitt schrieb dazu am 12. Mai 1933 im «Westdeutschen Beobachter»:

«Die neuen Bestimmungen über Beamte, Ärzte und Anwälte reinigen das öffentliche Leben von nichtarischen, fremdgearteten Elementen».

Ernst Forsthoff meinte:

«Darum wurde der Jude, ohne Rücksicht auf guten oder schlechten Glauben und wohlmeinende oder böswillige Gesinnung zum Feind und mußte als solcher unschädlich gemacht werden».[182]

Heinrich Lange äußerte sich 1935 zu den «Säuberungen» in den Universitäten so:

«Es war nur ein Akt bitterster Notwehr des deutschen Volkes, wenn es sich an seinen Hochschulen den Lebensraum sicherte, den es zur Erhaltung seines Volksgeistes benötigte.»[183]

Der nämliche Ungeist, der im Namen des «deutschen Volksgeistes» auftrat, triumphierte in allen Lebensbereichen. Heinrich Mann wurde am 15.2.1933 aus der Akademie der Künste ausgeschlossen. Thomas Mann, der nach einer infamen Rundfunk- und Pressehetze gegen ihn von einer Auslandsreise nicht nach Deutschland zurückkehrte, wurde von seinen rotarischen Clubfreunden aus dem Rotary-Club in München hinauskomplimentiert. Heinz Rühmann ließ sich flugs von seiner jüdischen Frau scheiden und ermöglichte sich dadurch eine Starkarriere im Goebbelschen Filmbetrieb.

Ähnliches ereignete sich später ein zweites Mal, als es im SED-Regime darum ging, Abweichler auszuschalten, zu

---

[182] E. Forsthoff, Der totale Staat, 2. Aufl. Hamburg 1934, S. 43.

[183] H. Lange, Der Verfall des Persönlichkeitsgedankens an der deutschen Hochschule, DJZ 1935, Sp. 406 (411); der Titel des Aufsatzes war besonders verlogen, weil die NS-Rechtserneuerer heftig und erfolgreich bemüht waren, Rechtsfähigkeit und subjektive Rechte der Persönlichkeit im Sinne der NS-Rassen- und Gemeinschaftsideologie zu liquidieren.

verurteilen, auszubürgern, zu diffamieren. Zu erinnern ist an die Prozesse und Kampagnen gegen Harich, Bahro, Janka, Just, Loest, Fuchs, Kunze, Biermann, Maron u.v.a. Die Rolle, welche ihre ostdeutschen Kollegen dabei spielten, war überwiegend kläglich, teilweise infam.

Walter Janka hat in seinen Büchern «Schwierigkeiten mit der Wahrheit» (1989) und die «Unterwerfung» (1994) das Klima dieser Epoche, die umfassende Bespitzelung durch die Stasi, anschaulich beschrieben. Die Rolle des Schriftstellerverbandes unter seinem Präsidenten Kant rechtfertigt das Verdikt A. Szczypiorskis, der von der «lakaienhaftesten Literatur» des Ostblocks spricht. Zu erinnern ist erneut an die Haßtirade Kants zur Ausreise von Reiner Kunze aus der DDR: «Kommt Zeit, vergeht Unrat».

Das Problem ist, was den Totalitarismus des SED-Staates angeht, nicht auf die Intellektuellen der DDR beschränkt. Der Verrat an dem Geist, den man zu vertreten vorgab, war in ganz Deutschland verbreitet. Es genügt, sich die Politik des Verbandes deutscher Schriftsteller unter den Vorsitzenden Engelmann und Lattmann in die Erinnerung zu rufen, die Rolle von W. Jens bei der Vereinigung der Kunstakademien, das Gerangel um die Vereinigung der beiden Pen-Clubs, um die so realitätsfernen wie ideologisch beschränkten Reaktionsweisen zu erkennen, die Schriftsteller und Künstler bisweilen organisiert und einzeln zeigen, wenn sie versuchen, politisch tätig zu werden.[184]

---

[184] Vgl. dazu «Vaterland, Muttersprache». Deutsche Schriftsteller und ihr Staat seit 1945, Verlag Klaus Wagenbach, Berlin 1994; Günter Grass, Angestiftet, Partei zu ergreifen, dtv, München 1994; Günter Nenning, Auf den Clippen des Chaos, Hamburg 1993.

Die verläßlichste Einsicht aus den vielfältigen Erfahrungen geht dahin, daß geistige Berufe eine ausgeprägte Fähigkeit besitzen, entweder mit den totalitären Wölfen zu heulen oder doch ihrem Geheul schweigend und ergeben zuzuhören bzw. wegzuhören.

Angesichts der realen Verläufe der deutschen Systemwechsel im 20. Jahrhundert steht nach allem ein skeptisches Resümee der historischen Rolle der geistigen Berufe Deutschlands in diesen Prozessen nicht unter einem besonderen Rechtfertigungsdruck. Eine andere Sicht wäre schwer zu begründen. Die Realitäten sprechen für sich.

Zudem: Skeptische Analysen sind in schwierigen Lagen oft lebenswichtig, weil sie zu der aus Erfahrung gebotenen Vorsicht mahnen. Skeptizismus mit Augenmaß ermöglicht erfolgversprechende Strategien. Es wäre verhängnisvoll, die speziellen Gefährdungen geistiger Berufe in und nach politischen Umbrüchen optimistisch herunterspielen zu wollen.

Der Vorwurf des Relativismus, der einer unbefangen vergleichenden Analyse leicht gemacht werden kann, zielt auf die Frage nach unverrückbaren Grundwerten, denen sich jedes System zu beugen habe. Juristisch gewendet – und die Schrift ist von einem Juristen auch für Juristen geschrieben – ist das die Frage nach dem «Naturrecht», nach ewigen, unveräußerlichen und unverrückbaren Menschenrechten.

Das Problem der Natur- und Menschenrechte hat – gerade im Hinblick auf politische Systemwechsel und Revolutionen – eine lange und wechselvolle Geschichte. Oft ging und geht es dabei um ein Recht zum Widerstand und zur Revolution. Auf das Naturrecht beruft sich, wer mit dem geltenden Gesetz unzufrieden ist. Die entscheidenden Fragen sind diese: Wer hat die Kompetenz zur Definition des Naturrechts? Welche «Natur» ist maßgebend? Sobald es

V. Rückblick und Ausblick

um konkrete Einzelfragen geht, treffen unterschiedliche (ideologische) Vorverständnisse aufeinander, wenn entschieden werden soll, was der «Natur» oder der «Vernunft» entspricht. Beides sind ideologische Begriffe. Jede Definitionsinstanz wird ihr eigenes Naturrecht produzieren.

Im liberalen Verfassungsstaat mit pluralistischer Gesellschaftsstruktur, also auch in der Bundesrepublik, gewinnt das Thema spezielle Aspekte. Es läßt sich im Rahmen eines Schlußkapitels zur Frage der Ideologie im Recht unmöglich erschöpfend behandeln.[185]

Das Grundgesetz geht allerdings erkennbar von unverrückbaren Grundwerten und Kerngehalten der Staatsorganisation aus. Das zeigt Art. 79 Abs. 3, der eine Änderung der Grundsätze von Art. 1 GG (Menschenwürde, unveräußerliche Menschenrechte) und Art. 20 GG (Demokratie, Gewaltenteilung, sozialer Rechts- und Bundesstaat) für unzulässig erklärt. Hier ist der historisch interessante Versuch gemacht worden, einen Kernbereich des Persönlichkeits- und Freiheitsschutzes sowie der liberalen Verfassungsorganisation für immer («Ewigkeitsgarantie») festzuschreiben. Es handelt sich also um den Versuch, naturrechtliche Vorstellungen durch das Verfassungsgesetz zu positivieren («positiviertes Naturrecht»). Dieser Versuch ist bisher erfolgreich gewesen und hat der Ordnung des Grundgesetzes Würde und Bestand verliehen. Grundwerte lassen sich allerdings nicht allein durch Verfassungstexte gewährleisten. Sie müssen geglaubt, anerkannt und gelebt werden. Die Geschichte mahnt uns, das Vertrauen nicht allein in den Text

---

[185] Der Verf. hat sich dazu anderwärts geäußert, vgl. etwa Rüthers, Rechtsordnung und Wertordnung, Konstanz 1986; ders., Das Ungerechte an der Gerechtigkeit, Zürich 1991.

des Grundgesetzes zu setzen. Lebendiges Recht erfordert mehr, nämlich die Bereitschaft aller Bürger, sich selbst auch unter Risiken und Opfern für solche Grundwerte der Verfassung einzusetzen.

Noch etwas lehren die deutschen Systemwechsel im 20. Jahrhundert. Es ist eine gefährliche, ja verfehlte Spekulation, von staatlichen Gerichten und Instanzen, auch von der Rechtswissenschaft einer Epoche die «wahre», gleichsam göttliche Gerechtigkeit zu erwarten. Staaten, Gerichte, Rechtswissenschaften vermitteln nicht *die,* also die eine, objektive, wahre Gerechtigkeit. Sie definieren wechselnde Systemgerechtigkeiten nach jeweils herrschenden Wertvorstellungen.[186] Schon Aristoteles hat in seiner Nikomachischen Ethik (V 1135 a) auf die Unterschiedlichkeit und Relativität staatlicher Gerechtigkeitsmaßstäbe hingewiesen. Mehrheitlich geglaubte, etablierte «Grundwerte» schränken die Willkür der staatlichen Gerechtigkeitsdefinitionen in der Regel ein, wenn die Staatsmacht nicht diktatorisch-totalitär ausgeübt wird. Das ist der fundamentale Vorzug des liberalen Verfassungsstaates.

Die wahre, objektive, «göttliche» Gerechtigkeit ist jedoch auch ihm nicht zugänglich. Sie ist nur in theologischen oder pseudoreligiösen Dimensionen denkbar, die pluralen Strukturen naturgemäß versagt sind. Auch die Wissenschaft kann sie nicht erbringen. Der wie immer inhaltlich begründete und geprägte individuelle oder kollektive Glaube bestimmt maßgeblich die Gerechtigkeitsbilder mit. Auch insoweit sind die Kerngehalte des Rechts, nämlich die zentrale Idee der Gerechtigkeit, unlösbar mit ideologischen Grundvorstellungen verbunden.

---

[186] Vgl. Rüthers, Das Ungerechte an der Gerechtigkeit, Zürich 1991.

V. Rückblick und Ausblick

Hier wird ein fundamentaler Zusammenhang der Rechtswissenschaft mit einer wie auch immer gearteten Metaphysik deutlich: Der Mensch ist von einer Sehnsucht nach objektiver, eindeutiger, letztgültiger Gerechtigkeit bestimmt. Sie ist ein Teil seines naturwüchsigen Strebens nach vollkommenem Glück. Aber: Staatliche Instanzen und rational orientierte Wissenschaftsapparate können diese Sehnsucht nicht, jedenfalls nicht dauerhaft erfüllen. Eine ideologische Basis ist für die Arbeit am Recht unverzichtbar, ebenso wie für das Recht selbst. Letzte, für alle gültige Gerechtigkeit ist weder von Gerichten noch von Wissenschaftlern zu erwarten. Wir müssen uns – besten Falles – mit redlichen Annäherungsversuchen im Rahmen des jeweiligen politischen Systems, seiner Handlungsspielräume, seiner Ideologie und seines Zeitgeistes begnügen, auch wenn dieser in manchen Epochen als «Weltgeist» ausgegeben wird und dann leicht die Basis für besondere Rücksichtslosigkeit und Grausamkeit gegenüber vermeintlichen «Feinden des Fortschritts» und der jeweils «Neuen Zeit» bietet.

Wer von staatlichen Gerichten und der Rechtswissenschaft mehr erwartet, wird scheitern.

Die betroffenen Angehörigen der geistigen Berufe nach den beschriebenen Systemwechseln in Deutschland haben offenkundig Mühe, ihre eigene Rolle in diesen Epochen wahrzunehmen und zu verstehen, vor allem ihre eigene Ideologiebefangenheit zu erkennen. Dabei gibt es keinen erkennbaren Zweifel an der Feststellung, daß die öffentlich tätigen deutschen Intellektuellen in ihrer großen Mehrheit bei jedem der Ideologie- und Systemwechsel dieses Jahrhunderts immer beflissen dabei waren nach der Devise: Intelligenz ist immer vorn. Das war so nach 1933, nach 1945 und dann 1949 in beiden deutschen Teilstaaten, nach 1968 in den westlichen Universitäten und Medien, die unter den Druck des neomarxistischen Zeitgeistes gerieten. Nach 1989/90 sind für die Anhänger marxistischer Zukunftserwartungen die Einstürze ihrer utopischen Visionen besonders schmerzlich verlaufen. Die «kapitalistische Übergangsgesellschaft» erwies sich dem real existierenden Sozialismus aller Schattierungen nicht nur überlegen, sie überlebte ihn. Nun fühlen sich viele Intellektuelle in Ost und West von den «Siegern der Geschichte» zu deren Verlierern degradiert und rebellieren dagegen offen und verdeckt – wie Heinrich Böll gesagt haben würde – in «rattenhafter Wut». Denn nichts ist so schmerzlich und schwierig wie der Abschied von der eigenen Ideologie. Das alles bedeutet nicht das Ende der Geschichte, sondern den Beginn einer neuen Epoche. Ebensowenig steht das Ende der Ideologien und Utopien bevor, wie manche gemeint haben. Der Mensch lebt auf Zukunft hin. Deshalb braucht er beides: Metaphysik und durch sie vermittelte Hoffnung auf bessere Zeiten. Die bewußte Annahme der jüngsten deutschen Geschichte durch die Angehörigen geistiger Berufe in Deutschland könnte dabei helfen, die Entwürfe einer besseren Zukunft etwas nüchterner, wirklichkeitsnäher und realisierbarer ausfallen zu lassen. Bei vielen Intellektuellen wäre schon die Bereitschaft hilfreich, sich ihre eigene gesellschaftliche und politische Rolle in den Jahren zwischen dem Berliner Mauerbau 1961 und der Wiedervereinigung 1990 einzugestehen.

Es mag für die Angehörigen bestimmter deutscher Berufsgruppen in diesem ausgehenden Jahrhundert schicksalhaft gewesen sein, im häufigen Wandel der Systeme und der Ideologien zu professionell trainierten Wende-Experten geworden zu sein. Es besteht jedoch weder Anlaß noch moralische Rechtfertigung, diese ungewöhnliche Profession

V. Rückblick und Ausblick

auch künftig im intellektuellen Blindflug auszuüben. Die vorbehaltlose Analyse der eigenen Funktion im gesellschaftlichen und politischen Geschehen ist über den Gewinn von Einsicht und die Bereitschaft zum Engagement ein Mittel, neue Fehlentwicklungen rechtzeitiger und sicherer zu erkennen und möglicherweise sogar zu verhindern. Aber vielleicht ist auch das eine zwar rational motivierte, aber real romantische Utopie zur Rolle der Intellektuellen und ihrer Berufe.

Namensverzeichnis

Adenauer, K., 105
Adorno, T., 35
Anschütz, G., 79 (Fn. 36), 247
Apelt, W., 247
Arendt, H., 124
Aristoteles, 56
Augustinus, 16
Aurel, M., 19

Baader, A., 115
Bahr, E., 38, 125, 138
Bahro, R., 214, 231, 249
Baier, L., 93
Becher, J. R., 123
Benjamin, H., 106, 142, 151, 151 (Fn. 104)
Berger, P. L., 43 (Fn. 15)
Bieler, M., 122
Bienkopp, O., 109
Biermann, W., 39, 122, 249
Boehmer, G., 169 (Fn. 125)
Boff, L., 97
Bohley, B., 31, 97, 100
Bölling, K., 38, 125, 138
Böll, H., 254
Bracher, K. D., 34, 82 (Fn. 40), 111 (Fn. 59)
Bredel, W., 123
Bredow, v. F., 181 (Fn. 144)
Bresser, K., 62, 62 (Fn. 25)
Broder, H. M., 76 (Fn. 35), 93 (Fn. 52)
Bruno, G., 118
Bruyn, de G., 122
Buhr, M., 84 (Fn. 44)

Cabanis, P.-J.-G., 46, 47
Campanella, T., 118
Churchill, W., 219, 220

Claudius, M., 54
Claussen, B., 37 (Fn. 11)
Conrady, C. O., 138
Costa, da U., 227 (Fn. 169)

Dahm, G., 169 (Fn. 123), 169 (Fn. 125)
Danckelmann, 22 (Fn. 3)
Deckert, G., 68
Destutt de Tracy, A., 46, 47
Diedrich, T., 92 (Fn. 50)
Diestel, M., 214
Doehring, K., 188
Dohna, Graf zu A., 22
Dreier, R., 134 (Fn. 83)

Eckert, J., 133 (Fn. 81), 134 (Fn. 84), 134 (Fn. 85)
Eckert, R., 141 (Fn. 97)
Eckhardt, K. A., 169 (Fn. 123), 232
Emge, C. A., 52, 52 (Fn. 20)
Engelmann, B., 125, 137, 249
Engels, F., 228
Esser, J., 7 (Fn. 1), 192

Fest, J., 219 (Fn. 162), 220 (Fn. 163), 221 (Fn. 164)
Feuchtwanger, L., 58
Fink, H., 29, 30, 106, 125 (Fn. 75)
Fischbach, O. G., 179
Fukuyama, F., 218 (Fn. 161)
Forsthoff, E., 175, 175 (Fn. 132), 176, 176 (Fn. 135), 176 (Fn. 136), 177, 177 (Fn. 137), 180, 181 (Fn. 145), 182, 182 (Fn. 147), 183, 184, 185, 186, 187, 232, 248, 248 (Fn. 182)
Frank, H., 22, 23
Freisler, R., 134
Freyer, H., 82

Namensverzeichnis

Fritsche, H., 106
Fuchs, J. 39, 249
Führmann, F., 122

Goebbels, J., 94
Galilei, G., 118
Gaus, G., 38, 63, 63 (Fn. 26), 64, 93, 97, 125, 138, 239
George, St., 82
Gerlach, H., 225
Giese, F., 179
Gollwitzer, H., 115
Göncz, A., 121, 122, 122 (Fn. 68)
Gorbatschow, M., 213
Gräf, 151 (Fn. 105)
Grams, G., 66
Grass, G., 38, 93, 96, 137, 239, 249 (Fn. 184)
Grimm, H., 82
Grimmelshausen, J. J. C., 240
Günther, H., 7 (Fn. 1)
Gysi, G., 214

Habermas, J., 7, 37, 93
Hager, K., 93
Harich, W., 213, 233, 249
Hattenhauer, H., 133 (Fn. 81), 134 (Fn. 84), 134 (Fn. 85)
Havel, V., 121
Hayjek, v. F., 118
Heck, Ph., 194 (154)
Heidegger, M., 58, 125 (Fn. 75)
Heitmann, St., 65, 66
Helfritz, H., 179
Heller, H., 227
Hermlin, St., 93, 122
Herzberg, G., 230, 230 (Fn. 172), 231, 231 (Fn. 173)
Heuer, U. J., 132, 233
Heym, St., 7, 38, 39, 58, 92 (Fn. 50), 93, 96, 122, 233, 243, 244
Himmler, H., 65, 131, 137
Hitler, A., 23, 79, 81, 81 (Fn. 37), 81 (Fn. 38), 82, 110, 111, 142, 179, 180, 181, 206, 226
Hochhuth, R., 14, 127, 127 (Fn. 77)
Höhn, R., 106, 169 (Fn. 123), 230, 232

Holert, T., 48 (Fn. 17)
Holmes, O. W., 26
Honecker, E., 90, 130
Huber, E. R., 179, 184

Isensee, J., 66 (Fn. 28)

Jaeggi, U., 36 (Fn. 10)
Janka, W., 39, 123, 123 (Fn. 69), 123 (Fn. 71), 214, 233, 249
Jellinek, W., 89, 247
Jens, W., 29, 125, 249
Jerusalem, F. W., 179
Jung, E., 82, 181 (Fn. 144)
Just, G., 249

Kaelble, H., 140 (Fn. 96)
Kant, H., 122, 125 (Fn. 75), 137, 224, 225, 249
Kästner, E., 129
Kaufmann, E., 79 (Fn. 36)
Kelsen, H., 79 (Fn. 36), 89, 247
Kirsch, S., 39, 122
Klaus, G., 84 (Fn. 44)
Klausener, E., 181 (Fn. 144)
Klenner, H., 141, 230, 231, 231 (Fn. 173), 232, 233
Klinkmann, H., 29, 30, 125 (Fn. 75), 170 (Fn. 126)
Koch, Th., 224 (Fn. 168)
Kocka, J., 140 (Fn. 95), 140 (Fn. 96), 231 (Fn. 173)
Koellreutter, O., 179, 232
Kolakowski, L., 225
Köttgen, A., 179
Kowalczuk, I.-S., 141 (Fn. 97)
Kraus, K., 70
Krenz, E., 32, 225
Kriele, M., 61 (Fn. 21)
Kronstein, H., 89
Krüger, A., 7 (Fn. 1)
Krüger, H., 179
Kübler, F., 7 (Fn. 1)
Küchenhoff, G., 24 (Fn. 6), 233
Kuhn, H., 111 (Fn. 59), 111 (Fn. 60)
Kunert, G., 228
Kunze, R., 39, 137, 139

Namensverzeichnis

Kunz, F., 141
Kurella, A., 123

Laak, van D., 184 (Fn. 151)
Landau, H., 7 (Fn. 1), 20, 21, 22 (Fn. 4), 23 (Fn. 5), 25
Lange, H., 22 (Fn. 3), 248, 248 (Fn. 183)
Larenz, K., 53, 168 (Fn. 121), 173, 194, 194 (Fn. 154), 195, 196, 197
Lassalle, F., 68, 68 (Fn. 30), 68 (Fn. 31)
Lattmann, D., 249
Laun, v. R., 179
Lepenies, W., 136, 136 (Fn. 88), 246 (Fn. 181)
Limbach, J., 100 (Fn. 54)
Lochen, H.-H., 151 (Fn. 103), 151 (Fn. 105), 152 (Fn. 106), 155 (Fn. 107), 157 (Fn. 109)
Loest, E., 39, 123, 224, 249
Luckmann, T., 43 (Fn. 15)
Lübbe, H., 115
Luhmann, N., 206, 206 (Fn. 159), 207
Lukacs G., 123

Maier, H., 111 (Fn. 60)
Maihofer, W., 230 (Fn. 171)
Maiziére, de L., 30, 214
Majer, D., 161 (Fn. 114)
Mandela, N., 213
Mannheim, K., 52
Mann, H., 248
Mann, Th., 248
Marcuse, H., 35
Maron, M., 39, 122, 225, 249
Marquard, O., 221 (Fn. 166)
Marx, K., 53, 120, 228
Maunz, Th., 177, 184
Medem, Frhr. v. E., 35 (Fn. 9)
Meinhof, U., 115
Melsheimer, E., 24
Michaelis, K., 129 (Fn. 79)
Mielke, H., 131
Mittelstraß, J, 42 (Fn. 14).
Mitter, A., 139, 231 (Fn. 173)
Modrow, H., 130

Moeller van den Bruck, A., 82
Mollnau, K. A., 133 (Fn. 82), 134 (Fn. 83), 134 (Fn. 84), 150 (Fn. 101)
Mommsen, H., 139
Mommsen, W., 139
Morgner, I., 122
Morus, Th., 128
Müller, I., 14, 127, 127 (Fn. 78)
Müller, H., 122, 135, 136, 233
Müller, R., 123 (Fn. 72)
Müller-Dietz, H., 7 (Fn. 1)

Nagel, I., 93
Napoleon I., 47, 48, 49
Nawiasky, H., 79 (Fn. 36), 247
Nenning, G., 249 (Fn. 184)
Nicolai, H., 22 (Fn. 3)
Noll, Ch., 76 (Fn. 35), 91 (Fn. 49), 125 (Fn. 76)
Nolte, E., 7

Oesterle, K., 37 (Fn. 11)
Offe, C., 140 (Fn. 96)

Pabst, E., 179
Papen, v. F., 181 (Fn. 144)
Paschukanis, E. B., 134
Popper, K. R., 99
Popiełuszko, 137
Przybulski, P., 225

Rau, J., 30
Redeker, K., 7 (Fn. 1)
Reemtsma, J.P., 138
Regler, G., 123
Reich-Ranicki, M., 7
Reinhardt, R., 179
Repgen, K., 140 (Fn. 95)
Ritterbusch, P., 169 (Fn. 123)
Roederer, P.-L., 46
Roggemann, H., 161 (Fn. 113), 161 (Fn. 114)
Roosevelt, T., 219, 220
Rotteck, Th., 231, 232
Rückert, J., 169 (Fn. 125)
Röckel, D., 228 (Fn. 170)
Rühmann, H., 248

Sauer, W., 111 (Fn. 59)
Say, J.-B., 46
Schabowski, G., 225
Schacht, U., 138 (Fn. 89)
Scheibner, H, 65
Scheuner, U., 169 (Fn. 125)
Schirrmacher, F., 93 (Fn. 51)
Schleicher, v. K., 181 (Fn. 144)
Schmitt, C., 22 (Fn. 3), 35 (Fn. 9), 58, 80, 82, 84, 84 (Fn. 45), 85, 85 (Fn. 46), 85 (Fn. 48), 86, 106, 117 (Fn. 66), 168, 169 (Fn. 122), 173, 175, 177, 182, 182 (Fn. 148), 183, 183 (Fn. 149), 184, 185, 187, 194 (Fn. 154), 231, 232, 247
Schmidt, H., 30
Schnitzler, v. K. E., 93
Schnur, W., 214
Schönfeld, W., 167, 168 (Fn. 119), 233
Schroeder, K., 140 (Fn. 96)
Schulz, G., 111 (Fn. 59)
Schumann, K., 24
Schumpeter, J. A., 115 (Fn. 64), 116
Sendler, H., 7 (Fn. 1)
Siebert, W., 169 (Fn. 123)
Sieyès, E. J., 46, 47
Simon, D., 7 (Fn. 1), 51 (Fn. 19), 112 (Fn. 61), 113 (Fn. 62), 116 (Fn. 65), 136 (Fn. 87), 246 (Fn. 181)
Simon, A., 142 (Fn. 98)
Sinzheimer, H., 89
Sirach, J., 70 (Fn. 33)
Sommer, Th., 38
Spengler, O., 82
Spitzweg, C., 226
Sprenger, G., 230 (Fn. 171)
Stalin, J., 130, 219, 220
Stark, I., 141 (Fn. 97)
Stein, v. L., 53, 173, 173 (Fn. 130), 195, 195 (Fn. 156)
Steiner, G., 121, 121 (Fn. 67)
Stephan, C., 64 (Fn. 27), 76 (Fn. 35), 91 (Fn. 49), 125 (Fn. 76), 238 (Fn. 179)
Stolleis, M., 7 (Fn. 1), 232

Stolpe, M., 29
Stoll, H., 169 (Fn. 125)
Strittmatter, E., 109
Szczypiorski, A., 233, 235, 249

Talleyrand, L., 48
Thierse, W., 239
Thoma, R., 79 (Fn. 36)
Thomas, J., 156 (Fn. 108), 160 (Fn. 111), 161 (Fn. 112)
Toeplitz, H., 151, 151 (Fn. 103), 155

Ulbricht, W., 90, 133, 134, 142, 150, 232

Viehweg, Th., 49 (Fn. 18)
Vogel, W., 212
Volney, C. F., 46

Wacke, G., 179
Wagenbach, K., 249 (Fn. 184)
Walser, M., 95
Weber, W., 179
Weinert, G., 123
Werkentin, F., 24 (Fn. 7)
Wieacker, F., 149 (Fn. 100)
Wirsing, G., 82
Witte-Petit, K., 7 (Fn. 1)
Wolf, Ch., 7, 44 (Fn. 16), 109, 132, 132 (Fn. 80)
Wolf, M., 96, 123, 225
Wolf, F., 123
Wolf, E., 125 (Fn. 75), 167 (Fn. 118), 168 (Fn. 119), 168 (Fn. 120)
Wolf, L., 187
Wolff, F. K., 212, 214
Wolle, St. 139, 231 (Fn. 173)
Wünsche, K., 142
Wyschinskij, A. J., 134

Xenophanes, 76, 77

Zehrer, H., 82
Ziegler, J., 227 (Fn. 169)
Zwahr, H., 140 (Fn. 96)